RAT - Remscheider Arbeitshilfen und Texte

Birgit Klosterkötter-Prisor (Hrsg.):
Grenzüberschreitungen
Theater - Theaterpädagogik - Therapie

W0072785

Die Akademie Remscheid

Die Landes- und Bundesakademie für kulturelle Jugendbildung, gegründet 1958. Fortbildungsangebote in den Bereichen Kulturarbeit und Kulturpädagogik, Musik, Tanz, Rhythmik, Spiel, Theater, Literatur, Bildende Kunst und Fotografie, Medien, Sozialpsychologie und Beratung. Die Akademie wird gefördert durch das Bundesministerium für Frauen und Jugend sowie durch das Ministerium für Arbeit, Gesundheit und Soziales des Landes Nordrhein-Westfalen.
Direktor: Dr. Max Fuchs
Anschrift: Küppelstein 34, 42857 Remscheid
Tel.: 02191 / 794-0
Fax: 02191 / 794-205

RAT - Remscheider Arbeitshilfen und Texte

In dieser Buchreihe veröffentlichen Dozenten und Fortbildungsteilnehmer der Akademie Remscheid ihre Methoden und Konzepte für eine neue, phantasievolle Praxis der Jugend-, Sozial- und Kulturarbeit.
Die "RAT - Remscheider Arbeitshilfen und Texte" werden herausgegeben von Ulrich Baer in Zusammenarbeit mit der Akademie Remscheid.

Die weiteren Titel dieser Reihe finden Sie hinten im Buch aufgelistet.

Über die Herausgeberin dieses Buches:

Prof. Dr. Birgit Klosterkötter-Prisor
Jahrgang 1944. Studium: Allg. und Sonderpädagogik, Germanistik, Schauspiel.
Künstlerische Schwerpunkte: Experimentelle Stimm- und Körperarbeit.
Berufspraxis: Schule, Hochschule, Theater. Regieberatung, Dozentin für Theaterpädagogik an der Akademie Remscheid, Hochschullehrerin für Tanz und Theaterpädagogik an der Fachhochschule Hildesheim

Birgit Klosterkötter-Prisor
(Hrsg.)

Grenzüberschreitungen

Theater - Theaterpädagogik - Therapie

Dokumentation des Symposiums:
"Theater-Theaterpädagogik-Therapie
Eine Standortbestimmung"
vom 1. bis 3. November 1991
in der Akademie Remscheid

Veranstalter:
Europäische Akademie für psychosoziale Gesundheit
Akademie Remscheid für Bildung und Medienerziehung

RAT - Remscheider Arbeitshilfen und Texte
Verlag Alexander T. Rolland

RAT - Remscheider Arbeitshilfen und Texte

Herausgegeben von Ulrich Baer
in Zusammenarbeit mit der Akademie Remscheid

Bezug:

Robin-Hood-Versand
Küppelstein 36, 42857 Remscheid
Tel.: 02191 / 794-242
Fax: 02191 / 794-243

Akademie Remscheid
Küppelstein 34, 42857 Remscheid
Tel.: 02191 / 794-0
Fax: 02191 / 794-205

Originalausgabe
© Akademie Remscheid 1994
Alle Rechte vorbehalten

Typoskript: Eva Reinartz
Layout: Malte Hoog

ISBN 3-923128-28-2

Inhalt

Zwischen Theater und Therapie - Beispiele aus der Praxis

Vorwort

Anlaß dieses Symposions war meine wachsende Orientierungslosigkeit bezüglich der Frage, was Theaterpädagogik eigentlich sei.

Seit langem hatte ich mich in Theorie und Praxis dieses Arbeitsfeldes erprobt, gespielt, experimentiert, improvisiert, unterschiedliche Konzepte entwickelt, multimediale Ansätze ausprobiert, war begeistert auf der Clownswelle mitgeritten und hatte mich von der konzentrativen Stille asiatischen Theaters überzeugen lassen, Grotowskisches Körpertheater sowie die "Roy-Heart-Methode" faszinierten mich zunehmend und beeinflußten meine Inszenierungen in dynamischer Weise. Und, zu all diesen Spiel- und Theaterexperimenten ließ sich eine stimmige Parallele zu meiner biographischen Entwicklung festmachen.

Als Dozentin für Theaterpädagogik an der Akademie Remscheid gelang es mir, in der von mir geleiteten Fortbildung "Theater zwischen Erfahrung, Animation und Kunst" einen spezifischen Theateransatz immer schärfer zu fokussieren, bei dem das individuelle Rollenspektrum jeden einzelnen Spielers als Möglichkeit der Spiel- und Selbsterfahrung" im Zentrum der Arbeit steht. Mit diesen Spielansätzen sowie Konzepten spielerischer Improvisation als "unvorhersehbare Prozesse von Komposition" schienen die Grenzen zu den Nachbardisziplinen wie Theater und Therapie ihre Eindeutigkeit zu verlieren.

Überschneidungen und Parallelität bei Verfahren und Methoden zeichneten sich ab, die auf gemeinsame Wurzeln schließen ließen. Da waren Übungsanweisungen, die gleichermaßen in therapeutischen als in spielerischdramatischen Kontexten auftauchten.

Was, zum Teufel, machte ich da eigentlich? War ich noch in der Lage in Situationen tiefer Selbsterfahrung verantwortungsvoll und spielerisch als Theaterpädagogin zu reagieren oder war ich unmerklich in den Sog therapeutischer Verfahren geraten?

Im Verlauf meiner zusätzlichen Ausbildung in "Integrativer Bewegungstherapie" kristallisierten sich die unterschiedlichen Blickwinkel klarer heraus, die zu folgenden Fragen führten:

- Kann und soll es eine Abgrenzung zwischen Theater, Theaterpädagogik und Therapie überhaupt geben?

- Wie können spieltherapeutische Methoden in kreativer Weise für die Theaterarbeit genutzt werden?

- Inwieweit kann Theaterarbeit in sich therapeutische Wirkung erzielen, ohne im eigenlichen Sinne Therapie anzustreben?

- Welche von Therapie abzugrenzenden, unabhängigen weiteren Schritte kann und soll Theater leisten?

- Wie sieht eine solche Theaterarbeit aus?

Die vorliegende Dokumentation des Symposions "Theater-Theaterpädagogik-Therapie" geht solchen und ähnlichen Problemen, Ansätzen und Konzepten nach, die sich in dem skizzierten Spannungsfeld bewegen.

Ich bin sehr froh, in der Vorbereitung des Symposions in Prof. Dr. Hilarion Petzold, dem wissenschaftlichen Leiter und Begründer der Akademie für psychosoziale Gesundheit einen außerordentlich kompetenten, fachübergreifend-integrierenden Gesprächspartner und Mitveranstalter des Symposions gefunden zu haben.

Als Form dieses Symposions wurde nicht die wissenschaftliche Tagung, sondern das Symposion gewählt. "Symposion" bezeichnet das nach Schluß der Mahlzeit bei Griechen und Römern gehaltene Trinkgelage mit ernsten und heiteren Gesprächen mit Musik und Tanz. Man wollte die "Sinne" kitzeln und den Mund wäßrig machen.

Der König von Lydien soll der Sage nach in Kleinasien die sieben weisesten Männern seiner Zeit um sich versammelt haben. Der Weiseste war aber paradoxerweise kein Mensch, sondern ein Gott oder der, von dem man es am wenigsten erwartete, ein Bauer oder ein Barbar. Diese gelehrten Gespräche bei Tisch unterlagen bestimmten Regeln und Rollenerwartungen: Der Wirt verkörperte den ungebildeten Neureichen, der Weinende, den innerlich Bewegten, der Gekränkte, den, der beleidigt die Gesellschaft verläßt, der ungeladene Gast, der Spaßmacher, der die ernsten Gespräche mit dem Salz der Ironie würzte.

Zentrale Figur eines Symposions war der große Zecher, der jedes Maß nach Befehl leert, ohne jemals berauscht zu sein. Als literarische Form bot das Symposion Vorteile: verlor sich die Diskussion ins Uferlose, ließ der Gastgeber das Thema abbrechen und ein anderes Gericht auftragen.

"Die Sinne kitzeln und den Mund wäßrig machen" - ein Motto dieses Symposions, das sich in seinem formalen Aufbau, seinem ganzheitlichen Rahmen niederschlägt.

I. Der wissenschaftliche Teil mit seinen vier Vorträgen umfaßt drei Bereiche:

- **Theater** mit einem Beitrag von Gandalf Trötschel zum Thema "Das Theater oder die Gemeinschaftskunst als Chance gesellschaftlicher Heilung oder Die Wiederentdeckung des Rades".

8

- **Theaterpädagogik** von Dr. Birgit Klosterkötter-Prisor mit dem Titel: "Theaterpädagogik im Spannungsfeld von Theater und Therapie".

- **Therapie** mit einem Vortrag von Prof. Dr. Hilarion Petzold zum Thema "Klinische Dimensionen dramatischer Therapie".

- Den **Eröffnungsvortrag** von Prof. Günther Holzapfel zum Thema "Berührungspunkte zwischen Therapie und Kulturarbeit".

II. Der intermediale Theorie-Praxis-Teil umfaßt die Arbeit von sechs verschiedenen Arbeitsgruppen über 3 x 2 Stunden

1. Chorische Übungen
   (Carsten Hentrich/Antje Diederich)

2. Intermediales Theater - Theater als Spiel- und Selbsterfahrung
   (Birgit Klosterkötter-Prisor)

3. Theaterpädagogik in soziokulturellen Arbeitsfeldern
   (Prof. Rita Rosen)

4. Stanislawski und Moreno im Vergleich (Gitta Martens)

5. Dramatische Therapie
   (Prof. Dr. H. Petzold)

6. Clownsspiele als neugefundene Kindheit (Felix Zulechner).

III. Der kreativ-spielerische Bereich wird repräsentiert

1. durch Eigenbeiträge der Teilnehmer/innen in Form von einzelnen Vorführungen, Mitspielaktionen und Performance unterschiedlicher Teilnehmer/innen am ersten Abend an diversen Plätzen im Haus ein "Theater-Therapie-Markt", und

2. als der Höhepunkt des Symposions eine Mitspielaktion mit allen 100 Teilnehmer/innen des Symposions mit Verkleiden, Essen, Trinken, Tanzen, Musizieren mit "open-end". Das Motto des Abends "Mit der Princess of Drama mit Kurs auf Indien".

Bevor wir zu den Beiträgen im Einzelnen kommen, möchte ich mich bei allen Kolleg/innen, die durch ihr theoretisches oder praktisches Engagement zum Gelingen dieses Symposions und dieses Buches beigetragen haben, ganz herzlich bedanken. Dies gilt im besonderen für Heidi Schommler, die als umsichtige "Allround-Assistentin" in Vorbereitung und Durchführung sowohl menschlich als auch fachlich eine große Hilfe war. Nicht zuletzt danken möchte ich auch den Mitarbeiter/innen des Hauses sowie dem Geschäftsführer der Akademie Remscheid, Karl-Heinz Lichtenberg, für seine umsichtige Mithilfe bei der finanziellen Planung.

Birgit Klosterkötter-Prisor

Theater-Theaterpädagogik-Therapie
Symposion zur Standortbestimmung

Die Akademie veranstaltet in Zusammenarbeit mit der Europäischen Akademie für psychosoziale Gesundheit vom 1.-3. November 1991 ein international besetztes Symposion. Dabei geht es um Fragen der Abgrenzung und der Grenzüberschreitung zwischen dem Theater als Kunst, als Selbsterfahrung und als Therapie.

Der Erfahrungsaustausch von Psychologen, Pädagogen und Künstlern verpricht anregend und beunruhigend zugleich zu werden. Denn es scheint, als bewegten sich bestimmte Formen des Theaters und einzelne Therapieverfahren deutlich aufeinander zu. Die Theaterpädagogik ist eine noch junge Disziplin, und sie hat Bezüge zu beiden Seiten. So ist eine Klärung von Begriffen, Verfahren und Qualifikationen unbedingt erforderlich, wenn sie ihre eignen Ansprüche und Ziele verständlich artikulieren und verantwortlich umsetzen will. Hohe Aufmerksamkeit gilt dabei vor allem der Frage, inwieweit therapeutische Wirkungen des Theaterspiels pädagogisch genutzt werden können, ohne eine Therapie im eigentlichen Sinne anzustreben.

Damit das Thema konkret behandelt werden kann, stellen sich unterschiedliche Formen des Theaterspiels, die sich in diesem Spannungsfeld bewegen, in anschaulichen Beispielen vor.

Leitung: Dr. Birgit Klosterkötter-Prisor mit Gastreferenten
Termin: 1.-3. November 1991
Kosten: DM 295,-- incl. Unterkunft und Verpflegung
Ort: Akademie Remscheid für musische Bildung und Medienerziehung.

Ein ausführlicher **Sonderprospekt** kann angefordert werden bei der

Akademie Remscheid
für musische Bildung und Medienerziehung
Küppelstein 34,
D-5630 Remscheid 1
Telefon 02191/794-1, Fax 02191/71810.

Theater
Theaterpädagogik
Therapie

Ziel dieses Symposions ist eine Standortbestimmung von Theater, Theaterpädagogik und Therapie. Überschneidungen im Spannungsfeld Theater - Therapie sind vielfältig. Es scheint, als bewegten sich die drei Disziplinen immer weiter aufeinander zu. Dieser wechselseitige Austausch erscheint sowohl äußerst anregend als auch beunruhigend. Theaterpädagogik als junge Disziplin hat Bezüge zu beiden Seiten.

Kann und soll es eine Abgrenzung zwischen den Disziplinen überhaupt geben? Wenn ja, wo sind die Grenzen zu ziehen?

Programm

Freitag, 1. Nov. 1991

Anreise bis 14.30 Uhr
15.00 Uhr Begrüßung - Überblick
Eröffnungsvortrag
Prof. Günther Holzapfel, Universität Bremen
Berührungspunkte zwischen Therapie und Kulturarbeit
16.30 bis
18.15 Uhr **Arbeitsgruppen**

1. **Chorische Übungen**
    *(Carsten Hentrich/Antje Diederich
    Dipl. Kulturpädagogen, Hildesheim)*

2. **Intermediales Theater -
    Theater als Spiel- und Selbsterfahrung**
    (Dr. Birgit Klosterkötter-Prisor, ARS)

3. **Theaterpädagogik in soziokulturellen
    Arbeitsfeldern**
    *(Prof. Rita Rosen, Fachhochschule
    Wiesbaden)*

4. **Stanislawski und Moreno im Vergleich**
    (Gitta Martens, Akademie Remscheid)

5. **Dramatische Therapie**
    *(Prof. Hilarion Petzold, Europäische
    Akademie für psychosoziale Gesundheit)*

6. **Clownspiele als neugefundene Kindheit**
    (Felix Zulechner, Bochum)

18.30 Uhr Abendessen
19.30 Uhr **Perfomances, Projekte**

Samstag, 2. Nov. 1991

8.30 Uhr Frühstück

9.15 Uhr *Gandalf Trötschel, Hannover*
          Schauspielkunst

10.15 bis
12.15 Uhr **Arbeitsgruppen**
          (siehe Vortag)

12.30 Uhr Mittagessen

15.00 bis
16.00 Uhr *Prof. Hilarion Petzold*
          Klinische Dimensionen
          Dramatischer Therapie

16.15 bis
18.15 Uhr **Arbeitsgruppen**
          (siehe oben)

18.30   Abendessen

20.00 Uhr **Spielaktion mit allen Teilnehmern**
          des Symposions

Sonntag, 3. Nov. 1991

8.30 Uhr Frühstück

9.15 bis
10.15 Uhr **Theaterpädagogik im Spannungsfeld von**
          Theater und Therapie
          Dr. Birgit Klosterkötter-Prisor

10.15 bis
11.30 Uhr **Präsentationen**

11.30 bis
12.30 Uhr **Plenum**

12.30 Uhr Ende des Symposions mit dem Mittagessen

Kosten:
DM 295,-- incl. Unterkunft und Verpflegung

Leitung:
Dr. Birgit Klosterkötter-Prisor
und Gastreferenten

Tagungsort:
Akademie Remscheid
für musische Bildung und Medienerziehung
Küppelstein 34
D - 5630 Remscheid 1
Tel.: (02191) 794-1

So erreichen Sie uns

Mit der Bundes- Bahn	bis Remscheid Hauptbahnhof oder Remscheid-Güldenwerth, dann Buslinie 654 in Richtung Reinshagen bis a) Endhaltestelle (Westhausen), von dort Waldweg 15 Minuten oder b) vorletzte Haltestelle (Tyroler Str.), von dort Zufahrtstraße 15 Minuten.
Mit dem Auto	**von der Autobahn Leverkusen-Dortmund (A 1):** a) aus Richtung Dortmund: Ausfahrt Remscheid, von dort 10 km auf der Bundesstraße 229 durch Remscheid in Richtung Reinshagen; dort vor dem Postamt rechts abbiegen in die Küppelsteiner Straße (Hinweisschild).

b) aus Richtung Leverkusen:
Ausfahrt Schloß Burg/Wermelskirchen, von dort über Schloß Burg und Remscheid-Westhausen nach Remscheid-Reinshagen, dort hinter dem Postamt links in die Küppelsteiner Straße abbiegen (Hinweisschild).

von der Autobahn A 46 (aus Richtung Düsseldorf/Wuppertal):
Abfahrt Autobahnkreuz Wuppertal-Sonnborn Richtung Solingen/Remscheid bis Müngsten; dort auf der B 229 in Richtung Remscheid; dann rechts ab in Richtung Reinshagen (großes Hinweisschild); in Reinshagen rechts vor dem Postamt in die Küppelsteiner Straße abbiegen.

Theater
Theaterpädagogik
Therapie
Eine Standortbestimmung

Symposion (D 5)

**vom 1. bis 3. November 1991
in der Akademie Remscheid**

Veranstalter:
Europäische Akademie für
psychosoziale Gesundheit

Adresse, in welchen Ländern, Ausbildg. therapeut. Th.? Besonders: Nd. wo genau?

Akademie Remscheid für musische Bildung
und Medienerziehung

Einleitung

Das große Echo, das dieses Symposion bei Kollegen unterschiedlicher Fachrichtungen gefunden hat, deutet auf ein Bedürfnis nach wechselseitigem Austausch hin, über die eigenen Grenzen hinauszuséhen.Diese Orientierungssuche scheint kein Zufall zu sein. Haben wir doch die Zeit eines expansiven Psycho- und Kreativitätsbooms hinter uns oder sind mitten darin:

Bücher und Kurse über Selbstfindung im Tanz, Spiel- und Maskenbau, Meditation, Körpertraining, Yoga, asiatische Kampftechniken, Atem- und Kreativitätstherapien.

"Der verrückte Hunger nach Psychologie" (Keupp, Ch., Das Argument) und Kreativität verweist auf eine gesellschaftliche Umbruchsituation. Lebensformen werden radikal enttraditionalisiert. Stabile Handlungsorientierungen, die für ein Leben lang sichere Maßstäbe setzten, das Anknüpfen an Erfahrungen der Elterngeneration sind kaum noch möglich. In dem Maße, in dem Traditionen freigesetzt werden, muß der einzelne Mensch selbst zum aktiven Gestalter seines Lebens wer-

den. Dieser Prozeß der Freisetzung ist aber ambivalent. Er ermöglicht sowohl die Chance zu eigenständigen Lebensmustern, birgt aber ebenso die Gefahr im Chaos der Freiheit unterzugehen.

Mit diesen kanppen Worten ist die Situation vieler Menschen der Postmoderne, vor allem auch derer, die sich im Handlungsfeld der Theaterpädagogik bewegen, skizziert. Verunsicherung und Kriesenstimmung machen sich breit, trotz und bei aller Euphorie, die dieses Arbeitsfeld kennzeichnet.
Bei allem, was Theaterpädagogik in den letzten Jahren aufgebaut hat, allen sozio- und psychokulturellen Strömungen, die sie durcharbeitet, bei aller Öffnung nach außen wie zu den Nachbardisziplinen Theater und Therapie, sind die Grenzen zunehmend diffuser geworden. Die Frage nach Sinn und Struktur des Ganzen wird immer lauter und dringlicher, damit verbunden auch die Frage der Grenzüberschreitungen zu anderen Disziplinen.

B. K.-P.

14

Die Vorträge

Günther Holzapfel

Berührungspunkte zwischen Kulturarbeit und Therapie

Gegen puristische Abgrenzungen
Zur Suche nach produktiven Überschneidungen

Ausgangspunkte und Zugänge zum Thema

Ausgangspunkte

Ein erster Ausgangspunkt meiner Überlegungen sind meine Erfahrungen im Projekt Theaterwerkstatt als Form der politischen Erwachsenenbildung, in dem wir in den Anfangsjahren (ab 1982) vorwiegend mit Arbeitern und Angestellten aus Bremer Betrieben und mit Solzialhilfeempfänger-Gruppen aus Bremer Stadtteilen arbeiteten. In manchen dieser Seminare erlebten wir starke emotionale Erschütterungen der Teilnehmerinnen und Teilnehmer vor allem im Märchenspiel. Unsere Intentionen bei diesem Projekt waren damals stark davon getragen, daß wir andere Wege der Bewußtseinsbildung suchten im Vergleich zu den traditionellen Formen der politischen Bewußtseinsbildung, daß wir die Formel von der Ganzheitlichkeit der Bildungsprozesse ernster nehmen wollten. Ein weiteres Stichwort waren Überlegungen zur Integrationsmöglichkeit von Arbeiterbildung und Arbeiterkultur. Dabei hatten wir Piscator und Brecht im Hinterkopf, und im Ohr hatten wir die These des DGB`s zur Kulturarbeit. Nach anfänglichen Schwierigkeiten segelte unser Theaterschiff ganz schön dahin. Wir landeten auch glücklich in vielerlei Häfen. Aber wir kamen auch ziemlich nahe an ein Land heran, daß wir von Ferne (und ein bißchen im Nebel liegend) als das Land der Therapie ausmachen konnten. Wir stiegen auch dort aus und begannen uns mit Psychodrama und einigen anderen Ansätzen zur dramatischen Therapie zu beschäftigen (Petzold 1972, Schmidt-Ranson 1985). Beim Anlandgehen hatten wir aber noch den Hinweis im Kopf, daß Erwachsenenbildner und gar Leute, die im Bereich Arbeiterbildung und gewerkschaftliche Kulturarbeit arbeiten, sich vom Land der Therapie fernzuhalten hätten. Dieses Problem führt mich zum 2. Ausgangspunkt:

Wie spiegelt sich die Frage nach den eventuellen Berührungspunkten von Bildung, Kulturarbeit auf der einen Seite und Therapie auf der anderen in der Theoriediskussion wieder? Und wie verhält sich diese Diskussion zur Praxis? Einige Bemerkungen zu diesem Problem: Anfang der 80er Jahre wird das Thema der Beziehungen dieser Arbeitsbereiche zwar angepackt, aber es überwiegen in der Theorie die Positionen, die für eine klare Abgrenzung der Arbeitsbereiche plädieren. Zugleich kann man beobachten, daß die Praxis der Arbeitsbereiche von Kulturarbeit, Sozialpädagogik politischer und soziokultureller Erwachsenenbildung sich um das Dictum der Theorie gar nicht scherten, sondern in den Methoden- und Interventionsformen es zu einer starken Berührung und Überschneidung der verschiedenen Arbeitsbereiche kam. Manchmal kam einem dabei aber in der Praxis ein schlechtes Gewissen: "Darfst Du hier im Garten der Therapie wildern, kannst Du das verantworten?" Oder exemplarisch die Formulierung meiner Student/innen: "kannst Du uns auffangen?" Wir befinden uns also in einer Situation, wo praktisch an vielen Stellen von der Überschneidung der besagten Arbeitsbereiche ausgegangen wird, es aber theoretisch nicht ausreichend geklärt ist, worin Überschneidungen legitimerweise bestehen, sinnvoll und praktisch verantwortbar sind. Unsere Tagung könnte einen Beitrag dazu leisten, den skizzierten Theorie-Praxis-Bruch ein Stück weit zu heilen.

Schließlich möchte ich deutlich machen, daß eigene seelische Krisen, meine Versuche der Bewußtwerdung ihrer Bedingungen und Verläufe und meine praktischen Bewältigungsversuche mir die persönliche Nähe dieses Themas signalisieren und meine Suchbewegungen nach theoretischen Klärungen der mit diesem Thema verbundenen Probleme mitbestimmen.

Zugänge

Aus der Skizzierung der Ausgangspunkte wird deutlich, daß mein Zugang zum Thema, meine Bewegungsrichtung zu unserem gemeinsam zu beschreitenden Haus, das aus den Grundmauern Theater, Theaterpädagigik und Therapie besteht, von dem Eingang aus beginnt, der der Hausseite Theaterpädagogik am nächsten steht; ich also nicht von den Eingängen mit der Überschrift Theater und Therapie herkomme. Der Eingang Theaterpädagogik muß nun begrifflich etwas eingeordnet werden. Theaterpädagogik kann einmal im Arbeitsfeld Kulturarbeit angesiedelt werden. Der Begriff Kulturarbeit enthält für mich folgende Bestimmungen:

1. Kulturarbeit soll alltagsnah sein, soll die Ferne der Repräsentationskultur, die Ferne von Kunst und Bildung verlieren.

2. Kulturarbeit bedeutet "Kultur selber machen", bedeutet, daß breite Schichten der Bevölkerung selbst die Chance erhalten, Kultur zu produzieren bzw. die eigene Kultur selbstbewußt in der Öffentlichkeit darzustellen.

3. Kulturarbeit wird damit eine Ausdrucksform der politischen und sozialen Interessen der gesellschaftlich Benachteiligten.

4. Kulturarbeit ist handlungsorientiert und Mittel sowie Medium in sozialen und politischen Auseinandersetzaungen. Dabei geht es u.a. um die Schaffung von verdichteten Kommunikationsräumen zwischen Men-

schen innerhalb der Stadtteile und anderen Lebensumwelten.

5. Kulturarbeit ist Arbeit mit der Betonung auf Produktorientierung, Ernsthaftigkeit, zielorientiertem Handeln und der Absicht, Lösungen für soziale und politische Probleme bereitzustellen.

6. Und Kulturarbeit soll natürlich auch Spaß machen (den Produzenten sowie den Konsumenten).

Dieses sind einige wesentliche Bestimmungen des Kulturarbeitsbegriffes, wie sie vor allem Ende der 70er Jahre und Anfang der 80er Jahre gegolten haben. Im Zuge dieser Bestimmungen redete man eher von Theater**arbeit** und weniger von Theater**pädagogik**, gar von Theater**spiel** zu sprechen war vollends unüblich.

Wenn ich Theaterpädagogik einordne in die Arbeitsbereiche der soziokulturellen Erwachsenenbildung, dann kommen z.t. ganz andere Aktzentesetzungen bei der Zielbestimmung von Theaterpädagogik ins Spiel.

Dazu einige kurze Assoziationen:
1. In diesem Zusammenhang wird der Bildungsbegriff betont im Arbeitsbegriff. Es geht stärker um Reflexion, weniger um Handlungsorientierung, es geht mehr um Sinnsuche, Identitätsfindung und nicht so sehr um politische Aktion und Schaffung von Gegenöffentlichkeiten über Kultur von unten.

2. Das einzelne Individium steht mehr im Mittelpunkt der Arbeit. Die Betonung des Gemeinsamen, das alle Teilnehmer in gleicher Weise betrifft, ist als Arbeitsziel durchaus nicht absolet. Es ist schön , wenn es sich ergibt, aber ist nicht mehr so vordringliches Erfolgskriterium für den Bildungsprozeß.

Die Behandlung des Themas "Berührungspunkte zwischen Theaterarbeit und Therapie" hängt meines Erachtwens nun ganz wesentlich davon ab, ob ich Theaterarbeit, Theaterpädagogik oder Theaterspiel unter dem Blickwinkel von Kulturarbeit oder dem von Bildung und Pädagogik her betrachte, bzw. wie ich diese Blickwinkel kombiniere.

Meine These zum Verhältnis dieser beiden Blickwinkel ist, daß viele von uns die Arbeit in den 80er Jahren unter der Perspektive der Kulturarbeit begonnen haben. Die Entwicklung der Praxis aber in diesen Kulturarbeitsprojekten, d.h. aber doch vor allem die in den Projekten zum Ausdruck kommenden Wünsche, Motive, Spiel- und Aneignungsformen der Teilnehmer uns zeigten, daß wir die pädagogische Perspektive und die Bildungsperspektive bei dieser Arbeit wieder viel ernster nehmen müssen. Gerade wenn wir diese pädagogische Perspektive in den Vordergrund stellen, wenn wir also kultur**pädagogisch** unsere Arbeit akzentuieren, dann stellt sich die Frage nach den Berührungspunkten mit Therapie besonders stark. Gerade dann käme es darauf an, die Berührungspunkte und Überschneidungen mit dem Arbeitsbereich der Therapie zu untersuchen und nicht zu sehr von Abgrenzungen zu diesem auszugehen. Ich akzentuiere im nachfolgenden Hauptteil meine Gedanken von der kulturpädagogischen Seite her (dazu gehören für mich auch viele Arbeitsbereiche der soziokulturellen und politisch-kulturellen Erwachsenenbildung). Meine kulturpädagogische Argumentation wird begleitet werden von einigen soziologischen und sozial-philosophischen Argumenten. Und wo bleiben die anderen beiden großen Seiten der Thematik, nämlich die Therapie und das Theater? So werden Sie vielleicht fragen? Meine Antwort dazu: Ich möchte mich im Schwerpunkt auf die mir zukommenden Zugänge beschränken, was nicht bedeutet, daß ich bei der Entwicklung der Einzelargumente nicht auch einen Blick auf einige Kategorien der Ästhetik und der Therapie werfe.

Berührungspunkte und Überschneidungen zwischen Kulturpädagogik und Therapie

Zu den Berührungspunkten und Überschneidungen der genannten Arbeitsbereiche möchte ich Ihnen 4 Thesen anbieten:

1. Therapie und soziokulturelle Erwachsenenbildung (Projekte, Seminare) können **gemeinsame Themen** haben, nämlich Existenzfragen menschlichen Daseins wie z.b. die Themen Krankheit, Tod, Trauer, Fragen des Alterns, Mithilfe bei Klärung von seelischen Konflikten anläßlich verschiedenster biographischer Einschnitte

(Beziehungskrisen, Trennungen, Einsamkeit, Neubeginn), Geschlechtsrollenproblematik usw. Neben solchen Existenzfragen werden sowohl in Therapiezusammenhängen als auch in der Kulturpädagogik sowie in vielen Bereichen der soziokulturellen und politisch-kulturellen Erwachsenenbildung alltägliche Befindlichkeiten thematisiert und angegangen: Zum Beispiel der Umgang und das Erleben mit den eigenen psychisch-physichen Energien, Verschleiß und Verlust körperlich-seelischer Gesundheit, Wiedergewinnung von positiven Körpererfahrungen und seelischen Kräften.

Freilich könnte jemand sagen, diese Gemeinsamkeiten von Therapie (zumindest bei einigen neueren wesentlichen Therapieeinrichtungen) und Kulturpädagogik und den anderen genannten Bereichen der Erwachsenenbildung sind doch sehr von außen gesehen und oberflächlich. Entscheidend sei doch, wie diese Themen im Dialog zwischen Klienten/Lernenden und Therapeuten/Kulturpädagogen/Erwachsenenbildern zur Entfaltung kämen, welche Bedeutungszusammenhänge bei den jeweiligen Themenkonstituierungen ins Spiel gebracht werden und mit welcher Zielbestimmung jeweils therapeutische oder pädagogische Methoden und Verfahren zum Zuge kommen. Dieser Einwand ist wichtig und führt uns zur nächsten These, in der der Versuch einer Unterscheidung von Therapiebegriffen gemacht wird.

2. Kulturpädagogik und soziokulturelle und politisch-kulturellen Erwachsenenbidlung können im Rahmen kol-

lektiver **Heilungsprozesse** eine bedeutende Rolle gewinnen, Therapie konzentriert sich auf **individuelle Heilungsprozesse.**

Diese These wurde von uns in Auseinandersetzungen mit verschiedenen Ansätzen des politischen Laientheaters, des therapeutischen Theaters nach Iljine, des Psychodramas und des Brecht'schen Lehrstücktheaters und anhand von empirischen Materialien unseres Theaterwerkstatt-Projektes entwickelt (Holzapfel/Röhlke 1987). Ausgend von den Beobachtungen über emotionale Erschütterungen von Teilnehmer/innen in und durch die Theaterarbeit haben wir uns mit den psychosozialen Implikationen unseres Ansatzes und denen der dramatischen Therapierichtungen auseinandergesetzt.

Wir kommen dabei zu dem Ergebnis, daß Theaterarbeit als Form politisch-kultureller Erwachsenenbildung und dramatische Therapieformen fast gleiche Phasenverläufe und ein entscheidendes Medium - nämlich das Agieren im Spiel - gemeinsam haben. Wir denken, daß aber dramatische Therapieformen sich in der Regel auf die Klärung und Überwindung von individuell-seelischen Krankheiten konzentrieren, während Theaterarbeit als Form politisch-kultureller Erwachsenenbildung einen Beitrag zur Klärung und Überwindung kollektiver, gesellschaftlich-kulturell bedingter Krankheiten beisteuern kann. Es ist sicher ungewöhnlich, mit politischen und sozio-kulturellen Lernprozessen die Begriffe von Krankheit und Heilung zu verbinden. Von der Sache selber her scheint es mir angemessen, solche Begrifflichkeiten zu entwik-

keln. Entfremdetes politisches Verhalten und politisches Bewußtsein können Teil von politischen und gesellschaftlichen Normen und Realitäten sein, die als krankhaft bezeichnet werden können. Die Krankheitssymptome können bei dieser Sichtweise allerdings nicht am einzelnen Individuum allein festgemacht werden. Dies erscheint bei der Beschreibung des Krankheitszustandes oftmals als seelisch und körperlich gesund (angemessen an gesellschaftlich sanktionierten Gesundheits- und Krankheitsbegriffen innerhalb derer zum Beispiel ein bestimmtes, nicht allzu knapp bemessenes Quantum an Konsum von Genuß- und Rauschmitteln einschließlich sonstiger Konsumorgien und deren negative Folgen als normal-gesund und normal-krank gilt und legitim ist.)

Kann man nicht von einer Pathologie des gesellschaftlich Normalen sprechen? Dieser Gedanke, diese Vorstellung, diese Bilder der Pathologie des Nomalen werden für mich im nachfolgenden Gedicht von Erich Fried besonders faßbar.

Der Unbescholtene

Ich habe noch nichts gestohlen
also bin ich ein ehrlicher Mensch

und noch kein Kind zerfleischt
also bin ich kein Wilder

und noch keinen Mann kastriert
also bin ich gutmütig

und noch keine Frau vergewaltigt
also bin ich auch zärtlich

21

und noch überhaupt niermand er-
würgt
also bin ich harmlos

Ich war noch in keiner Anstalt
also bin ich normal

und ich bin noch nicht tot
also bin ich lebendig

Aber ich habe noch nichts
von meinem Leben gehabt

(Erich Fried)

Es wäre ein eigenes Theorie-Projekt, in verschiedenen gesellschaftstheoretischen, sozial-.philosophischen und sozial-psychologischen Entwürfen diese These von den seelisch krank machenden gesellschaftlichen Strukturen und Normen einschließlich kultureller Grundlagen aufzuzeigen und in ihrer Konsequenz für Therapie und Kulturpädagogik herauszuarbeiten.

(Kurz dazu einige Autoren: E. Fromm, "Wege aus der kranken Gesellschaft", "Jenseits der Illusionen", Motivations- und Sinn und Krankheitsbegriffe in der kritischen Psychologie und bei Loentjen, Capras Analyse von Ganzheit und Gesundheit in historischer Perspektive, Morenos Begründung seines Psychodrama- und Soziodrama-Ansatzes aus der Kartharsis-Tradition des Dionysos-Kults und des antiken Theaters). Zwei Theorie-Figuren von scheinbar zunächst weit auseinanderliegenden Ansätzen(und zwar nicht nur zeitlich) möchte ich hier etwas intensiver beleuchten: Zum einen die These von Günther Anders vom "Prometheischen Gefälle", die er bereits

1956 im Band 1 der "Antiquiertheit des Menschen" entwickelt hat. (Also ein sozial-philosophischer Zugang zu dieser These, eine philosophische Anthropologie im Zeitalter der Technokratie wie die beiden Bände von Anders auch bezeichnet wurden). Zum anderen am Begriff der Individualisierung aus der soziologischen Arbeit von Ulrich Beck mit dem Titel "Risiko-Gesellschaft" (1986).

Zuerst zu Anders: Eine seiner Ausgangsüberlegungen in Band 1 der "Antiquiertheit des Menschen" ist die Frage nach den seelischen Zuständen, in denen wir angesichts der atomaren Katastrophe leben. Er sagt, daß die Situation - objektiv gesehen- beänstigend ist und fragt, "aber wo ist unsere Angst?" und fährt fort: "Ich finde keine. Noch nicht einmal eine Angst mittlerer Größe kann ich finden. Noch nicht einmal eine, wie sie etwa bei der Gefahr einer Grippe-Epidemie aufträte. Sondern eben überhaupt keine. Wie ist das möglich?" So endet die Einleitung zum Abschnitt über das prometheische Gefälle. Er beginnt in diesem Kapitel zu untersuchen, wie das möglich ist, daß wir nicht genügend Angst haben und zu fragen, womit dieser seelische Zustand etwas zu tun hat. Den Einwand, daß wir heutzutage viel von Angst und Menschen reden, daß wir viel bereiter als früher sind, eigene Ängste zu formulieren, daß davon in allen Medien und an vielen Alltagsplätzen geredet wird, läßt er nicht gelten. "Denn Angst ist heute zur Ware geworden, und **über** Angst spricht heute jedermann. Aber **aus** Angst sprechen nur sehr wenige. Angst genügt heute, um sich das Gefühl zu verschaffen, up to date zu sein und wo immer, dazuzugehören" (S. 265). Er spricht davon, daß wir **Analphabeten der Angst** sind, daß wir eben zu wenig fähig sind, das mögliche Ende der Menschheit, die Selbstvernichtungsmöglichkeit der Gattung Mensch und der ganzen Erde vorauszusehen. Er nennt es die Apokalypse-Blindheit.

Eine der Wurzeln dieses Analphabetismus der Angst und der Apokalypse-Blindheit ist für ihn das sogenannte prometheische Gefälle. Was versteht Anders darunter? Er meint dazu, daß wir als Menschen verschiedene Vermögen haben, nämlich

- die des Machens,

- des Denkens,

- des Vorstellens,

- des Fühlens,

- der Verantwortens

Und zum Anderen, daß jedes dieser Vermögen ganz unterschiedliche Auffassungskräfte und Leistungskapazitäten hat. Dies Gefälle der verschiedenen Vermögensebenen erläutert er an einem Beispiel:

"Die Vernichtung einer Großstadt können wir heute ohne weiteres planen und mit Hilfe der von uns hergestellten Vernichtungsmittel durchführen. Aber diesen Effekt vorstellen, ihn auffassen können wir nur ganz unzulänglich. Und dennoch ist das Wenige, was wir uns vorzustellen vermögen: das undeutliche Bild von Rauch, Blut und Trümmern, immer noch sehr viel, wenn wir damit das winzige Quantum dessen vergleichen, was wir bei dem Gedanken der vernichteten Stadt fühlen oder zu verantworten fähig sind. Jedes Vermögen hat also seine Leistungsgrenze, jenseits derer es nicht mehr funktioniert, bzw. Steigerungen nicht mehr registrieren kann; die Griffweiten der Vermögen befinden sich nicht in Kongruenz. Ermorden können wir Tausende; uns vorstellen vielleicht zehn Tote; beweinen oder bereuen aber höchstens Einen. Und was vom Beweinen oder Bereuen gilt, gilt von den Emotionen überhaupt, also auch von der Angst: sie ist den Leistungen der anderen Vermögen nicht gewachsen; und wenn sie versucht, mit diesen sich gleichzuschalten, sich "angemessen" zu benehmen, dann versagt sie. Der sich ängstende Mensch meistert nur geringere Aufgaben als der produzierende Mensch. Und insofern ist der Mensch kleiner als er selbst."

Mit diesem Beispiel will Anders deutlich machen, daß nicht die allgemeine Differenz dieser Vermögen unsere besondere Aufmerksamkeit braucht. Da geht er davon aus, daß das Gefälle generell dem Menschen wesentlich zukommt. Ihn interessiert nicht diese anthropologische Grundkonstante, sondern die konkret-historischen Entwicklungen des Gefälles. Bedrohlich ist für ihn, daß die Differenzen zwischen diesen Vermögen so anwachsen können, daß sie sich aus den Augen verlieren, daß sie unfähig werden, sich auf die gleichen Gegenstände zu beziehen, daß das Band zwischen ihnen zerreißt. (Er zitiert das Beispiel von einem Bomber-Piloten aus dem 2. Weltkrieg, der auf die Frage, was er beim Flug gedacht hat, sagt: "Ich konnte mir den Gedanken über die 175 Dollar Schulden nicht aus dem Kopf schlagen, die ich noch wegen des nicht vollständig bezahlten Kühlschranks hatte". Aber wir brauchen zeitlich gar nicht so weit zurückgehen. Von den Soldaten aus dem Golfkrieg wird berichtet, daß sie - wieder in ihre Heimat USA zurückgekommen - nicht mit dem Alltag klarkommen.

Eine Psychologin, die mit den Problemen der Soldaten zu tun hat: "Man klettert nicht einfach aus dem Flugzeut, steigt mit Frau und Kindern in den Familienkombi, fährt nach Hause, packt die Uniform weg und läßt alles hinter sich." Die Erlebnisse lassen die Soldaten nicht los. Sie berichten von "Irakis ohne Arme und Beine, in hundert Stücke zerrissen... ein Typ sitzt ohne Kopf in einem Lastwagen, zwei Typen hinten völlig verbrannt" (sh. Weser Kurier v. 3.6.1991)

Was ist Anders Ausweg aus der Misere? Hat er Lösungen, um mit dem Problem des prometheischen Gefälles umgehen zu können?

Wenn wir im Moment versuchen (gesetzt den Fall, daß sie sich auf seine Aussage über das prometheische Gefälle einlassen können) selbst eine Antwort auf diese Analyse von Anders zu geben, könnten wir doch sagen, daß die Erforschung und Bewußtmachung über die psychischen, sozialen, ökonomischen und kulturellen Bedingungen der Unfähigkeit zur Angst und der Apokalypse-Blindheit

die entscheidenden Möglichkeiten in sich tragen, um das angesprochene Gefälle auf ein vernünftiges Maß (d.h. auf das Maß, daß unser aller Überleben ermöglicht) zu bringen. Genau für diese Aufgabe sind vor allem auch die Bildungs- und Kultureinrichtungen zuständig, die mit den entsprechenden Reflexions- und Methodenpotentialen zur Erweiterung des Bewußtseins des Menschen einen Beitrag leisten können. Ja sicher, das ist eine Lösungsmöglichkeit. Oder vielleicht besser, war eine Lösungsmöglichkeit?

Es ist die Antwort der 60er und 70er Jahre. Gerade in unserem Kreis hier bedarf es eventuell nur weniger kurzer Verständigungen darüber, daß diese Lösungsmöglichkeit der traditionellen Bildungsmodelle zu kurz gerät. Anders formulierte schon 1956 eine andere Richtung des Umgang mit diesen prometheischen Gefälle, die m.E. ganz viel mit dem zu tun hat, wie in Kulturarbeitsprojekten in den letzten 15 Jahren gearbeitet wird. Die sprachlichen Formulierungen seines Lösungsangebotes mögen uns heute vielleicht etwas fremd klingen, aber von der Substanz der Aussagen her gibt es eine Zusammenführungsmöglichkeit der Gedanken von Anders und denjenigen, die uns bei unserer Arbeit bewegen.

Anders formuliert: "Sofern nicht alles verloren sein soll, (besteht) die heute entscheidende moralische Aufgabe in der Ausbildung der moralischen Phantasie (O. Negt - ein Klassiker der Arbeiterbildung und Erwachsenenbildung - sprach in den 60er Jahren von der Notwendigkeit der Herausbildung einer soziologischen Phantasie, die moralische Dimension von Bewußtseinsbildungsfragen war in diesem Ansatz explizit kein Thema) d.h. in dem Versuch, das Gefälle zu überwinden, die Kapazität und Elastizität unseres Vorstellens und Fühlens den Größenmaßen unserer eigenen Produkte und dem unabsehbaren Ausmaß dessen, was wir anrichten können, anzupassen -. Uns also das Vorstellende und Fühlende mit uns als Machenden gleichzuschalten." (S.273). Er spricht dabei von einem notwendigen "Exerzitum" (Üben), von einem notwendigen Experiment, von "moralischen Streckübungen", "Überdehnungen der gewohnten Phantasie- und Gefühlsleistungen" und von der "Plastizität der Gefühle", die anzustreben ist.

Das Programm, das Anders formuliert, könnte zeitgemäßer vielleicht so heißen: Schärfung der Sinne in einer Welt, in der die Sinne mehr und mehr ihrer korrekten Wahrnehmungsfähigkeit beraubt werden, in einer mediatisierten Welt. Es geht um **bewußte Wahrnehmung der Gefühle** und gerade auch der kollektiven Gefühlslagen. Kundera sieht in seinem Roman "Unsterblichkeit" das Zeitalter der Ideologien vom **Zeitalter der Imagologen** abgelöst, in dem es kaum noch möglich sei, die Wirklichkeit hinter den Bilderwelten zu erkennen. Hans Jonas spricht in seinem Buch "Das Prinzip Verantwortung", für das er den Friedenspreis des Deutschen Buchhandels erhalten hat, von der Notwendigkeit der Entwicklung einer "Heuristik der Furcht" und der "Erziehung des Gefühls", um gattungsgeschichtlich überleben zu können.

Soweit zu Anders und anderen als Zeuge für die These von der antiquierten Seele des Menschen und der Notwendigkeit der praktisch-sinnlichen Bearbeitung dieser kollektiven Gefühlslage, die weit über rationale Bewußtseinsbildungsprozesse (1) hinausgeht. Als weiterer Denkansatz, der meinen Gedankengang (in der These 2) unterstreichen soll, möchte ich einige soziologische Überlegungen Ulrich Becks aus seinem weit über Fachkreise hinaus bekannt gewordenen Buch "Risikogesellschaft" anführen.

Eines der Hauptthemen Becks ist die Analyse der Probleme und Konflikte die aus der Produktion, Definition und Verteilung wissenschaftlich-technisch produzierter Risiken entstehen. Aus Becks Sicht ist die Verteilungslogik von Modernisierungsrisiken **eine** wesentliche Dimension der Risiko-Gesellschaft. Andere Aspekte der Risiko-Gesellschaft sind die gesellschaftlichen, biographischen und kulturellen Risiken und Unsicherheiten, die in der fortgeschrittenen Moderne das soziale Binnengefügen der Industriegesellschaft - soziale Klassen, Familienformen, Geschlechtslagen, Ehe, Elternschaft, Beruf - und die in sie eingelassenen Basisselbstverständlichkeiten der Lebensführung ausgedünnt und umgeschmolzen haben." (S. 115)

Mit dem **Begriff der Individualisierung** versucht Beck den Konsequenzen der Risiko-Gesellschaft auf der objektiven Seite der Lebenslage und der subjektiven Seite der Bewußtseinslage nachzugehen. Individualisierung als soziologischer Begriff heißt bei Beck dreierlei:

- Herauslösung des Individuums aus historisch vorgeformten Sozialformen und Bindungen

- Verlust von traditionalen Sicherheiten im Hinblick auf Handlungswissen, Glaube und leitende Normen

- aber Individualisierung bedeutet auch eine neue Art der sozialen Einbindungen. Beck analysiert neue Standardisierungen und Institutionalisierungen von Lebenslage- und Biographiemustern (S.210)

An verschiedensten Stellen seiner Arbeit versucht dieser Autor auch die psychischen Konsequenzen dieser Individualisierungsentwicklungen herauszuarbeiten und zu klären, wie die Individuen damit umgehen. Seine Aussagen fasse ich zu 5 Punkten zusammen:

1. Individualisierungsschübe werden bei den Individuen nicht nur als Befreiung erlebt (wenn überhaupt), sondern lösen auch Ängste und Unsicherheiten aus.

2. Zugleich verlieren die traditionellen und institutionellen Formen der Angst- und Unsicherheitsbewältigung in Familie, Ehe, Geschlechterrolle sowie Klassen- und Schichtbewußtsein an Bedeutung.

3. Die sozialen Ungleichheiten sind - wenn auch in anderen Formen - noch immer gegeben, aber sie werden umdefiniert in eine Individualisierung sozialer Risiken. "In der Konsequenz schlagen gesellschaftliche Probleme unmittelbar um in psychische Disposi-

tionen: in persönliches Ungenügen, Schuldgefühle, Ängste,. Konfikte, Neurosen. Es entsteht eine neue Unmittelbarkeit und Individuum und Gesellschaft, die Unmittelbarkeit von Krise und Krankheit in dem Sinne, daß gesellschaftliche Krisen als individuelle erscheinen (S.158/159).

4. Es entsteht fast so etwas wie ein Zwang zur Individualisierung. Emanzipation wird gesellschaftliche Zumutung (der einzelne muß lernen, sich selbst "als Planungsbüro in bezug auf seinen eigenen Lebenslauf, seine Fähigkeiten, Orientierungen, Partnerschaften usw. zu begreifen. (S. 217))

5. Für Beck ergeben sich daraus Konsequenzen für pädagogische Institutionen: "Aus diesen wachsenden Zwängen zur Selbstverarbeitung von Unsicherheit dürfen über kurz oder lang auch neue Anforderungen an die gesellschaftlichen Institutionen in Ausbildung, Therapie und Politik entstehen. In der Risiko-Gesellschaft werden derart der Umgang mit Angst und Unsicherheit biographisch und politisch zu einer zivilisatorischen Schlüsselqualifikation und die Ausbildung der damit angesprochenen Fähigkeiten zu einem wesentlichen Auftrag der pädagogischen Institutionen." (S. 102)

Anders`Begriff des prometheischen Gefälles und Becks´ Individualisierungsthesen (neben den anderen bereits beispielhaft genannten Autoren und Theorie-Paradigmen) sind m.E. Begründungselemente dafür, daß es so etwas wie die Notwendigkeit der Bearbeitung der krisenhaften, unzureichenden, destabilisierenden, verunsicherten kollektiven emotionalen Verfaßtheit gibt. Sie sind ein Hinweis darauf, daß der Zugang zu diesen kollektiven Gefühlslagen nicht über traditionelle Formen der Bewußtseinsbildung ausreicht. Die vielfältigsten Erfahrungen in diversen Kulturprojekten der letzten Jahre zeigen, daß bestimmte seelische Aspekte gesellschaftlichen und politischen Lebens viel eher über kulturelle Produktionen und Vergegenständlichungen zugänglich sind als mit Worten, Texten, schriftlichen Materialien und Lehrgespräch.

Die entfremdeten Sinneserfahrungen, die Enteignung der Sinne kann nicht allein im Wortdialog aufgebrochen und neu zugänglich gemacht werden, sondern braucht die Ergänzung durch die sinnlich Ebene selbst: **Die in der Körperlichkeit, Sinnlichkeit, Gestik, im Habitus und in den Phantasievorstellungen der Menschen eingravierten gesellschaftlich und biographisch vermittelten Sinnes- und Sinnstrukturen werden oftmals erst in künstlerischen und kulturellen Projekten mit einem starken eigenen Aktivitätsanteil erfahrbar, verstehbar und es entsteht dadurch die Chance der Veränderung.** Diese Erfahrungen machen viele, die Kulturarbeitsprojekte anbieten und realisieren.

Bevor ich zur These 3 komme, will ich noch einem möglichen Einwand gegenüber dem Begriff der kollektiven Krankheit, Rechnung tragen. Vielleicht wirkt er einigen von Ihnen zu überzogen, ja sogar gefährlich. Wer sollten denn die Therapeuten oder Bildungsprofis sein, wenn alle in dieser kollektiven Krankheit befangen sind? Ist es hier nicht zu überzogen, gleich

von kranker Gesellschaft zu reden? Reicht es nicht, von Störungen, Ungleichgewichten, Beeinträchtigungen und hohen Belastungen des seelischen Grundempfindens zu sprechen, die nach Ausgleich verlangen? Diesem Einwand kann ich etwas abgewinnen, vor allem wenn ich der Beck´schen Argumentation folge, die ja nicht von pathologischen Normen spricht, sondern eher von anomischen Zuständen, wo vieles erlaubt ist und jeder sich seine eigenen Normen setzt (2). Bei dieser Beschreibung der psychischen Lage des einzelnen könnten kulturelle Produktionen Räume für Prozesse ermöglichen, die Ausgleichstendenzen zu den seelischen Belastungen ermöglichen. Vielleicht gibt es so etwas wie seelische Prophylaxe gegen Ungleichgewichtstendenzen in der seelischen Gesundheit, genauso wie es sie im körperlichen Bereich gibt. Weiter kann man fragen, muß es notwendigerweise vom Standpunkt seelischer Gesundheit aus betrachtet einen Ersatz für das Wegfallen von religiösen Kulten und Ritualen geben, die in religiös geprägten Gesellschaften und Alltagskulturen noch gesichert waren? Ist nicht der Boom im Kulturkonsum in den letzten Jahren als ein Indikator für solche Sehnsüchte nach Kulten und Ritualen zu sehen?

Das Terrain solcher Deutungen ist freilich glatt und historisch belastet. Ich weiß! Volksgesundheit, gesundes Volksempfinden, rauschartige Erlebnisse der Massen in Kulten des Aufmarsches bei der Zelebrierung von Führerfiguren und dem Verteilen des jeweils Andersartigen. Trotz dieser Bedenken möchte ich meine Neugierde in die angedeutete Gedankenrichtung nicht zensieren.

Ganz gleich, ob wir nun von der Korrekturnotwendigkeit kollektiver Gefühlslagen oder von der Prophylaxeseite her die Chance von kulturpädagogischen Projekten sehen. Zu fragen ist, was ist eines der wesentlichen Momente in der praktischen Arbeitsweise von kulturpädagogischen Projekten, die die ihr zugedachte Aufgabe realisieren helfen.

3. Kulturprojekte mit starken Anteilen von künstlerischer Eigenaktivität der Teilnehmer können die in These 2 angegebenen Wirkungen im Rahmen kollektiver Heilungsprozesse deshalb auslösen, weil das **Moment von Schönheit als Gestaltungsprinzip** eines der konstituierenden Elemente dieser Bildungsarbeit ist, bzw. sein sollte. Diese These mag jetzt bei manchen Erstaunen, Skepsis bis Ablehnung hervorrufen: Schönheit als Kriterium für Laienkulturarbeit, Stadtteilkulturarbeit, soziale und gewerkschaftliche Kulturarbeit und sonstige Kulturprojekte únd Inhalte und Formen kultureller Weiterbildung? Dieses Kriterium kann man doch nicht an nicht-professionelle Kulturprodukte anlegen. Außerdem sei es doch auch in der professionellen Kunst eine mehr als fragwürdige Kategorie geworden. Und Überhaupt, ist diese Kategorie nicht duch den durch den Kommerz bestimmten Standard von Schönheit und durch ideologiekritische Einschätzungen zur Lebensferne von Kunstproduktion nicht eindeutig diskreditiert? Solche Bedenken kann man auch nicht so leicht vom Tisch fegen.

Doch bei genauerer Betrachtung der Prozesse und Wirkungen von Kulturprojekten bei allen Beteiligten erweist sich diese Kategorie als unhintergehbar.

K. Matthies hat in einem Band zur ästhetischen Erziehung dieses Prinzip als eine der zentralen Orientierungen zur Begründung von ästhetischer Erziehung für Kinder und Jugendliche durch Rückgriff auf die urspüngliche Bedeutung von Schönheit in der antiken Philisopie in Anlehnung an den Philosophen Grassi (Matthies, K. 1988) herausgearbeitet. Wesentliche Bestimmungsmerkmale des Schönen bei Matthies können wir auch auf unser Arbeitsfeld übertragen. Kulturprojekte und kulturelle Weiterbildung mit künstlerischen Eigenproduktionsanteilen haben im Vergleich zu rein kognitiv gesteuerten Lernprozessen den Vorteil, daß bei ihnen die die individuellen, politischen und gesellschaftlichen Themenstellungen begleitenden Gefühlsdimensionen und Erlebnisprozesse auch zum Teil gegen die Widerstände des Bewußtseins thematisiert werden können, weil die Gestaltungsaufgabe für die Teilnehmerinnen im Vordergrund steht. Diese Gestaltungsaufgabe läßt ein Produkt (Theaterstück, Malerei, Videofilm usw.) entstehen, an dem das **Zusammenwirken von Idee** (Vorstellung) **Gefühl** (Einfühlung in Sinn und Situation) **und Sinnlichkeit** (Sensibilität für Material und Methode der Ausführung) verfolgt und überprüft werden kann. (Vergleiche dazu und den folgenden Bestimmungen Matthies 1988, Kap. 3) Die Teilnehmer/innen spüren ihre schöpferischen und gestaltenden

Kräfte in sich bei der Verwirklichung der jeweiligen Kulturproduktionen. Damit wird auch die Thematisierung bedrohlicher Themen möglich. Indem ein Thema ästhetisch gestaltet werden kann, dabei ein Ausgleich und eine Harmonie des Entgegengesetzten entstehen kann, wird das Streben nach Schönheit, das sich bei allen Menschen in verschiedensten Alltagssehnsüchten als Richtunggebendes zeigt, befriedigt. Ästhetische Gestaltungsprozesse enthalten auch eine erotische Dimension: Das heißt eine Form von Selbstvergessenheit, der Entäußerung an ein Anderes, das Sich- Verlieren in den Schaffungsvorgang, das Sich-Verlieren in das Darstellen.

Zusammenfassend: In der Kulturpädagogik geht es wie in der Therapie um seelisches Erleben auch von belastenden, negativen Gefühlen und Konfliktkonstellationen. Die Verfahren, Arbeitsformen und Gestaltungsprinzipien sind bei beiden Bildungs- bzw. Interventionsformen unterschiedlich: In der Kulturpädagogik ist eines der entscheidenden Gestaltungsprinzipien das der Schönheit, das in dieser ausgeprägten Form in Therapieprozessen keine Rolle spielt (Konzepte von Kunsttherapie zeigen allerdings, daß es auch auf der Ebene der Verfahren Berührungspunkte und Überschneidungen zwischen Therapie und kultureller Bildung gibt.) Das Moment des Durcharbeitens von widersprüchlichen und belastenden Gefühlen und Konflikterlebnissen in verschiedensten Verfahren der künstlerischen Produktion (z.b. Verfremdung, Montage, Benutzung der analogen Kommunkationselemente, Betonung der Expressi-

vität, Übertreibungen, Betonung des Komischen, Gegentypus) von dem oben die Rede war, führt uns zu einer weiteren These über die Gemeinsamkeit von Therapie und kultureller Bildung.

4. Sowohl in der Therapie als auch in der kulturellen Bildung spielen **kathartische Prozesse** (Läuterungs-, Reinigungsprozesse) eine bedeutende Rolle.

Katharsis - ein selbstverstänlicher Begriff für die Therapie - bedeutet Läuterung, Reinigung, auch Sich-befreien von unterdrückten Emotionen bzw. Spannungen im Sinne einer Abreaktion. Die Diskussion zu karthartischen Prozessen in der Kunst und in der Therapie hat eine lange Tradition. Erfahrungen in Kulturprojekten (insbesondere verweise ich auch wieder auf unsere empirisch dokumentierten Erfahrungen aus dem Theaterprojekt) zeigen, daß Kartharsis-Prozesse auch in der kulturpädagogischen Arbeit eine bedeutende Rolle spielen können, die nicht als Zufallsprodukt oder Unfall in Arbeitsformen mit hohen künstlerischen Eigentätigkeitsanteilen anzusehen sind. Karthartische Effekte haben nach Matthies (1988, S. 92) zwei Komponenten: Einen kognitiv-emotionalen Aspekt (Bewußtseinsinhalte während des Wiedererlebens der Ereignisse) und einen somatisch-emotionalen Aspekt (Weinen, Schluchzen, Zittern, Schwitzen, bereiendes Lachen). Beide Aspekte sind empirisch in Kulturprojekten und auch in Therapieprozessen nachweisbar.

Der **Unterscheid der Bedeutung** und des **Zustandekommens von Katharsisprozessen** in Bildungsprozessen und in der Therapie könnte darin liegen, daß Katharsismomente in der kulturellen Bildung vor allem durch die ästhetische Gestaltung, die auch immer einen Distanzierungsvorgang voraussetzt, zustandekommen und im eigentlichen Sinne keine Lösung der jeweils thematisierten konflikthaften und bedrohlichen Gefühlskonstellationen bedeuten, aber durch die auch befreiende Wirkung des Werkcharakters der kulturellen Produktion Kräfte, Energien und Pläne für Lösungen angeregt werden (s. dazu auch Matthis 1988, S. 86/87 und Holzapfel/Röhlke 1987, S. 255-267, 311, 312).

Resümee: Die Verschiebungen, Veränderungen unserer Arbeitsbereiche lösen neben Neugierde auch Unsicherheiten aus: Wir können diese Unsicherheiten nicht lösen durch puristische Revierabgrenzungen. Wie sind daher aufgefordert, ohne Berührungsängste die möglichen Überschneidungen der Arbeitsbereiche abzuklären. Das bedeutet auch, daß wir uns mutig auf die dabei neu entstehenden Aufgaben und Anforderungen einlassen müssen. Dafür brauchen wir Kraft und Energien und auch theoretisches Rüstzeug. Ich hoffe, daß mein Vortrag dazu etwas beisteuern kann.

Anmerkungen:

(1) Die Analyse der Voraussetzungen und Bedingunen für solche rationalen Bewußtseinsprozesse stand im Zentrum der Arbeit von O. Negt (1968).

Negt untersuchte diese Voraussetzungen, nämlich die Wahrnehmungs- und Deutungsstrukturen der Arbeiter, auch mit Hilfe psychoanalytischer Thoreme. Für die Praxis der Bildungsprozesse bleib allerdings damals unklar, wie die psychodynamischen Aspekte des verdinglichten Bewußtseins methodisch angegangnen werden könnten.

(2) Im Falle der Anomie haben wir es eben verstärkt mit Fragen der Orientierungslosigkeit, der Unübersichtlichkeit und daraus resultierenden Sinnfragen für den einzelnen und für die Gesellschaft zu tun. Diese Deutung von Gesellschaft und psychischer Lage des einzelnen wirft die Fragen, wie soll ich leben, welche Normen und Werte sollen das Zusammenleben der Menschen leiten, neu auf. Fragen der Ethik - lange Zeit von vielen von uns für obsolet gehalten - müssen wieder neu gestellt werden. In dem hier entwickelten Diskussionszusammenhang werden dann Überlegungen zum Zusammenhang von Ästhetik und Ethik wichtig. (s. dazu Holzapfel 1990, 1191)

Literatur:

ANDERS, G. (1987):
Die Antiquiertheit des Menschen, Bd. 1 Über die Seele im Zeitalter der zweiten industriellen Revolution, München, 7. unveränderte Auflage der Originalausgabe, München 1956

BECK, U. (1986, Hrsg):
Risikogesellschaft. Auf dem Weg in eine andere Moderne, Frankfurt

HOLZAPFEL, G. (1990, Hrsg):
Ethik und Erwachsenenbildung, Bremen

HOLZAPFEL, G. (1991):
Ästhetik und Ethik, Spekulationen eines Erwachsenbildners über mögliche Verbindungslinien ohne detaillierte Landkarte, in: Ethische Prinzipien der Erwachsenenbildung (Hrsg.: Giseke, W./Meueler, E. Nuissl, E.) 1. Auflage Kassel (Auslieferung: Arbeitsgruppe Erwachsenenbildung im Pädagogischen Institut der Universität Mainz)

HOLZAPFEL,G./RÖHLKE,G.(1987):
"...man spielt, wie man ist und merkt daran, wie man ist." Empirische Untersuchung zum Zusammenhang von Theaterarbeit, Arbeiterbildung und Lernen in der politischen Erwachsenenbildung. Reihe Werkstattberichte des Forschungsschwerpunktes Arbeit und Bildung der Universität Bremen, Bd. 1 (Vertrieb: Uni Buchhandlung, Postfach 330440, 2800 Bremen 33

JONAS, H. (1988):
Das Prinzip Verantwortung, Frankfurt/M.

MATTHIES, K. (1988):
Schönheit, Nachahmung, Läuterung. Drei Grundkategorien für ästhetische Erziehung, Frankfurt/M./Bern/New York/Paris

NEGT, O. (1971):
Soziologische Phantasie und exemplarisches Lernen. Zur Theorie und Praxis der Arbeiterbildung, Frankfurt, überarbeitete Neuausgabe, erstmals erschienen in Frankfurt 1968

PETZOLD, H. (1972):
Angewandtes Psychodrama, in: Therapie, Pädagogik, Theater und Wirtschaft, Paderborn, 2. Aufl.

PETZOLD, H. (1976)
Dramatische Therapie, in: Integrative Therapie, Düsseldorf 4/1976, S. 178-190

SCHMIDT-RANSON, I. (1976):
Brechts Lehrstücke in ihrer Beziehung zum therapeutischen Theater V.N. Iljines und zum Psychodrama J.L. Moreons, in: Integrative Therapie (Hrsg. v. H. Petzold, Düsseldorf 4/1976, S. 205-219

WEISS, R. (1985):
Bühne frei für eine politische Supervision. Experimente mit Psychodrama und Lehrstücktheater, München

Gandalf Trötschel

Das Theater
*oder
Die Gemeinschaftskunst als Chance
gesellschaftlicher Heilung
oder
Die Wiedererfindung des Rades*

Einleitung:
Schauspielkunst, Theater
und Gesellschaft

Wann immer ich gebeten wurde, etwas über Theater zu sagen und damit verbunden die Bitte kam, mich auf das Thema Theater zu beschränken, packte mich bald gähnende Langeweile. Als ich Anfang der 70er Jahre an der Staatlichen Hochschule für Musik und Theater in Hannover Schauspiel studierte, ging in der Abteilung der Slogan um: "Wer nur was von Theater versteht, versteht auch davon nichts." Dieser Satz ist für mich auch heute noch wahr und wichtig. Jetzt und hier reizt es mich natürlich, ihn auszuweiten und für Theaterpädagogik oder Therapie einzusetzen, aber ich will beim Thema bleiben.

Der Satz bedeutet nicht, daß es unwichtig sei, sein Medium oder sein Handwerk zu verstehen. Im Gegenteil, ich gehe davon aus, daß die gründliche Erforschung eines Handwerks, einer Methode, eines Mediums mir eine wichtige Hilfe sein kann, auch andere Versuche, die Welt zu erfahren, zu erkennen und bearbeiten, würdigen zu können. Der Satz besagt ja lediglich, daß ich meinen geistigen Bezugsrahmen weiter spannen muß, über das direkte Objekt meiner Bemühungen hinaus, um seine Essenz und tatsächliche Funktion tiefer verstehen zu können.

Ich möchte daher zu Beginn Peter Brook zitieren, einen der wohl wichtigsten Theatermacher unserer Zeit, und im Folgenden versuchen, sein nicht ganz einfach zu verstehendes Beispiel zu erläutern:

"In Mexiko mußten vor Erfindung des Rades Sklavenschwärme riesige Stämme durch den Dschungel und in die Berge hinaufschleppen, während die Kinder ihre Spielsachen auf winzigen Rollen zogen. Die Väter machten zwar die Spielsachen, konnten aber Jahrhunderte lang die Verbindung zu ihrer Arbeit nicht herstellen.
Wenn gute Schauspieler in schlechten Komödien oder zweitklassigen Musicals spielen, wenn Zuhörer uninteressanten klassischen Stücken Beifall klatschen, weil sie nur die Kostüme oder die Art des Szenenwechsels oder das hübsche Aussehen der Hauptdar-

steller genießen, dann ist dagegen nichts zu sagen.

Aber trotzdem: Haben sie bemerkt, was sich unter dem Spielzeug befindet, das sie am Faden ziehen? Es ist ein Rad."

Wenn es mir am Ende dieses Vortrages gelungen sein sollte, das herauszuarbeiten, was Peter Brook hier als Rad bezeichnet, dann will ich zufrieden sein. Ganz grob gesagt, geht es hierbei natürlich um die Funktion von Theater, sowohl unter seinen individuellen, wie auch unter seinem gesellschaftlichen und spirituellen Aspekten. Ich möchte auch im folgenden lieber vom Theater sprechen als von der Schauspielkunst. Obwohl ich die Schauspielkunst eindeutig für das Herzstück des Theaters halte, sehe ich die Funktion des Theaters als eine viel weiter gefaßte, als uns der besetzte Begriff Schauspielkunst suggeriert.

Überall dort, wo das Theater nicht über sich selbst hinausweist, gerät es automatisch in eine Krise. Wer die letzten 25 Jahre die Diskussion in Fachzeitschriften wie 'Theater heute' mitverfolgt hat, kann leicht zu dem Schluß kommen, daß sich zwar hin und wieder Highlights, quasi göttlich-künstlerische Offenbarungen ausnahmehaft ereignen, daß aber das normale Theater, mindestens im deutschen Raum, in Dauerkrise, wenn nicht gar tot sei.

Der Unterscheid zwischen den großen Momenten und der Langeweile des täglichen Theaters wird immer eklatanter. Das Theater als Ort der geistigen Herausforderung und sinnlichen

Erfahrung ist uns mehr oder weniger verlorengegangen.

Natürlich ist das Theater nicht tot. Es treibt Blüten, und was für welche! Es ist auf der Jagd nach olympischen Rekorden. Je exotischer, desto besser. Je technisch-formal perfekter, desto besser, je weiter von den Ausdrucksmöglichkeiten seines Publikums entfernt, desto besser. Wirkliche Wagnisse können sich nur noch die adhoc-Projekte oder die großen Häuser leisten. Beide jedoch wagen diese naturgemäß nur auf dem schmalen Sektor der formal-ästhetischen Brillianz. Ähnlich wie unsere Spitzensportkultur den Menschen die Bewegung geraubt hat, so hat auch die Theatersubventionspolitik den Menschen wieder ihr Theater geraubt.

Aber obwohl die gesellschaftlichen Intentionen des bürgerlichen Theaters (und die meisten freien Gruppen haben sich diesen weitgehend angepaßt) nur noch ganz rudimentär mit seinen ursprünglichen Wurzeln verbunden sind, ist das Intersesse am Theater ungebrochen und sehr vital. So stehen wir nun vor der seltsamen Situation, daß immer mehr Menschen Interesse am Theater haben, ja von der Theaterarbeit leben wollen und immer weniger ins Theater gehen. Wird der Trend gestoppt, wenn beide Gruppen bald ganz miteinander identisch sind? Oder geht die Schere der Entwicklung dann gar noch weiter?

Natürlich ist das Theater nicht out. Aber wer nimmt schon zur Kenntnis, was im nichtprofessionellen Bereich passiert? Und wer nimmt die Bedürfnisse, die dahinterstehen, ernst? Sind alle, die in ihrer Freizeit Theater spielen, wirklich nur verhinderte Staatsschauspieler? Wenn sich jährlich für die zehn Studienplätze einer staatlichen Schauspielschule über tausend Leute bewerben, dann kann mir keiner weismachen, daß das alles bewußte Entscheidungen für den Schauspielberuf sind. Was sind es aber dann für Bedürfnisse, die sich in diesen Zahlen ausdrücken? Hinter uns liegt ein mehrjähriger Kreativitätsboom, ein Workshopboom mit zunehmend diffuser werdenden Grenzen zu Therapie, Selbsterfahrung, Spiritualität und gemeinschaftsspendenden Ritualen. Mittlerweile wird dem Theater in diesem Feld schon eine Heilserwartung entgegengebracht, die fast jede Kirche vor Neid erblassen läßt. Es sind originär religiöse und Ich-überschreitende Bedürfnisse, die sich in diesen Zahlen manifestieren.

Und diese Bedürfnisse können von einem nur produktionsorientierten Theater nicht bedient werden. Dennoch halte ich diese Bedürfnisse für legitim. Und ich halte es auch für legitim, wenn diese Bedürfnisse an das Medium Theater gerichtet werden. Natürlich nicht an den verengten bürgerlichen Theaterbegriff von einem Ort der Ideen, darin würde es sich ja auch zuwenig vom kulturellen Angebot der Kirchen unterscheiden. Die Heilserwartungen sind beim herkömmlichen Theater natürlich genausowenig aufgehoben wie bei den herkömmlichen religiösen Institutionen, die im wesentlichen auch mehr mit Ideen handeln, als Erfahrungsräume eröffnen.

Dabei haben beide gesellschaftlichen Phänomene den gleichen Ursprung.

Es würde den Rahmen meines Themas sprengen, nun die gemeinsame Wurzel von Theater und Religion in der schamanistischen Magie der Jungsteinzeit zu betrachten. Es würde zu weit gehen, den Prozeß der Entfremdung voneinander, der natürlich eingebettet ist in den Prozeß der Entfremdung all unserer Lebensbereiche voneinander und von uns selbst, genauer zu analysieren. Es würde zu weit gehen, Theaterformen anzuschauen, die nicht die Kunst an sich als Wert sahen, sondern die Kunst verstanden, sowohl praktische psychische Katharsis als auch gemeinschaftsspendendes magisch kultisches Ereignis zu sein. Es würde zu weit gehen, genauer zu untersuchen, wie z.B. die neolitischen Jagdkulte, babylonische Fruchtbarkeitsriten, die griechische Tragödie, die Mysterienspiele, verschiedene Volkstheatertraditionen und auch heutige Theaterformen zentral und genau in den Bereichen wirkten oder wirken, die wir heute als Religion oder als Therapie von der magischen Kunst abgesondert haben. Das alles würde viel zu weit gehen. Und dennoch kann ich keine fundierte Aussage über die Kunst des Theaters machen, ohne diese, seine ursprüngliche und eigentliche gesellschaftliche Funktion wieder ins Blickfeld zu rücken.

Für alle, die dem Theater des 20. Jahrhunderts neben seinem Unterhaltungswert allenfalls noch die Funktion kritisch rationaler Aufklärung zubilligen, werden meine weiteren Ausführungen also im zunehmenden Maße Humbug sein. Wenn ich heute sage, daß das Theater um die kommende Jahrtausendwende nicht nur noch eine Chance, sondern sogar eine unverzichtbare gesellschaftliche Funktion hat, dann meine ich damit nicht seinen Aufklärungsaspekt. Diese wichtige emanzipatorische Funktion hatte es im 18., 19., ja noch bis in die Mitte des 20. Jahrhunderts. Diese Funktion der kleinen Pädagogik, wie Brecht sie nannte, wird heute von schnelleren Medien besser bedient. Wenn das Theater also auch in Zukunft eine wichtige Funktion haben wird, dann eher im Sinne der von Brecht sogenannten großen Pädagogik, d.h. der Bewußtseinsbildung, der direkt an seinem Prozeß Beteiligten.

Eine Reise zu den Wurzeln - das Rad entsteht

So, nun kommt ein Riß, Ende des Vorworts. Bis hierher habe ich das Rad äußerlich beschrieben, ich will später noch theoretisch in sein Zentrum vorstoßen; doch jetzt zur Auflockerung erst einmal ein paar Erlebnisse aus meinem und meiner Vorfahren Schatzkästlein:

Beispiel 1:
Plön Ende der 70er Jahre, Landesjugendpfarramt Koppelsberg, Spiel- und Theaterfortbildung der e.V. Kirche (AGS), Stimmbildung, mein erster Workshop im Bereich Stimme/Sprache mit Nicht-Profi-Schauspielern.

"Drück meine Hände mit Deinem Atem auseinander" sage ich zu der Kursteilnehmerin, um das Phänomen Stütze erfahrbar zu machen. Nach wenigen Sekunden bricht sie in Tränen aus, fängt an, von ihrer Kindheit zu erzählen. In mir kommt Angst auf, ich bin hier, um Schauspieltechniken zu vermitteln, nicht um therapeutisch zu arbeiten. Ein anderer Teilnehmer fängt an, von seinem Vater zu sprechen, eine dritte Teilnehmerin wendet sich teilnahmsvoll der ersten zu. Zuerst bin ich frustriert. Es gibt eine Zielvorgabe für das Seminar, wenn das hier so läuft, dann kann man das Ziel vergessen. Mein Konzept für den Nachmittag konnte ich vergessen, aber die Gruppe war danach interessierter, präsenter, lernbegieriger.

Beispiel 2:
Plön Anfang der 80er. Rituelles Spiel für Fortgeschrittene, Sonntag morgen, eine Körpertheaterimprovisation ist gerade beendet. Alles verschnauft, der Raum dampft. Morde und Hochzeiten, Katastrophen und Wiederauferstehungen haben sich ereignet. Eine geläuterte Ruhe hat uns und den Raum verzaubert. Und nach andächtigem Schweigen sagt ein Teilnehmer, ein Gestalttherapeut, der vorher oft und viel Methodisches, Menschliches und Thematisches zu sagen hatte:" Es war ein Gottesdienst, ich kann mich an nichts mehr erinnern und es geht mir sehr gut damit, es bleibt kein Rest. Das war Leben in voller Konzentration".

Beispiel 3:
Evangelische Fachhochschule Hannover, 80er Jahre. Sozialpädagogik-

studenten haben gerade erfahren wie sie in einer intensiver Körpertheater-improvisation kathartische Situationen erlebten, die nicht auf der persönlichen Ebene und verbal aufgearbeitet, sondern direkt im Spiel heilend transformiert wurden. Ich lese ihnen aus Grotowskis Anweisungen für Schauspieler vor, ohne die Quelle zu verraten. Sie sollen den Zusammenhang erraten. Alle tippen auf psychotherapeutische Fachliteratur.

Beispiel 4:
Moskau 1973, lange vor der Peristroika, offene Kritik am System ist verboten. Im Theater an der Tanganke kritisiert man daher die US-Gesellschaft und zeigt, wie sie ihre Hippiekultur unterdrückt. Alle im Raum wissen, daß es hier nicht um Amerika geht. Sie gehen mit und beginnen, die jugendlichen Helden zu unterstützen. Da stehen die ersten beiden Zuschauerreihen auf. Es sind Polizisten in Uniform, Angst entsteht im Raum. Die Spieler auf der Bühne halten den Kontakt zum Publikum, das Theaterereignis bildet die Realität des Publikums nicht ab, es stellt sie verdichtet her. Die Polizisten sind natürlich Schauspieler. Das Publikum sieht auch keine US-Polizisten in ihnen. Die Zensur hat keine Handhabe und die Zuschauer verlassen das Theater sichtbar ermutigt, entschlossen und gestärkt.

Beispiel 5:
Irgendwo im vorchristlichen Griechenland, 500 Zuschauer folgen keinem Drama, sondern einer Tragödie, d.h. sie kennen die Geschichte der Artriden, sie verfolgen nicht die Handlung, sondern sie verbinden sich mit dem seelischen Dilemma der Handelnden. Sie weinen mit Klytemnestra um die vermeindlich tote Tochter, sie wollen die Rache, sie fürchten um Agamemnon und sie zaudern mit Orest, der seine Mutter zu töten hat. Es geht in der Orestrie dabei nicht um die historische Darstellung der Ablösung mutterrechtlicher Strukturen durch das aufkommende Partriachat, sondern um die gemeinsame seelische Verarbeitung dieser traumatisierenden Veränderung. Die fehlende persönliche Eitelkeit und die professionelle Anonymität der Protagonisten, der Schauspieler, sowie die emotionale Direktheit und Massivität des Chores weiten die persönliche Geschichte und schaffen einen emotionalen Raum, der dem Publikum den kathartischen Nachvollzug eines kollektiven Traumas gestattet.

Beispiel 6:
Deutschland 1945, direkt nach Kriegsende (dieses Ereignis ist nicht wirklich geschehen, es hätte geschehen können, wenn das Theater in unserer Gesellschaft noch die gleiche Funktion haben würde wie damals die griechische Tragödie): Die Überlebenden versammeln sich in allen, noch nicht zerbombten, großen Hallen um gemeinsam darüber zu weinen, daß sie Hitler an die Macht gebracht haben. Schmerz, Schuld und Scham werden künstlerisch gestaltet und brauchen nicht verdrängt zu werden. Das kollektive und öffentliche Erleben der Reue bildet die seelische Grundlage, die eine spätere rationale Aufarbeitung der Vergangenheit überhaupt erst ermöglicht (wie gesagt, dieses Ereignis entspringt der Phantasie).

Beispiel 7:

Eine Höhle in der Pyrenäen vor ca. 30.000 Jahren: Der Gesang der Frauen ist lauter geworden, vorher haben sie, die Wurzeln zerkauend und einspeichelnd, den monotonen Singsang nur gesummt. Die Jäger stampfen weiter einen Rhythmus mit Speeren und Füßen und bilden den äußeren Kreis. Der Schamane nimmt die Schale mit dem Wurzelsaft der Frauen entgegen und schüttet sie in den Kochkessel. Der Gesang steigert sich, die Männer fallen ein und der Schamane umkreist den Umriß des Wisents, den er mit Holzkohle auf den Boden gezeichnet hat. Die ganze Nacht haben sie den Geist des Tieres heraufbeschworen, um Vergebung gebeten und die Notwendigkeit der Tötung besungen.

Die Männer haben die Erschöpfungsphase des Trancetanzes hinter sich. Als der Schamane den ersten Schluck seiner Kraftbrühe trinkt, wird der Gesang wilder und lauter. Die Frauen beenden den Grundsingsang und fallen in die verschiedensten Tierstimmen. Der Schamane hebt seinen Speer und trifft mit lautem Schrei das Herz des Tieres. Donnernde Stille in der Höhle. Lautlos umkreisen die Männer das Tier und stoßen vereinzelt ins Innere. Sie treffen mit ihren Speeren den Wisent.

Nachdem der letzte seinen Treffer gelandet hat, setzt der Gesang der Frauen wieder ein. Der Schamane richtet sich hoch auf und beschwört in lauter Litanei ein letztes Mal den Geist des Wisent. Dann fällt er wie tot auf das Bild des Tieres und bleibt dort liegen. Wie auf ein geheimes Kommando und ohne Unterbrechung oder private Verabschiedungen verlassen die Jäger ihren Kreistanz, trinken jeder einen Schluck Brühe und laufen aus der Höhle. Während die Frauen drinnen den Schamanen symbolisch schlachten, ihm dann wieder Verehrung zukommen lassen und ihn schließlich sogar symbolisch beerdigen, versammeln sich die Männer um ihren Jagdführer und den Kundschafter, der die Wisentherde im Auge behalten hat. Die beiden flüstern kurz miteinander. Der Jagdführer gibt das Zeichen zum Aufbruch, die Jagd hat begonnen.

Was ist in der Höhle geschehen? Ist der Schamane ein Künstler, dessen Ziel die bestmögliche Abbildung der Jagdbeute auf dem Felsgestein der Höhle ist? Sind die Frauen religiöse Fanatikerinnen, die die Jäger mit Gesang und der aufputschenden Wirkung der Wurzel manipulieren? Findet hier ein Heilungsritual statt, das den Männern helfen soll, die Angst vor dem möglichen Jägertod zu integrieren oder gar sie aufzuheben? Soll ihre Kraft zum Durchhalten hier noch geistig gefestigt werden? Gelingt es diesen Menschen etwa wirklich, den Kontakt zur Tierseele des Wisent aufzunehmen und das Einverständnis der Schöpfung zu ihrem Tun zu bewirken? Oder handelt es sich um eine pädagogische oder polititsche Manipulation, die den Jägern klar macht, was sie nun im Namen und für die Gemeinschaft zu tun haben? Ist der Schamane Künstler, Heiler, Medizinmann, Priester oder Politiker?

Wahrscheinlich ist er keines nur, aber von allem etwas, vielleicht ist er auch nur ein geschickter Theatermacher, der das Ganze zur psychischen Vorbereitung der Jäger veranstaltet. Wenn er das ist, dann lebt sein Tun aber nicht von "so tun als ob", sondern er geht wahrhaftig in die verschiedenen Wirkungsebenen seines Tuns hinein. Nur wenn er wirklich weiß, was er und wie er es tut, gelingt sein Zauber.

Im Auftrag und für die Gemeinschaft leitet er eine bewußte und verabredete Selbstbeeinflussungsveranstaltung, an deren Schluß die Jäger energetisch so aufgeladen sind, daß sie zu ihrer psychischen Entlastung die Begegnung mit dem Beutetier geradezu brauchen. Der Jagdzauber ist also keine künstlerische Veranstaltung im Sinne der l´art pour l'art, sondern von eminent praktischer Natur, eine Vorbereitung zur Jagd, vergleichbar mit dem Fertigen eines Speeres.

Die Angst, dem umzingelten Wisent von vorn zu begegnen, ist nicht neurotisch sondern durchaus real. Sie wirkt im einzelnen Jäger stärker, als dessen rationale Überlegung, daß es ja einer tun müsse. Die Überwindung dieser Angst (nicht ihre Verdrängung, sondern die bewußte und willentliche Überwindung durch den Aufbau einer stärkeren Kraft) ist aber für die Gemeinschaft lebensnotwendig, sie geschieht daher nicht individuell durch Verdrängung oder Einsicht, sondern kollektiv durch den Eintritt in einen größeren Energiekreislauf.

Durch die Verbindung des Individuums mit den geistigen Prinzipien seiner Welt und den Lebensbedingungen seiner Gemeinschaft wird ein Wille aufgebaut, der die scheinbaren Grenzen des Individuums weitet und ihm sein eigentliches Potential erst voll eröffnet.

Im Bild des Jagdzaubers eben, besteht die Kunst des Schamanen darin, einen Gruppenprozeß im Konfliktfeld aus Wissen, Angst, persönlichem Versagen und gemeinsamer Verabredung so zu forcieren, daß die Seite der Unbedingtheit des Gelingens gestärkt wird. Psychologisch gesehen ist er erfolgreich, weil es ihm gelingt, den einzelnen Jäger geistig, emotional und energetisch zur vollen Potenz zu bringen. Spirituell betrachtet könnte man sagen, wirkt er, in dem er im Einklang mit der Schöpfungskraft und im morphogenetischen Sinn ein Feld des Gelingens aufbaut.

Das Rad oder die Essenz der Theaterkunst

Die hier beschriebene praktische Funktion der magischen Kunst ist es, die mich heute am Theater interessiert. Es ist die ureigenste Funktion des Theatermachers, gemeinschaftsspendende Rituale zu entwickeln, die das dualistische der Welt gegenüberstehende transformieren in eine Art schöpferische Mitverantwortung für die Welt.

Sein Ziel ist also die Entwicklung eines Bewußtseins, das auf so eigentümlich leichte und gleichzeitig so schwer zu beschreibende Art, eine absolute Hingabe mit dem Aufbau eines intelligenten Willens verbindet. Das läuft letzten Endes auf ein Bewußtsein hinaus, das politisch nicht mehr so leicht manipulierbar ist, weil seine Träger mit einer tieferen Quelle verbunden sind als mit ihrer launisch vor sich hin plappernden Persönlichkeit. Es läßt sogar die Vision entstehen, daß eine aktive Veränderung der globalen Zerstörungstendenzen in der seelisch verkraftbaren Konfrontation mit ihren geistigen Ursachen fast organisch möglich ist. Ich sage fast, weil es dazu noch des Fünkchens der Entschlossenheit bedarf. Diese gemeinschaftsspendende und bewußtseinsaufbauende Funktion der alten magischen Kunst des Theaters ist das Rad, vom dem Peter Brook spricht.

Und wenn ich von **magischer Kunst** spreche, dann meine ich damit nicht Okkultismus, sondern das Wissen, die Technik und die Kraft, **geistige Bilder zu materialisieren.** Der Theatermacher weiß, daß die Welt geistig aufgebaut ist. Diese Erkenntnis widerspricht nicht einem modernen (durch den Materialismus geläuterten, aber nicht in ihm steckengebliebenen) Weltbild. Sie befreit ihn lediglich aus der Ohnmacht gegenüber natürlichen, gesellschaftlichen, psychischen Bedingtheiten und setzt ihn wieder ein als Mitarbeiter an der Schöpfung.

Die magische Kunst des Theaters basiert auch nicht auf einem nüchternen Set von Techniken oder Tricks, sondern auf einer künstlerischen Grundhaltung gegenüber der Welt. "Kunst ist ein verzücktes Ja-Sagen zum Gesamtcharakter des Lebens" (Nietzsche)

Was sagt so ein Satz über den Künstler? Der Künstler ist, so verstehe ich jedenfalls Nietzsche, ein Mystiker, d.h. gleichzeitig ein trunken Liebender und ein radikal unemotionaler Wahrheitssucher. Seine poetische Kraft ist also nicht ästhetischen oder moralischen Werten verpflichtet, sondern allein der erkennenden Liebe oder der liebenden Erkenntnis. Ich möchte dazu einen namhaften Kunsthistoriker zitieren:

"Vorbedingung von Kunst, jedenfalls in diesem existentiellen Sinne von Nietzsche, ist eine Wahrnehmung der Welt, die nicht in den Sog persönlicher Dinge wie Angst, Sorge, Vorbeuge usw. gerät. Wer in seinem Leben wirklich schon einmal in einem ekstatischen Zustand gewesen ist - Ek-stase heißt hinausstehen, außerhalb-stehen - weiß, daß genau das damit gemeint ist. Ekstase ist ein Zustand, wo der Mensch außerhalb seiner selbst steht, d.h. außerhalb dieser persönlichen Dinge. Wer sie erlebt hat, weiß, daß man in einer ganz bestimmten Weise unberührbar ist. Ekstase ist ein Zustand, wo Distanz und Nähe zur Welt sich in einer merkwürdigen Weise verbinden und man irgendwie vollkommen unberührt ist. Das ist ein ungeheuer potenter Zustand. Es ist ein hochemotioneller und ein hochgeistiger Zustand, aber trotzdem fern von all dem, was wir in unseren persönlichen Beziehungen etwa als Gefühle bezeichnen. Er ist fern von den Gefühlen der Sympathie, der Antipathie, des Erschreckens, der Angst, der Gier, des Verlangens, fern von alledem.

Wenn man den Zustand der Ekstase beibehalten kann, was wir Abendländer sehr schlecht können, weil wir es nicht gelernt haben, merkt man, daß man einer Transformation zusteuert, man verändert sich in diesem Zustand. Wer ihn anhalten kann, merkt, daß etwas sich verändern will, es ist als würde ein innerer Gestaltungsimpuls auf einmal wachsen können. Man kann diesen Zustant meistens ohne Hilfe von Drogen oder solchen unterstützenden Mitteln nicht lange aufrecht erhalten. Wir sind keine Meister auf diesem Gebiet, aber immerhin, was man da kurz spürt, hat allgemein Lebensgültigkeit. Künstler kann nur sein, wer auf's Ganze geht, wer nichts anderes im Auge hat, als die eigene Selbstverwirklichung, aber unter dem Einsatz seiner gesamten Intelligenz.

Künstlerische Werte sind Werte des Schaffens, der Entwicklung, sie haben nichts zu tun mit den bekannten ästhetischen und moralischen Werten, im Gegenteil, die bekannten ästhetischen und moralischen Wertmuster müssen zerbrochen werden, damit Künstlerische frei werden können, damit Entwicklung, damit Schaffen möglich wird. Werte des Schaffens sind z.B. das richtige Maß von Nähe und Distanz zu halten oder in Extremen leben können. Künstlerisch leben, heißt als Schaffender leben, d.h. auch, ab und zu mit tausend Damoklesschwertern über sich leben zu können, weil das Leben dadurch spannend wird. Die Sachen, die wir vermeiden im Leben, weil wir Angst vor ihnen haben, müssen wir hineinholen ins Leben, weil das Leben dadurch spannend wird. Natürlich ist das ein langsamer Schritt, weil wir vollkommen domestizierte und verängstigte Seelchen sind.

"Von Anfang an haben wir gelernt, wenn es weh tut zum Arzt zu gehen oder, wenn wir seelische Nöte haben, durch therapeutische Fragen an die Sache heranzugehen, statt auf die Idee zu kommen, daß wir auch erkrankt sein könnten an unserer Ignoranz gegenüber künstlerischen Gesetzen, welche das Verhältnis zwischen Form und Inhalt regeln." (Dieter Duhm)

Sätze wie der letzte sprechen in meinen Augen nicht gegen die Therapie, sondern für die therapeutischen Eigenaspekte der Kunst. Und zwar nicht in dem heute oft üblichen synthetischen und verflachten Sinn. Neulich sagte mir eine Tanztherapeutin: "Die Leute sollen drei Schritte machen, dann wird eine Stunde darüber gesprochen, das Ganze nennen sie dann Tanztherapie, aber in der Stunde wird höchstens noch integrierend nachgearbeitet, die Heilung in der Tanztherapie geschieht, wenn ich tanze."

Ähnliches ließe sich zum Theater sagen. Die didaktisch verbrämte Kastration dieses anarchistisch vitalen Mediums in der Theaterpädagogik und die wirkungsästhetisch auf 5% reduzierte Vernutzung des Theaters im Rollenspiel und Psychodrama unterstellen die organische Heilkraft dieses Mediums der schulmedizinischen Kontrolle, der analytischen (linken) Gehirnhälfte. Die tatsächlich heilende Wirkung des Theaters beruht aber eher auf der Kompetenz der rechten, d.h. der ganzheitlichen, bildhaften und tätigen Erkenntnis. Die befreiende Wirkung basiert auf dem Kunstaspekt des Theaters, d.h. auf der schöpferischen Tätigkeit. Und im Fall des Theaters ist das schöpferische Material nicht in erster Linie optischer oder akustischer Art, sondern das ganze leiblich, emotionale und geistige System Mensch.

Ich denke, ein persönlicher, eigener künstlerischer Zugang zum Medium Theater sollte die Basis sein, das Theater auch im pädagogischen oder therapeutischen Feld zu nutzen. Die heilende Wirkung des Theaters liegt im existentiellen Ringen um Fragen der Gestaltung und im Prozeß des Spiels, und nicht so sehr in der verbalen Aufbereitung dieser Prozesse.

Moreno hat etwas von dieser Kraft geahnt und deshalb ein sowohl psychotherapeutisch als auch politisch orientiertes Mitspieltheater als soziotherapeutische Instanz angestrebt. Er ist gescheitert, weil er keine Ahnung von den künstlerischen Gesetzen des Theaters hatte. Er war ein glühender Fan, aber ein Laie auf diesem Gebiet. Und sein weiterer Weg zur Entwicklung des Psychodramas kann, gemessen an dem, was er eigentlich wollte, menschlich gesehen als resigniert, wirkungsästhetisch betrachtet, als höchst reduziert bezeichnet werden.

Ich muß zum Schluß mein Thema doch noch etwas weiten und einige Bezüge herstellen. Wenn Jerzy Grotowski behauptet: "Die gründliche Selbsterforschung ist das Vorrecht und die Pflicht unseres Berufes", dann meint er damit nicht den Therapeuten sondern den Schauspieler.

Ich möchte diese Aussage ausweiten auf den Theatermacher und am liebsten die Theaterpädagogen und -therapeuten damit einbeziehen. Warum? Mehr als andere Künste lebt das Theater von der persönlichen Authentizität seiner Macher. Seine Produkte sind nicht von ihren Schöpfern trennbar.

Das Theater ist die privateste und vergänglichste aller Künste. Der Künstler kann hier noch schwerer als der Maler oder der Komponist zu seinem Werk auf Distanz gehen. Leichter noch als die Künstler anderer Sparten ist er verführt, seine Person oder seine Eitelkeit mit seinem Werk zu verwechseln. Da dies so oft geschieht, die Schamanen also ihre Kompetenz verspielt haben, ist die Kunst des Theaters heute trotz der gewaltigen Kraft, die in ihr ruht, zumeist in Belanglosigkeit oder Unappetitlichkeit verkommen.

Die ursprünglich ganzheitliche Funktion des Schamanen/Theatermachers ist heute aufgespalten und an Spezialisten deligiert worden, die nicht vom Kuß der Musen authorisiert, die Gesetze des magischen Mediums nicht mehr kennen. Und so wichtig ich die Integration wissenschaftlicher Erkenntnisse und Qualifikationen in die schamanistische Tradition halte (Ärzte, Therapeuten, Heiler verkörpern alle Teilaspekte der ursprünglichen Funktion) um so deutlicher wird mir aber auch, daß der schöpferisch-künstlerische Aspekt, und damit auch die rechtshirnseitige Verbundenheit mit der Schöpfung (die Hexe, der Priester, der Visionär oder Prophet sind die anderen Teilaspekte der alten Kunst) die Basis für die eigentliche Kraft des Theaters ist.

Die Vergartenzwergung der Kultur oder Spaltung und Trend

So, nun muß ich etwas Provokantes sagen. Nach all dem Gesagten dürfte klar sein, daß ich die Aspekte Kunst, Pädagogik und Therapie nicht einfach pluralistisch und gleichwertig nebeneinanderstellen kann und sagen: Schau mal, das kann man mit Theater alles machen. Lange Zeit habe ich mit der Theaterpädagogik gehadert. Sie schien mir oft nicht Fleisch noch Fisch zu sein. Weder aus künstlerischer noch aus psychotherapeutischer Kompetenz gespeist kam mir ihr Anspruch auf Kreativitätsbildung dreist und hohl, ihre Praxis oft wie Flickschusterei vor. Ich selbst habe versucht, mir eine doppelte Qualifikation zu verschaffen, und 10 Jahre nach der Schauspielausbildung noch eine Gestaltausbildung gemacht. Und vor diesem Hintergrund bin ich wieder ganz klar zum künstlerischen Aspekt von Theater zurückgekehrt (natürlich kann man das Ganze auch individualpsychologisch lang und breit interpretieren, aber meine Person ist ja hier nicht das Thema, sondern die Kunst).

Ich möchte hier ganz klar feststellen: Für mich hat das Theater pädagogische Aspekte und Aufgaben wie auch therapeutische Aspekte und Aufgaben (dazu komme ich gleich noch). Seine eigentliche Gestalt, sein Wesen, seine Essenz ist jedoch die Kunst, also die schöpferische Arbeit mit Menschen, die Arbeit mit dem Ausdruck, die Erforschung des Leibes, der Stimme, der Sprache, das Ringen um die Dialektik von Form und Inhalt, es geht um Hingabe und Wollen, um radikale Authentizität, die sich nicht von modischen Gefühlen überzuckern läßt und um geistige Arbeit an einem Thema. Und Arbeit an einem gemeinsamen dritten, einem Thema, einer Produktion oder einer Aufgabe birgt in sich mindestens die gleiche Chance für heilende Kräfte wie eine psychotherapeutisch orientierte Selbsterfahrungsgruppe. Wirkliche Kunst ist ein Heilungsvorgang, nicht nur im Individuum, besonders für die Gemeinschaft und auch für die Welt.

Ich bin etwas mißtrauisch geworden gegenüber dem langsamen Verschwinden von Themen, Ideen und Visionen aus den Bereichen von Pädagogik und Therapie. Die persönlichen Visionen, die Weite der Erkenntnis und ihre politische Bedeutung z.B. von Moreno oder auch von Fritz Perls und besonders von Wilhelm Reich sind in der Praxis derer, die sich heute auf sie berufen, für mich kaum noch auszumachen. Und die Kunst des Theaters sperrt sich diesem Trend. Das Medium ist zu körperhaft, um vom Sog, alles nur noch individualpsychologisch sehen zu wollen, einfach geschluckt werden zu können.

Seit Freud gibt es keine abendländische Philosophie mehr. Diesen Satz des Kunsttherapeuten würde ich zwar nicht hundertprozentig unterschreiben, aber er stimmt im Trend. Seitdem wir versuchen, die Psyche des Individuums zu verstehen, haben wir zunehmend den Kontakt zu den übergreifenden Themen verloren. Und so wichtig auch in der Theaterkunst das individualtherapeutische Moment bleibt (so z.B. die via negativa im Schauspieltraining von Grotowski in wesentlichen Punkten der bioenergietischen Analyse) so ist das Theater doch originär immer den ich-überschreitenen Themen verpflichtet. Die menschlichen Fragen nach dem Sinn im Leben, nach Heimat in der Materie, das Ringen um Humanität in der Gesellschaft, die Einbettung oder eben das Herausfallen aus der Natur, die Rolle des Menschen in der Schöpfung, drücken die soziotherapeutische Ebene der Themen aus, um die die Kunst seit jeher ringt. Und in diesem Ringen, das ein praktisch-schöpferischer Prozeß ist, sind heilende, religiöse und politische Aspekte integriert.

Nach dem Untergang der Philosophie ist es in erster Linie die Kunst, die den schöpferischen Raum, die Energie, den Wahrheitsdurst und die existentielle Wucht entfaltet, den Menschheitsfragen ins Auge zu sehen. Ihre historischen Nachfolger oder Abspaltungen, die konventionellen Religionssysteme, die therapeutischen Schulen, ja sogar die Naturwissenschaften haben oft schon soviel an festen Glaubenssätzen oder vorschnellen Antworten parat, daß sie im Sinne der Forschung untauglich, selbstzufrieden und urteilsschwach zu werden drohen. Sie haben sich damit unserer politischen Kultur weitgehend angepaßt.

Versöhnung, Heilung und Ausblick

Ich möchte in dieser eindeutigen Parteinahme für den Kunstaspekt des Theaters nicht mißverstanden werden.

Ich behaupte nicht, daß die heilende Kraft des Theaters oder der bildenden Kunst oder der Musik im Falle des Individuums besser oder effektiver zur Wirkung käme als eine, mehr aus dem wissenschaftlichen, medizinischen oder psychologischen Bereich her fundierte Therapie. Ich sehe im pathologischen Bereich und besonders in der Psychiatrie auch nicht nur die Möglichkeiten sondern ebenso die Grenzen künstlerischer Therapieformen.

Ich sehe jedoch in der **Theaterarbeit**, besonders mit Gruppen und im Feld der "Normalneurotiker" **eine gesellschaftliche, individuelle und spirituelle Heilungskraft**, die nicht aus einer klassischen psychotherapeutischen Attitüde her kommt, **sondern aus der künstlerischen Motivation direkt entsteht.** Ich setze auf die soziotherapeutische Wirkung einer künstlerisch motivierten Theaterarbeit, weil sie den Menschen von ihrem inneren Wesen her nicht nur als psychisches oder leibliches Geschöpf sieht, sondern gleichzeitig als tätiges, die Welt formendes und als geistiges Wesen erkennt und fordert.

Eine scharfe und deutliche Abgrenzung von künstlerischer, pädagogischer und therapeutischer Theaterbeit ist für mich sinnvoll, kann sogar lustvoll sein, im Sinne einer geistigen

Übung und zur Theorieentwicklung. In der Praxis und angesichts der originären Intentionen der Theaterkunst macht sie keinerlei Sinn.

Wenn ich den Begriff Heilung nicht nur mit der Reparatur von Defekten gleichsetze, sondern ihn auch eine prophylaktische und gesundheitsstabilisierende Komponente gebe, dann gehört für mich das Bemühen, Räume für eine kollektive, praktisch-schöpferische und auch geistige Arbeit aufzubauen, unbedingt dazu. Und genau da liegt die Kraft des Theaters. Es ist eine Gemeinschaftskunst. Hier wird erfahrbar, daß der Mensch ein zoon politikon ist, ein Gesellschaftstier, das zu seiner vollen Entfaltung ebend unter anderem auch bestimmte Formen der Gesellung braucht.

Und genau hier, wo die größte Stärke des Theaters liegt, sehe ich auch seine Grenze. Es ist nicht die Aufgabe des Theaters, irgendwelche schlauen Ideen, was der Mensch so zum Leben braucht, darzustellen, zu veröffentlichen, zu verkaufen, es ist seine eigenste Qualität und Aufgabe, diese Fragen praktisch zu verfolgen und das Neue, das ins Sein wollende (Bloch), zu finden. Das Theater ist immer auf der Suche nach dem Neuen. Dieses Neue hat es aber in erster Linie nicht zu veröffentlichen, sondern aufzubauen. Und hier stößt es mit seiner soziotherapeutischen Aufgabe genau an die Grenzen wie Therapie überhaupt. Was wirklich funktioniert, ist nicht erlaubt.

Wir leben in einer Kultur, die eine außerordentlich geschickte und effiziente Art entwickelt hat, alle wirklich radikalen Ideen und Potenzen verharmlosend zu integrieren. Wenn Therapie so funktionieren würde, daß sie lauter geistig-seelisch Gesunde, sich ihrer vollen Potenz bewußte, transformationsbereite Individuen produzieren würde, dann würde sie von dem, auf zunehmende Debilisierung bedachten, gesellschaftlichen Hauptstrom sofort bekämpft werden. Die Manipulation unserer Gesellschaft in eine Masse aus willenlosen Wesen wäre gefährdet. Es bestünde die Gefahr, daß wache Menschen humane Gemeinschaften aufbauen und damit das System sich auflösen würde.

Um dem vorzubeugen, gibt es diesen starken Trend, alle gediegenen Dinge, die echt funktionieren, so zu zerteilen, zu verniedlichen und einzukasteln, daß sie kastriert werden und wirkungslos bleiben. Die alte magische Kunst des Theaters ist diesem Trend schon lange erlegen und daher heute relativ bedeutungslos. Auch ihrer Tochter, der Therapie, blieb dieses Schicksal nicht erspart. Genauso wie dem Theater täte es auch der Therapie gut, sich ihrer gemeinsamen schamanistischen Wurzeln zu entsinnen.

Wo Theater nur Theater bleibt, wird es zum Surrogat für ein Leben in vitaler Wahrhaftigkeit.

Wo Pädagogik nur Pädagogik bleibt, wird sie zum Surrogat für einen authentischen Willen und vollen Kontakt zwischen Menschen.

Wo Therapie nur Therapie bleibt, wird sie zum Surrogat für fehlende Gemeinschaft.

Ein Zusammenrücken im Sinne der ursprünglichen Kunst täte also allen gut. Nebenbei, um den akademischen Rahmen zu sprengen ist es notwendig. Die globalen Katastrophen, in die wir seit geraumer Zeit hineinleben, haben schon ein so hohes Maß an resigniertem Einverständnis geschaffen, daß wir fast wütend reagieren, wenn jemand behauptet, es gebe noch eine Chance.

Einige sehen nur noch in der individuellen Erleuchtung einen Ausweg aus der Apokalypse. Ich möchte hier nicht für oder gegen diese Hoffnung sprechen. Ich sehe nur so etwas wie Zeitdruck entstehen. Und als Künstler, als theatraler Handwerker in magischer Tradition bin ich nicht allein an der Wahrheit pur interessiert. Ich frage immer auch, wie kann sie funktionieren? Und so komme ich zu der Überzeugung, daß angesichts der globalen Verhältnisse ein kollektiver Bewußtseinswandel, d.h. ein gemeinschaftsspendender Feldaufbau im morphogenetischen Sinne aus zeitökologischen Gründen auf der Tagesordnung steht. Das spricht nicht gegen die Arbeit am Bewußtsein des Individuums. Es spricht für die Hinwendung des Blickes auch auf die überpersönlichen Zusammenhänge.

Die Möglichkeit dazu haben wir. Wenn wir es wirklich wollen, können wir unser Denken aus den gesellschaftlichen Schablonen der einengenden Aufteilungen und der zerkleinernden Impotenz lösen und die gemeinsame Aufgabe erkennen, auch hier und jetzt.

Hilarion G. Petzold

Dramatische Therapie

Herkunft, Entwicklung, Konzepte

Bei der Vorbereitung dieses Symposiums haben wir uns als Organisatoren überlegt, wie wir die angesprochenen Themenbereiche zusammenbringen können. Das spiegelt sich in den eingeplanten Vorträgen wieder: wir planten einen übergreifenden Vortrag für den Anfang, einen auf das Theater zentrierten Vortrag heute, einen theaterpädagogischen Vortrag, der morgen stattfindet - und ich stehe dann mittendrin mit einem Vortrag über "Klinische Dimensionen dramatischer Therapie". Ich will mich an dieses Thema halten, obwohl es mich reizen würde, etwas weiter auszugreifen, gerade als Resonanz auf den Vortrag von heute morgen.

Dramatische Therapie - ich versuche erst einmal zu umreißen, wovon ich rede: Ich rede vom "Therapeutischen Theater", das zu Anfang dieses Jahrhunderts - inspiriert durch Stanislawskij, Sulershizkij, Meierhold u.a. - aufkam.
Ich rede von der "Theatrotherapie", wie sie in Los Angeles, in San Franzisco, also an der Westküste der USA in den 60er Jahren entstanden ist. Ich rede von "Psychodrama", von "Creative Dramatics", von "Psychotheatrics", von den "Jeux dramatiques", von der "Expression scénique", von der "Therapeutischen Pantomime", von der "Therapeutischen Maskenarbeit", vom "Therapeutischen Puppenspiel", vom "Therapeutischen Märchenspiel", vielleicht von der "Pesso-Therapie", die ja vom Theater herkommt, also von einem breiten Feld dramatischer Therapieformen.
Diese Formen haben sich neben den beiden ältesten Ansätzen, nämlich dem "Therapeutischen Theater" Iljines (1942, 1973, 1990) und den Psychodrama Morenos (1946) in den ausgehenden 60er Jahren, vor allen Dingen in den 70er Jahren und 80er Jahren mehr oder minder etabliert.

Man muß sich fragen: Wie kommt es, daß - nachdem das Psychodrama über Jahrzehnte im Bereich der Psychotherapie und Psychiatrie vielfach Ablehnung erfahren hatte - Moreno als Einzelkämpfer seine von manchen amüsiert belächelt, von manchen fasziniert betrachteten Psychodrama-Performances machte, wie kommt es also, daß das Feld und die Akzeptanz plötzlich breiter wird.

Nun, man lasse sich nicht täuschen, sie wird natürlich im Bereich der klinischen Psychotherapie und der Psychologie nicht breiter, sondern sie wird breiter in den paratherapeutischen Bereichen, in Bereichen, wo arbeitslose Sozialpädagogen, Theaterpädagogen, Sozialarbeiter Berufsfelder suchen. Und da bietet sich derzeit das Theater offensichtlich als Möglichkeit für einen neuen kreativtherapeutischen Beruf an. Nun ist der größte Teil dieser "therapeutischen Verfahren" aus der Sicht des Psychiaters und Psychologen nicht als therapeutisch in einem spezifisch klinischen Sinn zu betrachten. Sie werden im Zwischenbereich zwischen Pädagogik und Therapie angesiedelt.

Deshalb sind diese Verfahren für die Arbeit mit dem "ganzen Menschen" sowohl für klinische Populationen in kurativer Zielsetzung als auch mit gesunden Menschen aus der Normalbevölkerung unter persönlichkeitsbildender Zielsetzung geeignet. Ursprünglich spezifisch klinisch ausgerichtet waren nur das "Therapeutische Theater" und das "Psychodrama".

Letzteres war immer schon eine weithin anerkannte Form der Psychotherapie und wird es auch in Zukunft wohl bleiben. In Frankreich hat sich daneben die "Expression scénique" etablieren können, weil sich einige Psychiater für diesen Ansatz von Emile Dars stark gemacht haben und damit eine gute französische Tradition fortsetzten, die Coulomier zu Beginn des 19. Jahrhunderts begründet hatte, als er den Marquis de Sade, der bei ihm interniert war, dazu ermutigte, Stücke mit Patienten zu spielen. De Sade war ja nicht nur ein Mann, der über Sexualität und Gewalt geschrieben hat, sondern er war auch Autor von Theaterstücken und Gedichten. De Sade hat man dann mit den "armen Geisteskranken" Theater spielen lassen und offenbar mit guten Erfolg (Petzold, Sieper 1990).

Diese Tradition ist dann weitergegangen und hat im französischsprachigen Bereich dazu geführt, daß wir in der Psychiatrie eine Tradition der Bühnenarbeit und der "dramatischen Therapieverfahren" haben. Im 19. Jahrhundert wirkten solche Projekte offensichtlich "ansteckend", denn auch im deutschsprachigen Bereich war im klinischen Feld Theaterspiel durchaus verbreitet. Mitte des 19. Jahrhunderts finden wir an europäischen Psychiatrien 42 Malateliers und 12 Theaterateliers, Maßnahmen, die mit künstlerischen Mitteln und Theaterspiel psychisch Kranke, psychiatrische Patienten behandelten.

Es ging darum, "vom Himmel kommende Engel und aus der Hölle kommende Geister" - also die Halluzinationen der Patienten zu spielen (Reil 1803), um sie zu erschrecken - das war damals ein wichtiges "therapeutisches " Moment, eine Art psychologische "Schocktherapie", aber auch um ihnen die Möglichkeit zu geben, das, was sie halluzinieren, was in ihren Köpfen ist "nach draußen" zu bringen. Dies wurde als ein wichtiger und interessanter Mechanismus gesehen: Wenn man halluzinatorisches Geschehen "draußen" sehen kann, dann ist es ja nicht mehr "drinnen", und drinnen "im Kopf" hat dieses Material ja nichts zu suchen.

Im Simplicius Simplicissimus finden wir schon ein ähnliches theatralisches Heilungswunder. Es wird über einen Mann berichtet, der glaubte, ein Totengeist zu sein und deshalb nicht mehr aß, worauf dann ein findiger Arzt von zwei Kerlen zwei Tote spielen ließ. Diese - in Leichengewänder verkleidet - aßen mit Appetit, bis plötzlich der Geisteskranke fragte, seit wann denn die Toten äßen? Die Spieler versicherten, daß heutzutage auch Tote essen. Der Patient stutzte und gewann in diesem Moment Distanz zu seinem eigenen Wahngeschehen. Er konnte eine andere Rolle einnehmen und war - zumindest vorübergehend - von seinem Wahn befreit.

Wir können noch weiter zurückgehen in die Medizinalgeschichte, z.B. zu den Ritualspielen in Gruppen, die die heilige Hildegard von Bingen - heilig wurde sie ja bislang nicht gesprochen, sie hat wohl zu viel über Sexualität geschrieben - praktiziert hat. So finden wir immer wieder im heilkundlichen Kontext Theaterspiele. Der griechische Arzt der römischen Spätantike, Galenus, verschreibt bestimmte Formen des Theaterspiels bei seelischen Erkrankungen. Es wurde empfohlen, daß der Melancholicus, derjenige, der von verfinstertem Gemüt belastet war, durch heitere Stücke, derjenige, der in der Erregung der Manie war, durch gedämpfte Stücke behandelt werden sollte, und zwar durch Zuschauen, nicht durch Mitspielen. Das war im Sinne der aristotelischen Katharsistheorie stimmig. Und wenn wir dann noch weiter zurückgehen, kommen wir in die Zeit der asklepiadischen Medizin. Die Medizin, die in den Tempelkrankenhäusern und Gesundheitszentren - sie waren ja beides - praktiziert wurde, war künstlerisch. Äskulap, der Sohn Apollon und seine Schwester, die Hygiene - sie wird uns immer unterschlagen, genau wie die talentierte Schwester Mozarts immer unterschlagen wurde - wohnte also in diesen "Gesundheits- und Krankenhäusern", in denen den Menschen die "rechte Lebensführung", die rechte Diaita, die rechte Diät, beigebracht oder Wege zur Gesundheit gewiesen wurden, und zwar äußerst kreative Wege.

Wenn man nach Epidaurus oder nach Kos oder Pergamon kommt, dann sieht man im Heiltempel ein Theatron für das Theaterspiel und ein Odeon für die Musiktherapie und ein Orneiron, wo man im Tempelkern unter der Erde schläft und träumt, mit Imagination arbeitet. Man findet weiterhin ein Stadion oder Gymnastikon für die Bewegungsarbeit und Räucherschalen für die Aromatherapie. Wie haben hier also Heilformen, die den Menschen mit seinen gesamten Sinnesvermögen ansprachen. Das Theater steht dabei an zentraler Stelle.

Gehen wir noch weiter in die Geschichte zurück, dann kommen wir zu schamanistischen Heilungsformen, die man für das Neolithikum, für die Jungsteinzeit nachweisen kann. Auch da stehen offenbar dramatische Rituale im Mittelpunkt. Man kann vieles nur indirekt erschließen und darf das Material nicht überstrapazieren oder den heutigen Schamanismus, den wir in einigen Völkerstämmen noch finden, nicht gleichsetzen und als Rekonstruktionshilfe heranziehen. Auf jeden Fall waren die frühesten Ansätze der Heilung kollektive Heilungsformen, in denen die Gemeinschaft mit Gesundheit und Krankheit umging.

Genau wie bei Hildegard von Bingen oder bei Theophrastus Bombastus von Hohenheim - Paracelsus genannt - stand immer Gesundheit und Krankheit im Mittelpunkt. Ich glaube, dies ist vielleicht die zentralste Erkenntnis, die wir aus den frühen bzw. archaischen Heilungsformen übernehmen können. Es geht nicht darum, "in Nostalgie zu machen" oder um einen Neomystifizismus, wenn wir uns mit archaischen Heilungsformen befassen und versuchen, von dort etwas für die Gegenwart herzuholen. Aber es gibt einige wichtige, auch für uns gültige Momente, nämlich daß Krankheit und Gesundheit im gesellschaftlichen Rahmen gesehen werden müssen, daß wir uns **nicht nur mit Pathogenese** zu befassen haben, sondern **auch mit Salutogenese** - das ist übrigens eine wichtige, von Antonovsky begründete neue Forschungsströmung der klinischen Psychologie.

Salutogenese befaßt sich mit den Faktoren, die zur Gesundheit beitragen und nicht nur mit den Faktoren, die zur Krankheit beitragen. Sie ist auf protektive Faktoren gerichtet. Diese Doppelstrategie, an die menschliche Existenz heranzugehen, nämlich Gesundheit und Krankheit zugleich anzusehen in einem gemeinschaftlichen bzw. sozialen Bezug - und den konsti-

tuieren die dramatischen Therapieformen - ist ein äußerst wichtiges Moment, das wir von den frühen Formen des Heilens übernehmen können.

Wir kommen damit von dem engen "klinischen Krankheitsbegriff" weg, der sich mit dem Aufkommen der neuzeitlichen Medizin etabliert hat, und kommen zu einem breiteren Konzept - in Anlehnung an Josef Beuys' erweiterten Kunstbegriff könnte man geradezu sagen: Wir kommen zu einem "erweiterten Gesundheits- und Krankheitsbegriff" (Petzold et al. 1991), der die Krankheit nicht nur pathologisch sieht.

Man ist ja als Therapeut leicht geneigt, die Krankheit als den Feind zu sehen, den es zu bekämpfen gilt, und man ist als Theatermensch leicht geneigt, die Gesellschaft als das Kranke zu sehen, das Entfremdete, das es zu ent-/entfremden gilt. Ich denke, so einfach sind die Dinge nicht.

Krankheit ist nichts grundsätzlich Pathologisches im Sinne eines nicht zum Menschen gehörigen Bösen und Destruktiven. Sie gehört vielmehr zur menschlichen Existenz wie das Tragische. Wenn wir die großen Dramen ansehen, dann sehen wir: Das menschliche Leben ist Tragödie und Komödie (Petzold 1982g). Das Tragische können wir nicht verbannen. Die menschliche Existenz ist brüchig, zerbrechlich. Das Kranksein gehört zum menschlichen Wesen. Wir alle durchlaufen Krankheiten und manche davon führen zum Tode.

Die alte Medizin hatte deswegen nicht nur die Heilung von Krankheit als primäres Ziel. Das war nur eine Möglichkeit. Wenn wir die hippokratischen Traditionen auswerten, so finden wir dort zwei große Ziele: neben dem Ziel der Heilung steht das der rechten Lebensführung, die den Menschen, wenn er sie befolgt, nicht nur auf dem Pfad der Gesundheit hielt, sondern auch auf dem Pfad der Integrität.

Deswegen sehen wir zwei Möglichkeiten des Handelns für den hippokratischen Arzt, nämlich einmal einen Menschen, wenn er krank ist, zur restitutio ad integrum zu führen, zur Wiederherstellung einer Integrität und/oder ihn zur Wiederherstellung der Gesundheit, zur restitutio in sano zu führen. Ihn wieder gesund und funktionsfähig zu machen war eine Sache und ihn zu einer Integrität zu führen, zu einer Lebensform, die auf die Weisheit und Ganzheit hin tendierte -denn das war ein Ziel des Lebens -, war eine andere Sache.

Es gab und gibt viele Leute, die bleiben physisch krank, aber sie gewinnen eine Integrität durch die Krankheit in der Krankheit. Und da gab und gibt es andere, die werden nur physisch gesund. Auch wir kennen diese Jogging-Maschinen mit absolut guten Laborwerten und "ohne Herz". Das Herz läuft als Hochleistungspumpe, aber von einer Integrität ist wenig zu finden. Andererseits begegnen wir Menschen im Rollstuhl mit einer MS oder einem "hohen Querschnitt", oder wir finden einen Aids-Kranken, der zerebral noch klar ist, und wir sehen: Hier ist ein Mensch, der trotz Krankheit und Behinderung sein Menschsein in einer ganz besonderen Art und Weise verwirklicht. Oder wir begegnen einem Krebskranken in der terminalen Phase, und wir erleben, wie ein Mensch, der vielleicht vorher ein ziemlich unheiles, heilloses Leben geführt hat, über den Krankheitsprozeß eine Integrität gewinnt.

Wenn wir uns der Geschichte des Dramas zuwenden - sie ist uns ja zugänglich, sie ist ja nicht, wie die Geschichte des schamanistischen Heilens, in der Mündlichkeit weitgehend verlorengegangen -, wenn wir uns in die Geschichte des Dramas hineinbegeben, dann sehen wir diese beiden Seiten: das Ringen um die Integrität, das immer wieder auch ins Scheitern führt, aber auch über die Krisis hin zu einer peripeteia, zu einer Wende, die lysis, eine Lösung bringt, was vorgegeben war, und das kann sehr unheilvoll gewesen sein. Die prothasis, der Anfang des Stückes mit den vorgegebenen Dingen, Konflikten, Problemata, wird im klassischen Drama dadurch gestaltet, daß die Komponenten miteinander interagieren und gären und aufkochen bis zur Krisis, zu dem Höhepunkt, der - wird er Wendepunkt, peripeteia - auch eine lysis bringt.

Die Lösung heißt - das kann man immer wieder sehen - auch Gesundung in einem umfassenden Sinne. Das jedenfalls ist die Kernbotschaft der aristotelischen Dramatheorie. Gesundung geschieht durch eine "Katharsis der Emotionen", und diese Reinigung ist eine Reinigung von Körper (soma), Seele (psyche) und Geist (nous). Dabei ist es nützlich zu wissen, daß Aristoteles selbst einem alten Asklepiadengeschlecht entstammte. Er war ein

Mensch, der in seinem Leben eigentlich all das verwirklicht hatte, was nach damaligem Verständnis ein Arzt verkörpern sollte. Er sollte Künstler, Weiser, Pädagoge sein. Jaeger hat das in seinem großem Buch über den Geist der Antike sehr schön herausgearbeitet. Die Ärzte hatten die Funktion, Lehrer für den Menschen zu sein (Schipperges 1981) - auch die säkularisierten Ärzte -, denn die Zeit, in der Arztberuf und Priestertum noch fest verbunden waren, wie wir es in vielen frühen Kulturen finden, war im Griechenland des Aristoteles schon im Ausklingen. Aus den Priesterärzten waren schon spezifisch Heilkundige geworden, die einen eigenen Stand gebildet hatten. Neben diesem - und das muß noch erwähnt werden, gab es ja immer noch andere Heilkundige, deren Traditionen weitgehend verloren sind. Es gab neben den Priesterärzten und dem Ärtzestand auch die heilkundigen Hirten und Kräuterweiblein.

Dies also zum historischen background dramatischer Therapieformen. Wenn wir genauer betrachten, was in der moderner Dramatherapie geschieht, so stellen wir fest: Ihre Praxis hat mit den kurz umrissenen historischen Bezügen kaum noch etwas zu tun, und ich persönlich bezweifle sehr, ob die Rückkehr zur Magie, die Rückkehr zur klassischen Katharsistheorie zum kathartischen Drama und zum schamanistischen Ritual uns bei den Problemen, Krisen, Erkrankungen unserer Patienten wesentlich weiterhelfen kann.

Ich glaube, wir müssen unsere Zeit verstehen um zu erschließen, was dra-

matische Therapieformen in dieser Zeit für die Behandlung von Neurosen und Psychosen und Psychosomatosen leisten können. Denn die Erkrankungen des Altertums waren anders, weil die Kultur anders war. Wir wissen einiges über die Erkrankungen des Altertums. Z.B. gab es in der klassisch griechischen Zeit offenbar keine Schizophrenien, wohingegen die Raserei der Manie oder die Düsternis der Melancholie relativ gut beschrieben sind. Aufgrund historischer Krankheitsbeschreibungen, die sich allerdings in Form gut dokumentierter Krankheitsbilder erst in den letzten beiden Jahrhunderten finden sehen wir, daß in bestimmten Zeiten auch bestimmte Krankheitsbilder gehäuft auftreten.

Wir finden im ausgehenden 19. Jahrhundert - besonders bei weiblichen Patientinnen - Hysterien in einer Reinkultur, die uns heute nicht mehr begegnen. Janet, Charcot, Freud, Breuer, die Psychiater dieser Zeit, behandelten im wesentlichen hysterische Patientinnen. Und was hatten Frauen damals auch an anderen Möglichkeiten als die einer großen psychischen Inszenierung, um sich gegen gesellschaftliche Unterdrückung aufzulehnen? Krankheiten sind aus einer jeweils spezifischen kulturellen Situation geboren. In den "gay twenties" finden wir vermehrt Manien, in der "great depression" vermehrt Depressionen und Suizide.

Und wir finden offenbar in unserer Zeit vermehrt das, was wir als "frühe Störung", als "narzißtische Neurosen" und "Borderline Erkrankungen" bezeichnen; diese Krankheitsbilder gab es in den 20er und 30er Jahren in der Häufigkeit nicht, und wir müssen uns fragen: Wie kommt es denn, daß sich in unserer Zeit, der "culture of narcism" (Lasch 1979), Menschen nur noch oder vermehrt um sich selbst drehen, sich selbst ins Zentrum stellen und nicht mehr gut empathisch schwingen können, immer mehr "narzißtische Neurosen" ausbilden? Wie kommt es, daß Menschen so verwirrt sind, daß sie ihre eigenen Grenzen nicht mehr spüren können - "Borderline-Kranke"?

Hier sei eine Randbemerkung gestattet: Ich finde diese beiden genannten Krankheitsbilder besonders häufig bei in darstellenden Kunstformen tätigen Menschen, etwa bei TänzerInnen und SchauspielschülerInnen. Ich habe mit diesen Gruppen über viele Jahre zu tun und sehe dort viele Menschen, die man als narzißtische Neurotiker klassifizieren würde. Aber fangen hier klinische Kategorien? Ich finde bei den "Drop Outs" von Schauspielschulen sehr viele Borderline PatientInnen, Menschen, die die Ausbildung nicht geschafft haben, ja, die an dieser Ausbildung zerbrochen sind. Man muß sich fragen, wie kommt es, daß das Theater offenbar diese Menschen anzieht und eine große Attraktion für sie hat, und wie kommt es, daß das Theater einigen von ihnen helfen kann und anderen nicht?

Wenn wir Theatertherapie oder therapeutisches Theater oder Psychodrama praktizieren, dann betreiben wir es zum einen, um Menschen zu helfen, zum anderen, um die Gesundheit und Kreativität dieser Menschen zu för-

dern und zu entwickeln, ihre Persönlichkeit zu entfalten. Damit sind wir im Paradigma des "erweiterten Gesundheits- und Krankheitsverständnisses". Wir sind damit nicht so medizinalisiert wie die klassischen Psychotherapieformen und trotzdem: Wenn wir Kranke heilen wollen, heilen wir Kranke einer bestimmten Kultur, und wir müssen sie auch aus dem Verständnis dieser Kultur heraus behandeln. Und deswegen kommen dramatische Therapieformen nicht ohne eine Krankheitslehre aus.

Das Theater aber hat keine Krankheitslehre. Das Theater hat vielleicht eine Kulturphilosophie oder Kulturphilosophien - das kann man sehr schön sehen, wenn man die Theatertheorien dieses Jahrhunderts oder die Dramaturgietheorien der vergangenen Jahrhunderte bis zurück zum barocken Jesuitentheater betrachtet -, Dramatheorien sind immer auch Kulturtheorien.

Also: Theater hat eine Kulturtheorie, und in einer Kulturtheorie ist manchmal auch ein generelles Verständnis von Pathogenese eingeschlossen, wie Goethes Singspiel "Lila" deutlich macht (Diener 1971). In einer Psychotherapie müssen wir indes ein spezifisches, klinisches Verständnis von Pathogenese haben. Aber, das ist ganz zentral, nicht ausschließlich ein klinisches Verständnis individueller Pathogenese. Wenn man in die "Väterschriften" der Psychotherapie hineinschaut, etwa in die Werke von Freud oder von Moreno, von Reich oder von Perls (letzteres mit Einschränkungen), dann finden wir relativ differenzierte

Krankheitstheorien, die immer auch Kulturtheorien waren. Die erwähnten Einschränkungen sind, daß Reich den Konflikt Kultur/Natur zu eng und zu einseitig faßte, ähnlich wie Perls den Konflikt Individuum/Gesellschaft zu ausschließlich betonte.

Das ganze Werk von Freud durchzieht die Auseinandersetzung mit kulturellen Phänomenen. Ein gleiches gilt für das Werk von Moreno, das kulturtheoretischen und anthropologischen Fragestellungen besonderen Raum gibt. Die Grunderkenntnis dieser Autoren ist: Krankheit wird in Kulturen geboren. Dramatherapie muß also eine solche kulturelle bzw. anthropologische Krankheitstheorie im Hindergrund haben, und wahrscheinlich ist die beste elaborierteste Form von Krankheitstheorie die Entfremdungstheorie (Petzold, Schuch 1992), wie sie aus dem Hegelschen Gedankengut ins Marxsche Gedankengut, ins Freudsche und ins Morenosche Oeuvre hineinstrahlt. Entfremdung ist natürlich nicht nur wie bei Marx als Entfremdung von den Produktionsmitteln zu sehen, sondern ist breiter, differenzierter gefaßt, nämlich als Entfremdung vom eigenen Leibe (das auch schon beim frühen Marx), Entfremdung von der Lebenswelt, Entfremdung vom Mitmenschen, Entfremdung von der Zeit (Petzold 1993).

Leib, Mitmensch, Welt im Sinne von Lebensraum und Lebenszeit sind aber auch Konstitutionen des "dramatischen Raumes". Es gibt keinen Leib ohne Szene, es gibt keine Szene ohne Leib. Leib und Szene stehen im Fluß der Zeit auf der "Bühne der Welt".

Wir sind hier bei den Bühnenmetaphern von minus vitae, vom "Spiel des Lebens", vom "Drama der Geschichte", auf das Hegel verweist und in dem der Mensch viele Rollen spielt auf der Bühne des gran Teatro de mundo, im "großen Welttheater". (Petzold 1992b)

Ich komme damit zu einer anderen kulturellen Sicht des Theaters, nämlich des Theaters, das sich als "Lebensspiel" versteht, und das ist genau die Inspiration, die Iljine, Moreno und in einer gewissen Weise auch Freud aufgenommen haben. Im Spiel des Lebens versucht der Mensch, sich zu verwirklichen z.T. gegen widrige Umstände und in widrigen gesellschaftlichen Prozessen, wobei Gesellschaft niemals nur als widrig angesehen wird. Eine Polarisierung, die hier die "böse Gesellschaft", dort das "arme Individuum" sieht, ist wenig hilfreich. Wir müssen die Gesellschaft und das Verhältnis von Individuum und Gesellschaft differenziert sehen.

In diesem "großen Welttheater" ist die dramatische Therapie, sind die Szenen der dramatischen Therapie eigentlich nur Sonderfälle des allgemeinen Lebensspiels. Diese Sonderfälle bekomme ihre Legitimation vom Ganzen her und sind auch nur verstehbar und verständlich, wenn man eine Vision des Ganzen entwickelt, wenn man gemeinsam versucht, das Ganze zu verstehen, um von der Sonderbühne des therapeutischen Theaters wieder in das allgemeine Lebensspiel hineinzufinden. Das ist das Konzept Iljines, und so hat das auch Moreno verstanden. Sie haben von einer "allgemeinen Theatralität des Lebens" gesprochen, einer allgemeinen Inszenierung, in der sich das Leben und die Menschen selbst inszenieren. In der Tat: Wir alle spielen in diesem breiten Sinne Theater (Goffmann 1969).

Diese Theatermetaphern, die den Menschen als Rollenspieler im großen Welttheater sehen, lassen sich zurückverfolgen bis in das vorplatonische Schrifttum und dann über die ganze abendländische Geistesgeschichte bis hin zu den modernen Rollentheorien. Es ist also keineswegs so, daß die Theatermetaphorik mit dem Barocktheater oder dem Werk Nietzsches weitgehend aufgehört hätte. Im Gegenteil, dieses Denkmodell ist sogar noch breiter geworden. Die neuzeitlichen Rollentheorien und die modernen Identitätstheorien, die aus den Rollentheorien hervorgegangen sind, stehen in diesem Strom und knüpfen an diese Tradition an (Petzold, Mathies 1983).

Das Interessante an diesem Strom des Denkens ist, daß in ihm stets Individualität und Kollektivität verschränkt sind. Eine Rolle ist - soziologisch definiert - die "Gesamtheit von Verhaltenserwartungen, die an einen bestimmten Status (Linton) geknüpft oder einer bestimmten Position (Merton) zugeordnet werden". Mit dieser Seite haben wir die gesellschaftliche Dimension gefaßt. Die Rolle ist gesellschaftlich definiert (Dahrendorf 1958). Aber auf der anderen Seite - und das haben die Soziologen zu wenig gesehen, das haben aber die Psychotherapeuten, die Dramatherapeuten wie Iljine und Moreno und Emile Dars beachtet -, auf der an-

deren Seite müssen diese Rollen verkörpert werden. Der Mensch ist gemacht, Rollen zu verkörpern. Er kann nicht anders.

Unsere evolutionsbiologisch formierten Programme sind so angelegt, daß wir nicht nur in einer sprachsensiblen Phase Sprache aufnehmen, sondern daß wir in einer rollensensiblen Phase - der Piaget-Schüler Flavell (1975) hat sich mit ihr befaßt - Rollen aufnehmen, und zwar Rollen, die uns "auf den Leib geschrieben" werden durch die umgebende Gesellschaft. Unsere Freiheit, die verhindert, daß wir zum homo sociologius (Dahrendorf 1958) werden, zum Menschen, der völlig von der Sozialität bestimmt wird, unsere Freiheit liegt zum einen in der Art und Weise, wie wir diese Rollen verkörpern und zum anderen, wie wir zu diesen Rollen in Distanz zu gehen vermögen.

Unter klinischer Perspektive heißt das: Wenn ich mir meine Patienten ansehe, dann sehe ich sehr viele Menschen, die zu ihren Rollen nicht in Distanz gehen können, die von einer Rolle oder von wenigen Rollen gefangen sind. Oder ich sehe Menschen, die keine Rollenflexibilität haben, die von einer Rolle nicht in die andere wechseln können. Das ist etwas anderes als fehlende Rollendistanz, sondern man ist fixiert, geradezu zwanghaft in einer Verleiblichung gefangen und hat keinen Raum für andere "Inkarnationen". Inkarnation heißt, daß ich mit meinem Fleische, mit meinem lebendigen Leib eine andere Wirklichkeit in mich aufnehme und übernehme. Oft sehe ich Leute, bei denen Rollen leblos geworden sind. Sie leben in Rollenklischees. Da sind die Rollen nicht mehr verbunden mit dem Herzen, nicht mehr verbunden mit der Persönlichkeit insgesamt. Sie haben spezifische Formen der Rollenpathologie entwickelt (Dreitzel 1968). Unter rollenanalytischem Blick sehen wir viele Möglichkeiten für Erkrankungen. Wenn wir unsere Patienten unter der Folie des Rollenspiels und der Rollentheorie ansehen, erschließen sich uns viele Formen pathologischen Rollenverhaltens (Biddle, Thomas 1966).

Hier hilft uns keine verbale Psychoanalyse auf der Couch, wo der Mensch nur eine Rolle hat, nämlich die des liegenden Patienten, sondern wenn wir diese Formen von Pathologie sehen - und hier liegt leider eine Ausblendung sozialer Realität, zu der Freud gekommen ist, die Gründe dafür kann ich an dieser Stelle nicht darlegen -, wenn wir diese Ausblendung einblenden, dann müssen wir mit Patienten anders arbeiten als nur im verbalen Diskurs, sondern dann kommen wir zu Inkarnationen, das heißt zu Rollenübernahmen, da kommen wir zur Verleiblichung von Rollenmustern, die allerdings eine interaktionale Struktur haben.

Hier liegt eine weitere zentrale Dimension im Rollenbegriff. Ich bin Redner, weil Sie Zuhörer sind. Ich könnte auch sagen, ich bin Universitätsprofessor, weil es Studenten gibt usw.

Eine Rolle ist nicht nur eine Zuschreibung, die verleiblicht wird, sondern sie erwächst aus einem Milieu anderer Rollen. Rollen sind immer konfigurativ. Das heißt also, jede Rolle hat eine "counter role", eine "corresponding role". Es gibt nur Ärzte, weil es Patienten gibt, es gibt nur Patienten, weil es Ärzte gibt, es gibt nur Lehrer, weil es Schüler gibt usw. Und kommt es zu Störungen, sind es nicht nur Störungen in der Rolle des betroffenen Menschen selbst, sondern diese Störung in der Rolle und im Rollenspiel, etwa in der Rollenverleiblichung von "role atributions" bzw. "role adscriptions" ist auch meistens eine Störung zu den Zuschreibenden hin, zu den Leuten, die einem "die Rolle auf den Leib schreiben" oder sogar auf den Leib zwingen. Die Rollen, die mir "in Fleisch und Blut" übergegangen sind - wir betonen immer wieder diesen inkarnatorischen Aspekt - sind beileibe nicht nur Rollen, die zu mir passen.

Ich zitiere hier immer Büchners armen "Woyzeck", wenn er grölt: "Ich hab ein Hemdlein an, das ist nicht mein, meine Seele stinkt nach Branntewein". Woyzeck bringt die Marie um, weil ihm die Gesellschaft etwas aufgezwungen hat, weil sie ihn in eine Armut, in ein seelisches und soziales Elend gestellt hat, in Rollen, die für ihn nicht paßten. Er hatte genügend Kraft - er ist ja eine sehr kräftige Gestalt - daß er sich dem Anpassungsdruck nicht einfach beugte, sondern daß er revoltierte. Die Revolte allerdings wurde sehr destruktiv.

Der Zwang der Rollengeber ist etwas, auf das wir in dramatischen Therapieformen sehr genau hinschauen müssen. Der Zwang in den Familien, in den Schulen, an den Arbeitsplätzen in den Institutionen. Eine wesentliche klinische Fragestellung ist: Wie können wir Menschen aus diesen Rollenzwängen befreien, ohne daß sie aus wichtigen Rollen gänzlich herausfallen? Denn man kann durchaus zu seinem Chef sagen. "Paß emal op, Jung, ich hau Dir'n paar vor de Fresse, wenn de misch noch emal so anmachst!". Nur, dann ist der Mann natürlich seinen Job los - und der Job ist nicht nur ein Status, er ist auch mit Rollen verbunden. Im bloßen Negieren liegt kein gangbarer Weg.

Wie können wir also Leuten helfen, mit sozialen Situationen rollenflexibel umzugehen? Wie können wir Rollengebern helfen, nicht so destruktive Rollenzuschreibungen zu machen?

Mit diesem konfigurativen Moment, das dramatischer Therapie eigen ist, ist auch ganz klar, daß wir keine Einzeltherapien machen können. Das ist ganz unsinnig, denn wir arbeiten in sozialen Netzwerken (Petzold 1979). Wir können im besten Falle dyadische Therapie machen, das heißt, ich, Therapeut, arbeite mit Dir, Klient, und meine Veränderung ist Deine Veränderung, Deine Veränderung ist meine Veränderung, aber wir beide stehen in Netzwerken, die sich mit unseren Veränderungen verändern.

Moreno - der Vater des Psychodramas - hat nicht umsonst die Gruppenpsychotherapie begründet, weil er zutiefst verstanden hatte - und damit schließt er an die eingangs beschriebenen Traditionen dramatischer Therapie an -; daß es das isolierte Individuum nicht gibt, sondern daß es Menschen in Rollenkonfigurationen und damit in sozialen Netzwerken gibt. Der

Mensch hat kein "soziales Atom", sondern er ist soziales Atom. Moreno ist hier wesentlich radikaler als die systemische Familientherapie. Der Mensch ist immer "ensemble". Das gilt für die Bühne des Lebens wie die Bühne des Theaters. Selbst der Mensch im Monodrama, in der Ein-Mann-Show, spielt ja auf einer Bühne, und wenn er vor leeren Sitzen probt, sind die anderen unsichtbar da, virtuell präsent.

George Herbert Mead (1934) hat einmal gesagt: Sozialisation ist der Prozeß, in dem "ein Mensch sich selbst zum Gefährten wird", durch die Verinnerlichung des "generalisierten anderen". In der Generalisierung nimmt man zahlreiche Gespräche und Rolleninteraktionen in sich auf. Und diese verschiedenen Menschen, die man als Fremdbilder in sich aufnimmt, werden eingeschmolzen zu einer Person.

Diese Person wird mein Gefährte, mit dem ich irgendwann dann so im Alter von zweienhalb Jahren in "innere Zwiesprache" eintrete (Petzold 1992a). Aus den "Lallmonologen" wird eine bedeutungsvolle innere Zwiesprache, die nur möglich wurde, weil vorher mit dem Kind gesprochen worden ist (Nelsen 1989).

Der Dialog ist immer älter als der Monolog. Am Anfang war nicht das Wort, am Anfang war die Zwiesprache. Diese Verinnerlichungen, diese vielen anderen in mir (Rowan 1990), ermöglichen mir dann, in unterschiedlichen Stimmungen und Gestimmtheiten mit mir im Gespräch zu sein. Und das heißt letztlich immer auch im Gespräch mit anderen, mit den verinnerlichten anderen, den Guten wie den Bösen.

So haben wir neben dem "äußeren Drama" auch immer ein "inneres Drama". Das innere Drama ist kein abgeschottetes, sondern es ist immer in Verbindung mit dem Äußeren. Und deswegen gilt - es sei wiederholt: Leib und Szene sind nicht zu trennen. Szene heißt immer das Spiel mit anderen Menschen.

Wenn wir also Theatrotherapie bzw. dramatische Therapie betreiben, dann ist es - um die bisherigen Ausführungen auf den Punkt zu bringen- eine Therapie, die mit unguten und guten Szenen umgeht, die nicht allein mit einem Symptom, nicht nur mit einer individuellen Pathologie umgeht, sondern die auch individuelle Pathologie immer konfigurativ, d.h. in Bezogenheiten sieht, die Symtome immer als Botschaften auffaßt, als ein Signal, als eine Nachricht, die verstanden werden will und verstanden werden sollte, ja verstanden werden muß, wenn der Mensch gesunden soll. Das Verstehen des Symptomes bedeutet aber, an den Ort zu gehen, in die Szene gehen, wo Leid, Unterdrückung, Beschämung in einer Art und Weise wirkten, daß nur noch der Leib reagieren konnte, weil es dem Menschen "die Sprache verschlagen hat", weil ihm "die Worte fehlten" oder weil ihm der Ausdruck untersagt worden war. Hätte er sich ausgedrückt, ihm wäre noch Schlimmeres widerfahren.

Den meisten kranken Menschen sieht man an, daß ihnen das Wort abgeschnitten, der Ausdruck beschnitten

wurde. Ihnen wurde Verbergung, concealment aufgezwungen, Zurückhaltung von dem, was sie wahrgenommen hatten. Deswegen ist Gesundung auch mit dem Ausdrücken dessen verbunden, was zurückgehalten wurde. An die Stelle concealment muß disclosure, muß Öffnung, Eröffnung treten - so die berühmte Theorie "Self-disclosure" - Theorie von Mowrer und Jouard, Psychologen, die herausgefunden haben, daß concealment krank macht und self-disclosure Gesundheit fördert.

Aus dramatherapeutischer Sicht wird hier wesentlich: Wem gegenüber zeige ich mich? Habe ich hier und heute, z.B. in der Therapie eine sichere Szene, in der ich mich zeigen kann? Oder wird das Offenbaren seiner selbst, was ja immer ein Offenbaren anderen gegenüber ist, wieder ein gefährliches, gefährdendes Unterfangen? Die Betrachtung ist wiederum konfigurativ. Ich kann nicht einfach hingehen und sagen: Laßt uns doch spielen! Spielen ist schön, spielen ist gesund, spielen als solches ist schon heilsam - beileibe nicht. Wir müssen die Mitspieler sehen. Wir müssen die Szene sehen. Wir müssen sehen, an welche Adressaten wir uns richten und was von diesen zurückkommt.

Es muß also wiederum differentiell geschaut werden, wie und unter welchen Bedingungen dramatisches Spiel heilend wirkt, denn die Sonderbühne des Psychodramas oder die Sonderbühne des Therapeutischen Theaters, auf der dann die "große Befreiung" inszeniert wird, rüstet Menschen ja noch nicht unbedingt für die "Szenen des Alltags" aus. Und damit kommen wir wieder auf eine kollektive Dimension, müssen fragen: Wieviel Befreiung dürfen wir denn schaffen? Oder benutzen wir - wie z.B. das SPK, das Heidelberger Sozialistische Patientenkollektiv -, die Kranken und Schwachen dafür, um unsere Kämpfe mit der Gesellschaft auszutragen? Was kann ein kranker Mensch an gesellschaftlicher Arbeit in seiner Krankheit leisten, und was müßten wir als Therapeuten leisten? Das alles sind Fragen, die ich für sehr wesentlich halte, wenn man Theatrotherapie oder dramatische Therapie betreibt.

Es gäbe hier noch viel zu fragen und zu sagen, spezifische Themen mit generellen zu vergleiche, aber der Rahmen des Vortrages ist begrenzt. Ich müßte nun ausführen: Was heißt Katharsis, was heißt Ausdruck, was heißt Sensibilisierung, was heißt Inkarnation? Oder: Was heißt Symbolisierung? Denn es ist eines der wesentlichsten Elemente dramatischer Therapie, Geschehnisse in einer verdichteten Form darzustellen, zu symbolisieren. Weiterhin: Was heißt Empathie und Identifikation? Was heißt die Dynamik einer Spielgruppe, was bedeutet das Ensemble für den einezlnen? Wie weit wird meine Identität definiert durch die spielende Gruppe, wie weit definiere ich die Identität der anderen? Wo reproduziert unser dramatisches Spiel, das ach so befreiend sein soll, gesellschaftliche Pathologie? Denn auch das finden wir.

Wir müßten weiter ausgreifen zum Spiel von Übertragung und Gegenübertragung. Was sind die unsichtbaren Szenen, die sich in den improvisatorischen Stücken inszenieren, mit denen wir arbeiten? Improvisation ist ja sehr charakteristisch für fast alle Formen dramatischer Therapie (außer der Expression scenique, die aus der großen dramatischen Literatur Stücke auswählt, die sozusagen den Konflikt des Patienten prototypisch zum Gegenstand haben und von ihm gespielt werden). Improvisatorisches Spiel ist ein Versuch, Rollenzwänge aufzulösen. Wenn man allerdings genauer hinschaut, passen diese Therapieformen oft auch nur an andere Rollen an, die vielleicht leichter zu ertragen sind oder die gesellschaftlich besser akreditiert sind und deswegen weniger Leid auslösen. Anpassung oder Auflehnung oder Mittelwege, wann muß es worum gehen?

All diese Fragen müßten aufgeworfen werden. Ich konnte das natürlich in diesem kurzen Referat nicht tun. Einiges kann man auch ganz gut nachlesen in den zahlreichen Büchern, die ich und andere über dramatische Therapieformen geschrieben haben.

Abschließend möchte ich hervorheben: Ich glaube, daß wir uns davor hüten müssen, blauäugig in eine neue Welle der Theatertherapie hineinzugehen, ohne Metareflexionen darauf, warum gerade jetzt, die dramatisch-expressiven und aktionalen Therapieformen - und hier liegt auch eine Gefahr, die des Agierens - so im Vormarsch sind und warum die zurückgenommenen, nicht aktionalen Therapieformen wie die Psychoanalyse, im Rückzug sind, auch wenn sie noch große faktische Macht haben. Wir sollten uns an der derzeitigen Popularität nicht nur freuen, sondern wir müßten schauen, wofür sind die aktionalen Verfahren Symptom?

Als Freud seine Psychoanalyse begann, führte die Rede in Bereiche ein, über die nicht gesprochen wurde oder gesprochen werden durfte, den Bereich der Sexualität. Und eigentlich geht es da ja nicht um Rede, sondern um Seufzen und Stöhnen und Jubeln und Jauchzen. Aber er hat immerhin die Rede dorthin gebracht, im 19. Jahrhundert, einer Zeit, wo "Ruhe die erste Bürgerpflicht" war und wo die Mundzensur - die Reglementierung dessen, was man reden durfte und nicht reden durfte - besonders stark war. Während des 2. Weltkrieges entstehen die Körpertherapien, in einer Zeit, wo der "kollektive Tod" der Leiber - kulminierend mit Hiroshima und Nagasaki - sehr massiv präsent war.

Und jetzt, in einer Zeit, wo der Konsum das Leben der reichen Nationen zumindest auf dem Rücken der armen Nationen bestimmt, konsumieren wir Aktionen, wird dramatische Therapie, werden die aktionalen Therapien (Psychodrama, Pesso-Therapie, Gestalt etc.) zu einer Ware, die recht gut bezahlt wird. Theater aber hatte immer die Funktion der Kritik, der Auflehnung, der Befreiung. Will man diese Tradition nicht verraten und ein "Theater der Unterdrückten" (Boal) mit gesellschaftstherapeutischer Absicht wachhalten, dann muß das "arme Theater" das "Theater der Armen" zu solidarischen Aktionen führen, dann muß man sich fragen: In wessen Dienst stehen Dramatherapeuten? Für wen machen sie Therapie? Bei diesen Fragen bin ich etwas bedenklich, weil die armen Bevölkerungsgruppen, die eigentlich Hilfe nötig hätten und die von den dramatischen Therapieformen erreicht werden könnten, viel besser als die Psychoanalyse das vermag, diese Gruppen aus "benachteiligten Schichten" also selten behandelt werden: z.B. gegenwärtig die Asylanten, die geriatrischen Patienten, die psychiatrischen Langzeitpatienten, die UnterschichtspsychosomatikerInnen, denn die Mehrzahl der Psychosomatikkranken sind Unterschichtsfrauen - für all diese Gruppen wird wenig angeboten, wird auch wenig bezahlt und für sie sind die Therapeuten zu teuer, und Idealisten gibt es wenige.

Das, so denke ich, sind alles Dinge, die mitbedacht werden müssen, wenn wir als Dramatherapeuten an das Feld Therapiebedürftiger herangehen: nicht nur um sie zu heilen, sonder um dazu beizutragen, daß sie ihre Integrität wiedergewinnen können. Da liegt auch die kleine Chance, denn heilend wirken können wir unter elenden Bedingungen nur sehr eingeschränkt. Aber Menschen zu helfen, etwas von ihrer Würde wiederzufinden, das geht schon eher und hier sollte man anfangen.

Literatur:

Biddle, B.J., Thomas, E.J.: Theory: Concepts and research, Wiley, New York 1966

Dahrendorf, R.: Homo Sociologicus, Westdeutscher Verlag, Opladen 1958, 1964, 1974 (14)

Diener, G.: Goethes "Lila" Athenaeum, Frankfurt 1971

Dreitzel, H.P.: Die gesellschaftlichen Leiden und das Leidern an der Gesellschaft, Enke, Stuttgart 1968

Flavell, J.H.: Rollenübernahme und Kommunikation bei Kindern, Beltz, Weinheim 1985

Goffmann, E.: Wie alle spielen Theater. Die Selbstdarstellung im Alltag, Piper, München 1969.

Iljine, V.N.: Das therapeutische Theater, Sobor, Paris 1942 (russ.)

Iljine, V.N.: Therapeutisches Theater, in Petzold (1972a) 168-172

Iljine, V.N.: Kokreation - die leibliche Dimension des Schöpferischen - Aufzeichnungen aus gemeinsamen Gedankengängen, in Petzold, Orth (1990a) 203-213

Laasch, Ch.: The culture of narcissims, Warner Books, New York 1979

Mead, G.H.: Mind self and society; University of Chicago Press, Chicago 1934

Moreno, J.L.: Psychodrama, Bd. I, 1946, Beacon House, Beacon 1946; 3. Auflg. 1964

Nelson, K.: Narritives from the crib, Harvard University Press, Cambridge, Massachusetts, London 1989

Petzold, H.G. (Hrsg.): Angewandtes Psychodrama in Therapie, Pädagogik, Junfermann, Paderborn 1972a

Petzold, H.G.: Zur Veränderung der sozialen Mikrostruktur im Alter - eine Untersuchung von 40 "sozialen Atomen" alter Menschen, Integrative Therapie 1/2 (1979c) 51-78.

Petzold, H.G.: Dramatische Therapie. Neue Wege der Behandlung durch Psychodrama, Rollenspiel, therapeutisches Theater, Hippokrates, Stuttgart (1982a)

Petzold, H.G.: Theater - oder das Spiel des Lebens, Verlag für Humanistische Psychologie, Frankfurt 1982g

Petzold, H.G., Schobert, R.: Selbsthilfe Psychosomatik, Junfermann, Paderborn 1991

Petzold, H.G.: Integrative Therapie - Methoden und Modelle zu einer schulenübergreifenden Psychotherapie, Bd. II: Klinische Theorie, Junfermann, Paderborn 1992a

Petzold, H.G.: Konzepte zu einer integrativen Emotionstheorie und zur emotionalen Differenzierungsarbeit als Thymopraktik, (1992b), in idem (1992a) 789-870

Petzold, H. G.: Metapraxis gegen "multiple Entfremdung", Gestalt und Integration 1 (1993).

Petzold, H.G., Mathias, U.: Rollenentwicklung und Identität, Junfermann, Paderborn 1983.

Petzold, H.G., Orth, I.: Die neuen Kreativitätstherapien, 2 Bände, Junfermann, Paderborn 1990a

Petzold, H.G., Schuch, W.: Grundzüge des Krankheitsbegriffes im Entwurf der Integrativen Therapie, in: Fritz: Petzold (1992) 371-486

Petzold, H.G., Sieper, J.: Die neuen -alten- Kreativitätstherapien. Marginalien zur Psychotherapie mit kreativen Medien, in: Petzold, Orth (1990a) 519-548

Teil, J.Ch.: Rhapsodien über die Anwendung der psychischen Curmethode auf Geisteszerrüttung, Halle 1803

Rowan, J.: Subpersonalities: The people inside, Routledge, London, New York 1990.

Birgit Klosterkötter-Prisor

Theaterpädagogik im Spannungsfeld von Theater und Therapie

Zum Berufsfeld der Theaterpädagog/in

Die Lebens- und Berufslaufbahnen von Menschen, die auf dem theaterpädagogischen Markt auftauchen, sind nicht selten durch Brüche und Identitätskrisen gekennzeichnet.

Auf der Suche nach geistiger, gefühlsmäßiger und beruflicher Heimat, glauben viele hier im "Niemandsland der Theaterpädagogik" herrschten noch keine einengenden kontrollierenden Sozialformen. Als "asozialer, herumziehender Vagabund", wie Jörg Richard ihn karrikierend bezeichnet, taucht er/sie bei Theaterfestivals von Avignon bis Amsterdam auf. Die Szene ist bekannt.

Unter diesem "fahrenden Volk der Postmoderne" befinden sich die Abenteurer und Träumer, die alternative individuelle und gesellschaftliche Sehnsüchte verwirklichen wollen, wenn auch nur in der Welt des Scheins, der "Quasi-Realität des Theaterspielens" für kurze Zeit.

So richtig die Annahme einerseits ist, hier auf der Bühne desTheaters "der Szene" Chancen zu sehen, neue Lebens- und Spielformen aktiv mitgestalten und inszenieren zu können, so lassen sich bei genauem Hinsehen neue Verhaltens- und Erwartungsmuster erkennen:

Flexibilität und Offenheit z.B. geraten hier zu Überlebensstrategien, um möglichst aktuell und sensationell dem Zeitgeist zu entsprechen. Daß sich in dieser Subkultur auch Scharlatane tummeln bleibt nicht aus, zumal Theaterpädagogik als geschützte Berufsbezeichnung nicht existiert. Allerdings spricht sich Qualität herum, Scharlatane fallen rasch durch die Maschen des kulturellen Netzwerkes hindurch.

Zunehmend taucht daher die Frage nach der **beruflichen Identität** und Qualität von Theaterpädagogen auf.
Was also zählt, wenn jemandem eine Qualifikation als Theaterpädagoge zuerkannt wird?
Sicher sollte er/sie sein in 2 Bereichen: dem des Theaters sowie dem der Pädagogik. Da diese beiden Arbeits-

felder nicht unbedingt etwas miteinander zu tun haben müssen, kann man an derzeitigen Karrieren von TheaterpädagogInnen eine kontinuierliche Suchbewegung, eine Gratwanderung zwischen den Disziplinen Pädagogik, Therapie, Theater, Theaterwissenschaft, Tanz, Rhythmik sowie zunehmend ein Bemühen um Solidität und Folgerichtigkeit ablesen.

Für eine qualifizierte TheaterpädagogIn werden neben der geforderten Flexibilität solide praktische Fähigkeiten im Schauspiel gefordert (Körperarbeit, Atem, Stimme, Bewegung, Improvisation, Rollenspiel, Umgang mit Texten, Umgang mit Bühnenbild, Beleuchtung, Kostümen). Dieses schauspielerische Handwerkszeug läßt sich neben den Schauspielschulen vorwiegend in Kursen der unterschiedlichen Institutionen und Initiativen erlernen. TheaterpädagogInnen haben in den seltensten Fällen eine Schauspielausbildung absolviert. Ihr beruflicher Werdegang beginnt meistens in der Sozialpädagogik und spezialisiert und erweitert sich später erst zur Theaterpädagogik.

SchauspielschülerInnen dagegen gelangen meistens erst über Umwege zur Pädagogik. Zu einseitig ist ihr Berufsbild von einer künstlerischen Laufbahn geprägt. Ihre theaterpädagogische Motivation tritt häufig erst auf, wenn diese angestrebte Karriere ins Stocken gerät oder erst gar nicht beginnen will. Als Lernende in Theaterweiterbildungskursen tun sie sich nicht selten schwer, die gewohnten Wege ihres Schauspiel- und Rollenstudiums zu hinterfragen, sich auf Gruppenprozesse, die eigenschöpferi-

sche Entwicklung von Spiel, Szenen und Rollen einzulassen.

Theaterpädagogisch interessierte Schulpädagogen wiederum stehen häufig unter dem Druck der methodisch-didaktischen Verwertbarkeit von Übungen und Lerninhalten. Während Sozialpädagogen, die Theaterarbeit überwiegend auch als eigene Spielerfahrung an sich selbst erleben wollen und im nächsten Schritt erst den Transfer in die Berufspraxis anstreben, sind Lehrer häufig umgekehrt gepolt.

Aus welcher Richtung auch immer, der Weg in die Theaterpädagogik begann, eine TheaterpädagogIn muß pädagogisch-psychologisch qualifiziert sein, d.h. er/sie sollte:

- Individual- und Gruppenstrukturen wahrnehmen und Prozesse strukturieren können

- über grundlegende Kenntnisse pädagogischer Ansätze und Theorien verfügen

- methodisch-didaktisch sicher sein

- seine/ihre eigene Spielleiterrolle analysieren und flexibel reagieren können

Neben den zwei Säulen der Pädagogik und des Theaters sind je nach Berufsfeld Kenntnisse in der Theaterwissenschaft erforderlich, wie:

- Theatergeschichte

- Theorien des Theaters

- Theaterformen in außereuropäischen Kulturkreisen

- Dramaturgie

- Theaterinstitutionslehre und Rezeptionsforschung

Nicht zuletzt werden von ihm Grundkenntnisse in Kulturorganisation und Management, z.B. bei der Beschaffung von Geldern oder der Öffentlichkeitsarbeit erwartet.

Das Berufsbild des/der Theaterpädagog/in ist relativ neu. Bis zum Ende der 60er Jahre galt in der Bundesrepublik die Bezeichnung Theaterpädagoge für Lehrer und Lehrerinnen an Schauspielschulen. Daneben gab es Spielleiter für den Amateurtheaterbereich. Mit der Entwicklung des Faches Schulspiel seit 1969 an der PH West-Berlin, das im Institut für Spiel- und Theaterpädagigik seine Fortsetzung fand, tauchte zunächst der Name Spiel- und Interaktionspädagoge, später Theaterpädagoge auf. Allerorten wurden in den 70er Jahren nun, vor allem an den Fachhochschulen für Sozialpädagogik, Hochschullehrerstellen für Spiel- und Interaktions- oder Spiel- und Theaterpädagogik eingerichtet. An der ARS gibt es seit 1978 eine Dozentenstelle für Theaterpädagogik. Vorher bezeichnete man sie als Spielpädagogik.

In der ARS wurden - wie auch in dem bundesdeutschen Modellversuch "Künstler und Schüler" von 1977 - 1981 Techniken, Methoden, Spielansätze und Projekte entwickelt, die sich u.a. auf ein in kritischer Absicht revidiertes soziologisches Rollenkonzept stützten, Rollenspiel als Instrument einer kompensatorischen und emazipatorischen Erziehung benutzt, (1) neue Theater- und Mitspielformen erarbeiteten sowie eine Berufsfelderweiterung für SchauspielerInnen, SozialarbeiterInnen und SozialpädagogInnen, PädagogInnen allgemein anstrebten. Zunehmend erwiesen sich auf diesem (soziokulturellen) Verständnishintergrund die sozialen Berufe ab mögliche Spielfelder für TheaterpädagogInnen

Seit Mitte der 80er Jahre gibt esTheaterpädagogInnen am Theater, an der Nahtstelle zwischen Theater und Öffentlichkeitsarbeit. Hier geht es um die Stück Vor- und Nachbereitung mit den Zuschauern, vorwiegend mit Schülern und Jugendlichen, nicht immer nur informierend, sondern auch in spielerisch einbeziehender Form.

Zu einem attraktiven Nebengleis von theaterpädagogischer Arbeit hat sich die Kombination von darstellerischen und therapeutischen Spielformen entfaltet.

Wenn Theaterpädagogen eine zusätzliche therapeutische Qualifikation anstreben, dann aus zweierlei Gründen: einmal aufgrund ihrer miserablen Bezahlung als Theaterpädagogen, zum anderen weil sie in ihrer Theaterpädagogik immer wieder an die Grenzen ihrer "pädagogisch-künstlerisch-therapeutischen" Arbeit gelangen.

Theaterpädagogik im Spannungsfeld zwischen den Disziplinen

- nicht nur des Theaters und der Therapie

TheaterpädagogInnen als "Purzelbaum -jonglierende -Sprachhochseelenakrobateure mit therapeutischem Kunstanspruch". Logisch: Theaterpädagogik ist in der Krise. Nun taucht Krisenbewußtsein in der Regel dann auf, wenn ein gewisses Reifestadium erreicht wurde. Es muß deutlich gesagt werden. Theaterpädagogen sind es leid, die unmündigen, asozialen, schlecht bezahlten Rollen zu spielen. Theaterpädagogik ist längst erwachsen. Sie will ernst genommen werden. Zu fragen ist, wie konnte es dazu kommen, daß TheaterpädagogInnen sich ständig rechtfertigen müssen um seriös zu erscheinen.

Meine These lautet: Theaterpädagogik ist in der Gefahr, ihre eigentliche, urphänomenale Bestimmung, die Lust am Spielen zu erwecken und zu erweitern nämlich zu vernachlässigen und zu verraten, zugunsten von produktiveren, produktorientierten oder höherbewerteten Tätigkeiten wie in der Bewunderung von "Theatertherapien" sowie der Schauspielkunst. Zweifellos stellt die Spiellust die Voraussetzung und Wurzel des Theaterspielens schlechthin dar.

"Spiellust und Schauspielkunst sind wesentliche Elemente jedes kreativen Theaterprozesses. Während das Erste auslösendes und tragendes Moment der Dastellung ist, bezeichnet das Zweite den Grad der szenischen Gestaltungsfähigkeit und Kunstfertigkeit." (Kurzenberger)(2).

Während professionelle Schauspieler aber im Theater als Dienstleistungsbetrieb einer Vielzahl vertraglicher Vereinbarungen unterliegen bezüglich der Rollen, der Stückeauswahl, der Zahl der Aufführungen, der Kürze der Probenzeit bewegt sich theaterpädagogisches Handeln weitgehend in einem größeren gesellschaftlichen Freiraum. In diesem **Freiraum** von der Routine der Proben, der sich wiederholenden Aufführungen, frei von der Vorgabe festgelegter Stücke und Rollenbesetzungen liegen die **Chancen** aber auch die **Gefahren der Theaterpädagogik.**

Gefahren können für sie nach der oben aufgestellten These darin liegen, diesen ihren Freiraum nicht selbstbewußt ausfüllen oder ertragen zu können und sich durch tradierte Strukturen und übernehmbare Handlungsanweisungen und Konzepte anderer Disziplinen z.B. der Schauspielkunst oder der Therapie in ihrem theaterpädagogischen Selbstverständnis irritieren zu lassen. Gefährlich weil naiv und verantwortungslos im Hinblick auf die Spielgruppe erscheint es so, wenn etwa Methoden der Theatertherapie in der Theaterpädagogik angewandt werden ohne Kenntnis dessen, was man damit psychich auslösen - geschweige denn es therapeutisch auffangen kann. Schwierigkeiten für TheaterpädagogInnen liegen aber auch darin, daß dynamische Spielprozesse gerade ein großes Maß an Unvorhersehbarem erfordern.

Wie also diesen Zwiespalt lösen? Spiellust, Spielfreude, das Spiel mit dem Unvorhersehbaren, das Anomische, Chaotische, das Unfertige, sich in der experimentierenden Bewegung ständig Verändernde, die staunende Beigeisterung, Spontanität und Improvisation. **Für dieses alles als Theaterpädagogin Räume zu eröffnen und als "schwebende kreative Basis" jedem weiteren Arbeitsschritt zugrundezulegen, erfordert Mut und Phantasie einerseits, aber auch eine sensible Wahrnehmung des einzelnen Spielers und der Gruppe.**

Neben Mut, Phantasie und Sensibilität verlangen Spielräume wie diese TheaterpädagogInnen, denen unsere geistig-geistliche-sinnlich-materielle Welt selber eine ständige Herausforderung zum experimentierenden Erforschen darstellt. "Wo Spielräume wie diese eröffnet worden sind, ist es leicht Wirklichkeit zu erfahren, zu begreifen, zu entdecken, zu gestalten, indem man sie nachahmend und erfindend spielt. In die Rolle eines anderen zu schlüpfen, ein anderer sein zu wollen, wenn auch nur im Spiel auf begrenzte Zeit, sich in einer imaginierten Welt zu bewegen, die eigene Wirklichkeit dabei zu verlassen und zu überschreiten." (2)

Wie läßt sich diese Spielbasis herstellen? "Spielräume" herzustellen bedeutet für Theaterpädagogen die Spielgruppe mit wirklichen neuen Erfahrungen zu konfrontieren. Sei es mit der Fülle seiner sinnlichen Erfahrungen im Raum in einer bestimmten Umgebung oder Landschaft, die SpielerInnen mit unerwarteten Spielimpul-

sen zu überraschen, gewohnte Wahrnehmungs- und Handlungsmuster aus einer "verrückten Perspektive" ihrer Selbstverständlichkeit zu entziehen oder wie der Pole Helmut Kayser "Meta-tägliches Theater" zu inszenieren.

Bei dieser Gratwanderung, diesem spielerischen Schwebezustand des Einzelnen und der Gruppe der Gefahr des "therapeutischen Abrutschens" zu entgehen, erfordert von Theaterpädagogen, daß sie bei der sensiblen Wahrnehmung und Steuerung von Spielprozessen den Betroffenheitsgrad der Selbsterfahrung im Spielen richtig einzuschätzen und mit ihren Methoden, denen des Theaterspielens nämlich zu intervenieren vermögen. Z.B. Jutta, eine Dozentin für Psychologie und Spielanfängerin, erfährt sich zum ersten Mal im Clownsspielen. Die Übungsaufgabe lautet: "Suche Dir einen Gegenstand im Raum aus, Regenschirm, Stuhl usw. Stell Dir vor, Du hättest ihn noch niemals in Deinem Leben gesehen und kennst seine wirkliche Funktion nicht. Probiere aus, was Du damit alles anfangen kannst, welche unterschiedlichen Funktionen er annehmen kann."

Jutta entdeckt während der Gegenstandsimprovisationen ihre eigene Ungeschicklichkeit beim Hantieren mit ihrem Regenschirm. Nicht nur im Spiel, sondern real. Sie zeigt zwar viele Spielideen, gibt ihrem Gegenstand auch originale unterschiedliche Funktionen, entwickelt im Zusammenspiel mit einer Kleingruppe witzige Szenen. Nur leidet sie dabei unter ihrer realen Ungeschicklichkeit und Vergeßlichkeit. Bisher war ihre Rolle innerhalb der Spielgruppe eher die einer verhaltenen Respektsperson. Als Dozentin für Psychologie hatte sie bisher von sich den Anspruch, nach außen perfekt sein zu wollen, den Gruppenmitgliedern signalisiert. Nun war der Konflikt im Spiel aufgebrochen. Als sie mit ihrer Gruppe die improvisierte Szene den übrigen Gruppenmitgliedern vorspielte, schämte sie sich ihrer Ungeschicklichkeit, hielt sich für absolut spielunbegabt. Als Spielleiterin erinnerte ich sie an unsere Abmachung, beim Clownsspielen gerade die eigenen Schwächen, das Unperfekte zeigen und darstellen zu dürfen.

Ich ermutigte sie dazu, den Spielraum zu nutzen und ihre unfertigen hilflosen Gesten in der Szene noch zu überzeichnen, sie deutlicher zu machen. Sie ließ sich auf einen neuen Spielversuch ein. Das Ergebnis: Ihr chaotischer Kampf mit der Tücke der Objekte war urkomisch, hatte das Eis gebrochen. In der Rolle der tolpatschigen Clownin hatte sie sich selbst gespielt, es gewagt, sich selbst der Lächerlichkeit unter dem Schutz der Clownsnase preiszugeben. Von diesem Erlebnis an war sie in der Lage, ihrer Spiellust freien Lauf zu lassen und spielte zunächst mit Vorliebe komische Rollen, in denen sie sich im Lachen von ihren Schwächen und Eitelkeiten ein Stück befreien konnte.

"Spielräume eröffnen" meint nicht nur die äußerlich wahrnehmbaren, sondern ebenso die inneren Räume des Menschen. In sich selbst Räume zu eröffnen, verschlossene Türen im eigenen Innern entdecken, an ihnen

rütteln und sie schmerz-lustvoll aufzustoßen, heißt bewußter, toleranter und weiter werden. Hier begegnen sich - so scheint mir - Theater- und Therapiearbeit am Unmittelbarsten. Sinnliche Raumerfahrung, das Entdecken der eigenen Schwächen und Freuden beim Clownsspielen, das intensive Wahrnehmen der Formen und Linien des eigenen Gesichtes beim Schminken und Maskenbauen, das Erstaunen vor der Kraft der eigenen Stimme, die Beschäftigung mit dem eigenen individuellen Spektrum an möglichen Spielrollen sowie das aktive Erleben von Gruppe. Dies alles kann innere und äußere Spielräume eröffnen.

Was kennzeichnet gerade die Theaterpädagogik gegenüber den anderen Disziplinen? Kehren wir noch einmal zu dem praktischen Beispiel der Clownin Jutta zurück. Säße Jutta in einer Therapiegruppe, würden ihre Selbstwertgefühle von Versagen und Ungeschicklichkeit, die sie hinter ihrer Berufsfassade zu verbergen sucht, vielleicht ebenfalls thematisiert werden.

In der Therapie könnte z.B. die Aufarbeitung der Genese dieser Konflikte in ihrer Lebensgeschichte den weiteren Weg beschreiben sowie in der Kreativitätstherapie zusätzlich die Darstellung dieser Thematik in musikalischer, bildnerischer, poetischer, tänzerischer, dramatischer Form. Während nun aber die therapeutische Arbeit in der "dramatischen Therapie" z.B. "die szenische Rekonstruktion von Vergangenheit, die Katharsis, das spontane Gestalten von Ereignissen und Handlungen, das vorbereitende Einüben von Situationen benutzt, um Einsicht in Situationsstrukturen und in die Bedingungen von Handlungsabläufen zu vermitteln (3) kann Theaterpädagogik versuchen, von der Phase der Selbsterfahrung im Spiel ausgehend über vielfältige Improvisationen zur symbolischen Geste, über die Vermittlung des schauspielerischen Handwerkzeuges zur Arbeit an der ästhetischen Gestaltung und Darstellung zu gelangen. In dieser Arbeit ist jeder Schritt gleich wichtig: Die spielerische Eröffnungsphase, das Erhalten der Spiellust schlechthin sowie das Herauskristallieren von zu bearbeitenden Themen, die Annäherung an ein Stück, das Auffinden und Entwickeln symbolischer Gesten und Zeichen für spezifische, szenische Aussagen als auch die gezielte Erarbeitung eines ästhetischen Produktes und dessen Präzisierung als szenische Mitteilung für ein Publikum. Theaterpädagogik hat die Chance, sich in dieser Spannung zwischen Prozeß und Produkt, zwischen Selbsterfahrung und Schauspielkunst frei zu bewegen, häufig im Gegensatz zur Arbeit am produktorientierten "Regietheater" von Stadt und Land.

Regietheater meint vor allem die - Zitat -: "Arbeitsbeziehungen zwischen Regisseur und Schauspieler, die dieses Verhältnis einseitig zugunsten des Regisseurs festlegt. Er allein hat vor Beginn der Arbeit ein Regiekonzept im Kopf. Er bestimmt im Zweifelsfall Prozeß und Resultat. Seinen Namen trägt die Inszenierung." (3) Eine einseitige produktorientierte Theaterarbeit bietet eher die Sicherheit einer vorgezeichneten, überschaubaren Struktur. Ablauf und Ergebnis der Ar-

beit sind vorweg, so lange keine Schwierigkeiten auftreten, klar definiert. Auch in der theaterpädagogischen Praxis findet man nicht selten fertige Konzeptpakete, methodisch säuberlich in kleine Häppchen zerlegt, Spielversatzstücke für unterschiedliche Zielgruppen und Spielziele. Gegen eine sorgfältige Vorbereitung von Spieleinheiten ist nichts einzuwenden, solange sie Raum läßt für die Eigendynamik der Gruppe und des Spielprozesses und nicht auf Kosten des spielerischen Ausprobierens und Erfindens geht. "Theaterspiel als soziale Kunstform", ist gekennzeichnet durch "die Kollektivität des Produzieren und Spielens durch die Wahrnehmung Erfahrung und Aktivierung der Spielpartner im zwischenmenschlichen Bezug." (1,S.80) .

Dies schließt TheaterpädagogInnen mit ein. Viele SpielgruppenleiterInnen fordern allerdings fertige Stufenmodelle, die sie für ihre eigene Arbeit ohne große Veränderungen benutzen können. Prozeßorientierte Arbeit erscheint ihnen oft unbequem und verunsichernd. Der Ruf nach bewährten Rezepten wird laut. Hier wird von TheaterpädagogInnen, die Prozeß und Produkt im Kopf haben, Souveränität und Standvermögen gefordert.
Die zweite Gefahr einer Theaterpädagogik zwischen Prozeß und Produkt" liegt nämlich neben der des "therapeutischen Abrutschens" darin, aus Angst vor "zuviel Spielraum" ins andere Extrem des Methodisierens, des ehrgeizigen Regietheaters bzw. einer Überbewertung der Kunstfertigkeit zu verfallen. Die Arbeit an den darstellerischen Mitteln an Stimme, Körper und Bewe-

gungsdruck ist zweifellos wichtig. Nur kommt es bei der Erarbeitung des schauspielerischen Handwerkzeuges darauf an, diese Fertigkeiten von den Spielern und Spielerinnen nicht lediglich reproduzieren zu lassen, sondern zum eigenen schöpferischen, individuellen Ausdruck zu animieren. Hier stehen die Schulen des Theaters von Stanislawski, Strasberg, Brecht oder Grotowski Pate. "Zuviel Spielraum" dagegen, der sich in einer Beliebigkeit des Spielverlaufs, einer konzeptlosen **Laissez-faire-Haltung** des Theaterpädagogen ausdrückt, ist hiermit **absolut nicht gemeint**.

In meiner langjährigen theoretischen und praktischen Auseinandersetzung mit den unterschiedlichen Rollenspielansätzen (1), (4) waren für mich in den 80ziger Jahren vor allem die Begegnungen mit der Schule des Polen Grotowski sowie mit den körperorientierten Therapien (Kurtz/Prestera) von zentraler Bedeutung. Im Verlaufe von mehrjährigen Theaterfortbildungen wurde von mir ein Modell der individuellen Rollenfindung und -gestaltung entwickelt (5).
Es ermöglicht, bei der Entwicklung von Rollen an der eigenen Biographie, die sich körpersprachlich ausdrückt, anzusetzen. Aus der sensiblen Beobachtung der jeweiligen Körpersprache des Einzelnen gelangen wir so zu einem individuellen Spektrum unterschiedlicher sich entsprechender oder sich widersprechender Rollen bei jedem einzelnen. Gelingt es im Laufe der Arbeit aus dem jeweiligen Spektrum möglichst viele - auch widersprüchliche Rollen- aufzuspüren und zu erspielen, so zeigt sich oft mit der

Erweiterung des erspielten Rollenrepertoires auch eine innere Befreiung, eine größere Lockerheit und Flexibilität.

Wenn wir bei dem folgenden Prozeß der Rollengestaltung zu immer präziseren und kontrollierteren Darstellung zu gelangen und durch Techniken des Überzeichnens, Verfremdens, Typisierens der Gefahr des Klischeehaften zu entgehen versuchen, steht immer die persönliche Aussage und Auseinandersetzung von Spieler und Rolle bzw. mit dem Stück im Vordergrund. Bei der eigenwilligen Ausgestaltung der Rolle sind der kreativen Weiterentwicklung mit anderen Ausdrucksmedien keine Grenzen gesetzt: Von einer Rollenfigur können Seelenbilder gemalt, zu diesen wiederum über Assoziationen Gedichte geschrieben und diese dann Anlaß zur Maskenherstellung sein.
Die so geschaffenen Masken wären dann "Vertypisierungen des jeweiligen Bildgedichtes". Diese intermediale Erweiterung der Rollenarbeit über das Schaupielerische hinaus bietet eine Fülle von schöpferischem Material zur Gestaltung von Szenen oder eines Stückes insgesamt. Ein weiteres wesentliches Kriterium kommt bei dieser Theaterarbeit hinzu. Sie benötigt zwar zu ihrer Entfaltung einen Freiraum des spielerischen Ausprobierens des unzensierten Vorwegnehmens individueller und gesellschaftlicher Wünsche und Träume, steht aber dennoch im realen politischen und soziokulturellen Kontext.

Was bedeutet das für die Theaterpädagogik? Will sie sich als ernstzunehmende Disziplin weiterentwickeln und gesellschaftlich behaupten, reicht nicht aus, ihre dynamische Botschaft allein im spielerischen Schonraum zu belassen. **Springlebendigkeit, Komik, körperliche Ausgelassenheit oder Offenheit wirken oft eher harmlos und naiv.** Was wir Theaterpädagogen darüber hinaus brauchen ist eine Schärfung unseres politischen Blickes. Dann können wir mit den kreativen Voraussetzungen, die wir zweifellos haben, kritische Bilder, überzeugende Haltungen zeigen, lebendige Geschichten unserer Zeit erzählen. Werfen wir einen Blick auf das freie Theater, so läßt sich in vielem eine Deckungsgleichheit konstatieren.

Zitat: "Politisch motiviertes, selbstbestimmtes, kollektives Gruppentheater wollte es sein. Frecher, direkter, wirklichkeitsnäher, das lebendige Chaos als künstlerische Kraft nutzen. (Peter Henze, Theaterwerkstatt Hannover)"

Nun sind die freien Theater erst recht in der Krise. Freie Theatergruppen nehmen rapide zu. Die Besucherzahlen bleiben dagegen konstant. Die Fördermaßnahmen der Kulturpolitiker für professionelle Gruppen sind lächerlich gering. Bei den Förderungskriterien freier Theatergruppen fallen Qualitätsfragen bei steigendem Angebot immer stärker ins Gewicht. Professionell ausgebildete Schauspieler und Schauspielerinnen grenzen sich aus Angst vor Image- und Zuschußverlust zunehmend von den nicht professionell ausgebildeten Mitspielern, die häufig aus der Sozialarbeit oder Sozialpädagogik mit theaterpädagogischer Zusatzqualifikation stammen,

ab. Die soziale Hackordnung setzt auch hier an.

So bedauerlich und verständlich diese Abgrenzung freier Theater von der soziokulturellen Arbeit, vor dem finanzpolitischen Hintergrund auch zu sehen ist, so sollten beide Seiten doch den offenen Diskurs weiterführen. Sie haben einander wechselseitig viel zu verdanken. Grenzen auch hier zwischen freier und soziokultureller, theaterpädagogischer Arbeit. Umso mehr kommt es für die Theaterpädagogik darauf an, berufspolitisch zu kämpfen für eine klar strukturierte Berufsausbildung, ein klarer definiertes Berufsfeld. Hier stehen wir erst am Anfang. Es geht darum Aus-, Fort- und Weiterbildungsmodelle für TheaterpädagogInnen zu entwickeln, in denen Pädagogik von ihrem negativen Image befreit wird. Die Krise der Theaterpädagogik ist nicht zuletzt die Krise einer falsch verstandenen Pädagogik.

Was wir brauchen sind TheaterpädagogInnen, mutig, fachkundig und sensibel, deren Konzepte darum offen sind, weil sie voller Neugier auf die kreative Entfaltung von Menschen in Spielräumen wie diesen vertrauen und mit diesem Konzept als Person geradestehen!

Bei dieser Aufgabe sind Erkenntnisse und Verfahren anderer Disziplinen wie Therapie oder Theater für die Theaterpädagogik wertvoll und wichtig. Sie geben ihr aber noch nicht ihren eigenen Sinn. Wenn es mir mit meinen Überlegungen gelungen sein sollte zu einem größeren theaterpädagogischen Selbstbewußtsein beizutragen, wären wir bereits ein kleines Stück weiter.

70

Literaturangaben:

(1) KLOSTERKÖTTER, B.:
"Spielendes Lernen und Rollenspiel zwischen Sinnlichkeit und Vernuft", Schindele Verlag, Rheinsttten 1980

(2) KURZENBERGER, Hajo:
"Spiellust contra Schauspielkunst", (Aufsatz) Uni Hildesheim

(3) PETZOLD, Hilarion G.:
"Dramatische Therapie", Hippokrates Verlag, Stuttgart 1982

(4) KLOSTERKÖTTER, B.:
"Verhaltensstörung als Problem einer Interaktionspädagogik", Schindele, Rheinstetten 1976

(5) KLOSTERKÖTTER, B:
"Das individuelle Rollenspektrum als Spiel und Selbsterfahrung" in: Akademie Remscheid (Hrsg.) "Konzept Kreativität in der Kulturpädagogik", Remscheider Arbeishilfen und Texte

Zwischen Theater und Therapie

Beispiele aus der Praxis

Psychiatrie

Ein Fallbeispiel

Das Leben ist wichtiger

Freitag nachmittag
CHRISTIANE, 19 Jahre, Schülerin
Sie kriegen mich nicht herum. Niemand. Und diese Frau da schon gar nicht. Haben einige vor ihr bereits vergeblich versucht. Diesmal bringe ich zuende, was ich mir vorgenommen habe. Vielleicht heute, mag sein morgen. Aber bald. Ich will nicht mehr.

Laßt mich in Ruhe. Laßt mich endlich in Ruhe, habt ihr verstanden! Könnt ihr nicht hören? Ihr habt wohl keine Augen im Kopf? Seht mich doch an! Mein Gesicht! Alt ist es, ganz alt. Jawohl, ein altes Gesicht mit einem jungen Körper. Weil ich seit Monaten in dieser Klinik für Blöde eingesperrt bin. Keiner hat's zu Hause mehr mit mir ausgehalten, mit mir und meiner hysterischen Trauer, wie sie sagen.

In der Klinik halten sie mich unter Verschluß und füttern mich mit Tabletten, obwohl ich selber schon mehrere Male vorher Unmengen von diesen Dingern genommen habe. Leider hat man mich jedesmal wieder ins Diesseits zurückgeholt. Es stimmt, mein Gesicht ist wirklich nicht schön, und so schön wie das meiner toten Schwester erst recht nicht. Ist es auch nie gewesen. Seht her, ihr alle hier um mich herum, dann wißt ihr, was ich vorhabe! Nein, sie ist nicht mehr da. Ja, meine tote Schwester Anna. "Von uns gegangen, heimgegangen, für immer eingeschlafen." Lest ihr nie Todesanzeigen? Solltet ihr aber. Ist hochinteressant. Mausetot ist Anna. In der Erde verscharrt, weg. Unten, irgendwo. Oder irgendwo oben, was weiß ich.

Beschissen finde ich das, was sie gemacht hat. Hundsgemein. Hinterhältig. Klammheimlich hat sie sich aus dem Staub gemacht. Hat sich ins Auto gesetzt und ist auf einen Parkplatz gefahren. Hat sich mit Benzin übergossen und angezündet. Einfach umgebracht. Ohne eine Nachricht zu hinterlassen.

Und du, Frau mir gegenüber. Warum läßt du mich nicht? Deine Augen. Immer wieder deine dunklen Augen, die mich anstarren. Eigentlich will ich dich nicht ansehen, aber dein Blick gibt mir Rätsel auf. Ob du dich wohl traust, meinem Blick stanzuhalten? Andere Leute sehen sofort weg, wenn sie merken, was da in meinen Augen ist und tief in mir. Bist du genauso feige? Wieso rührst du dich nicht? Merkwürdig. Was willst du eigentlich von mir? Ich bin übrigens nicht freiwillig in dieser Trauergruppe hier, an diesem Wochenende. Überhaupt nicht. Mir reicht meine eigene Trauer. Mein Vater hat mich nämlich gezwungen. Frühmorgens hat er micht besucht, in der Psychiatrie. Ich hab geglaubt, er holt mich zum Wochenende ab.

"Ich bringe dich heute zu anderen jungen Menschen", hat mein Vater stattdessen wie nebenbei gesagt. "Das wird dir guttun. Die haben die gleichen Sorgen wie du. Mach mir keine Szenen und hör zu, was dort erzählt wird. Mach, was man dir sagt. Es ist deine letzte Chance". Niemand hat mich vorher informiert. Und meine Tasche hatten sie auch schon gepackt, die Schließer in meinem Irrenhaus.

Schon gut, hab´ich gedacht, ich werde hingehen. Kann ja wohl kaum schlimmer werden als ein Wochenende bei euch zu Hause, mit Mutter und dir. Ihr werdet alle noch sehen, was ihr davon habt.

HANNAH, 48 Jahre, Autorin
Wie alt mag sie sein? Neunzehn Jahre vielleicht? Dieser Ausdruck in ihrem Gesicht, er tut mir körperlich weh. Tiefe Trauer sehe ich und Schmerzen, große Verlassenheit und auch eine Sehnsucht nach Zärtlichkeit und Zuwendung. Und Trotz und Wut. Vieles läßt sich an diesem Gesicht ablesen. Vor allem aber erschreckt mich der Haß. Was mag sie erlebt haben? Ich weiß nur, daß sie Christiane heißt und daß sich ihre ältere Schwester Anna vor einem Jahr das Leben genommen hat. Christiane hat das auch schon einige Male versucht. Dieses Mädchen macht mir Angst, große Angst sogar. Mit ihr und den anderen Jugendlichen soll ich Texte schreiben, die ihnen vielleicht ein Weg durch die eigene Trauer sein können. Ich versuche, mit ihnen über die verstorbene Schwester, den toten Bruder oder über sich selbst zu schreiben.

Ich mache diese Arbeit nicht zum ersten Mal und ich bezweifle, ob Christiane in dieser Gruppe mitarbeiten will, ob sie überhaupt durchhält. Immer wieder zwingt sie mich, mit den Augen ihre Gesichtszüge zu erkunden. Noch nie zuvor habe ich so viele negative Gefühle auf einmal in einem Gesicht gesehen.

Sie verunsichert mich sehr. Vielleicht hat sie vor dem, was uns hier noch bevorsteht, genausoviel Angst wie ich. Trotzig hockt sie auf ihrem Sessel. Jetzt sitzt sie da wie ein Embryo, hält sich krampfhaft die Hände um die angezogenen Beine. Sie preßt die Lippen zusammen und spricht kein Wort, mit niemanden. Sie brütet. Sie brütet etwas aus. Aber was? Werden wir es in diesen Tagen schaffen, miteinander zu sprechen? Sie hält meinem Blick immer noch stand, und ich ihrem. Wie lange halten wir das aus?

Samstag früh,
CHRISTIANE, 19 Jahre, Schülerin
Gerade hat diese Hannah etwas vorgelesen. Von einem Seelenvogel. "In der Seele, in ihrer Mitte, steht ein Vogel auf einem Bein. Der Seelenvogel. Und er fühlt alles, was wir fühlen." Ich war wie vom Blitz getroffen.

"Der Seelenvogel hat viele Schubladen", erzählt sie, "und wir haben die Stimmung unseres eigenen Seelenvogels in der Hand. Wir können ihn morgens einen Schlüssel zu irgendeiner Schublade geben, die nur er öffnen kann." Sie las weiter: "Wenn uns jemand lieb hat, macht der Seelenvogel fröhliche Sprünge, kleine, lustige, vorwärts und rückwärts, hin und her", und sie hat noch einen Satz vorgelesen, und der läßt mich nicht mehr los, genau wie ihre Stimme und dieser Blick in ihren Augen. Als sie las: "Und wenn uns jemand in den Arm nimmt, wird der Seelenvogel in uns größer und größer, bis er uns fast ganz ausfüllt. So gut geht es ihm dann", da merkte ich, daß meine Fingerknöchel mir weh taten. Ich muß meine Hände so fest ineinander verkrallt haben, daß ich sie gar nicht mehr gespürt habe.

Mein Herz flattert jetzt und ich schwitze. Wann hat mich eigentlich jemand das letzte Mal in den Arm genommen? Und wollte ich das überhaupt? Eigentlich soll mich ja keiner mehr anfassen. Wenn jemand nur in meine Nähe kommt, tut mir das schon weh, und ich bekommen Magenkrämpfe.

Und dann erst meine Gedanken. Seit Monaten ist es, als wären plötzlich ganz viele Gedanken gleichzeitig da. Mein Kopf hält das nicht aus. Ich schreie meine Gedanken immer an: "Hört auf! Nicht so viele nebeneinander! Seid endlich still! Ihr macht mich wahnsinnig! Ihr macht mir Angst! Aber sie hören nicht auf mich. Nachts, wenn ich nicht schlafen kann, kommen noch mehr Gedanken. Sie sind wie große Schatten, wie Gespenster, und bringen alles nur noch mehr durcheinander. Und jetzt soll ich da einen Seelenvogel haben, der in mir ist und auf einem Bein steht? Der traurig, eifersüchtig, enttäuscht, ungeduldig, wütend sein kann, wenn ich das will? Oder laut und lieb, oder sogar ruhig und still, wenn ihm danach zumute ist?

Eigenlich gefällt mir der Gedanke. Ich will ihn trennen von all den anderen. Es ist ein ganz neuer Gedanke. Ich will ihn festhalten, ihn ganz allein für mich behalten. Die anderen Gedanken dürfen erst gar nicht in die Nähe des Seelenvogels kommen. Ich will mich anstrengen, muß mich zusammenreißen. Wir sollen ein Bild malen, sagt Hannah gerade. Das kann ich nicht. Ich will lieber etwas aufschreiben. Wo ist mein Seelenvogel? Komm schnell, Seelenvogel, ich flehe dich an!

HANNAH, 48 Jahre, Autorin
Es ist ganz still in dem Raum, in dem wir alle sitzen. Ich höre nur die Geräusche von Ölkreiden und Buntstiften auf Papier. Christiane sitzt am äußersten Tisch hinten in der Ecke, mit hochgezogenen Schultern, das Gesicht zur Wand. Den Kopf hat sie in die Hände gestützt. Die Augen hält sie

verdeckt. Sie läßt keinen Kontakt mehr zu. Ich wünsche mir sehr, daß sie hier ins Gespräch mit den anderen kommt, oder mit mir. Das Blatt Papier vor ihr ist immer noch leer. Den Kasten mit Ölkreide hat sie zur Seite geschoben. Unbeweglich sitzt sie da. Seit einer halben Stunde rührt sie sich nicht. Dann bitte ich alle, einen kleinen Text zu ihrem Bild zu schreiben.

Mit einmal kommt Bewegung in Christiane. Sie nimmt eine blaue Kreide aus dem Kasten und schreibt mit wütenden Bewegungen einige Worte hin. Ich beobachte sie aus den Augenwinkeln. Als sie fertig ist, legt sie das Stückchen Kreide im Zeitlupentempo in den Kasten zurück. Den Bogen Papier faltet sie mit fahrigen Bewegungen zusammen und steckt ihn sich anschließend in die Hosentasche. Dann zieht sie wieder die Schultern hoch und sitzt wie vorher mit eingezogenem, in die Hände gestütztem Kopf da.

Wieder geht das eine halbe Stunde lang so, während die anderen schreiben. Christiane, was macht dein Seelenvogel bloß mit dir?

CHRISTIANE, 19 Jahre, Schülerin
Mein Seelenvogel war da. Er war wirklich da. Er hat mir etwas gesagt, und ich hab` es sofort aufgeschrieben. War es auch wirklich kein Nachtgespenst dieses Mal? Nein, denn ich konnte ihn richtig sehen. Und plötzlich war nur noch dieser eine Gedanke da, nicht mehr so viele durcheinander. Das hat es so schrecklich lange nicht mehr gegeben. Vielleicht fühle ich

mich sogar ein bißchen froh. Ich hatte schon vergessen, wie das ist. Ich traute mich nicht, es zu zeigen. Am liebsten möchte ich den Zettel noch einmal durchlesen. Nachher, wenn ich allein bin, lese ich ihn mir laut vor. Eigentlich weiß ich es auch auswendig. Aber ich will sehen, wie die Zeilen auf dem Papier stehen, ich will sie hören. Ich habe sie mit Blau geschrieben. Früher mochte ich Blau ganz gern. Der Seelenvogel hatte blaue Federn, in ganz vielen Farbtönen. Er glänzte. Und er sagte ganz leise:

"Das Leben ist wichtiger,
sprach der Schatten
Und sprang aus seinem dunklen
Winkel
Auf den sonnigen Marktplatz."

Genau das hat er mir gesagt. Ich will diese Worte nachher immer wiederholen. Ich passe auf, daß die anderen Gedanken sie nicht verschlingen. Nie, nie mehr. Diese Worte gehören mir, nur mir. Der Seelenvogel hat sie mir geschenkt.

Sonntag früh
HANNAH, 48 Jahre, Autorin
Christiane, sie läßt mir keine Ruhe. Auch nachts nicht. Sie sperrt sich noch immer aus, lebt in ihrem Schneckenhaus, sieht die anderen kaum an, redet wenig. aber ihr Gesichtsausdruck hat sich ein wenig verändert, manchmal glaube ich sogar fast, ein Lächeln zu erkennen.

Ich sehe gerade einen Text durch, den ich zum Abschluß mit meiner Gruppe besprechen will. Eine wäßrige Sonne scheint, ich bin noch allein im Raum. Hinter mir höre ich schlurfende Schritte. Ich drehe mich um. Da steht Christiane, ihr Blick ist völlig verängstigt, aber auch bittend.

"Ich, ich wollte.."

Uns trennen nur zwei Schritte. Ich stehe auf und gehe auf Christiane zu, nehme sie in den Arm und drücke sie. Ihr Körper verhärtet sich noch mehr. Ich streichle ihr über den Rücken. Sie fängt an zu weinen, endlich. Ich halte sie fest und wiege sie vorsichtig. Wie lange wir so stehen, weiß ich nicht.

Nach einer Weile löst sie sich von mir und hält auch mich, und ihre Hände berühren mich zaghaft. Aus ihrer Hosentasche holt sie einen Zettel. Sie drückt ihn mir in die Hand und sagt leise: "Da steht drauf, was mir mein Seelenvogel gesagt hat. Du darfst ihn behalten. Ich kenne die Worte jetzt auswendig."

Rainer Nußbicker, Walter Spratte

Theaterprojekt der Bodelschwingh'schen Anstalten Bethel

Arbeitsbericht über ein Theaterprojekt im Sonderkrankenhaus "Hebron" der von Bodelschwinghschen Anstalten Bethel (Teilanstalt Eckardtsheim) in der Zeit vom 14.3.1991 bis zum 25.5.1991

Ausgangssituation

Im o.g. Zeitraum fand in der Turnhalle der Werkstatt Noah unter der Leitung der Mitarbeiter des Hauses Hebron Walter Spratte (Diakon, Erzieher, Theaterpädagoge), Helga Rodemeier (Krankenschwester, Theater- u. Tanzpädagogin) und der Mitarbeit von Reiner Lütkebohle Erzieher, Spielpädagoge) das erste langfristige Theaterprojekt im Haus Hebron statt. Die Teilnehmer waren allesamt Bewohner des Hauses Hebron in Eckardtsheim, einer Teilanstalt der v.B.A., Bethel. Das Haus ist dem Epilepsie Langzeitbereich zugeordnet.

In Hebron wohnen ca. 70, meist an Epilepsie erkrankte Personen mit schweren Verhaltensstörungen oder/und psychischen Erkrankungen. Um die im weiteren erwähnten Schwierigkeiten bei der Theaterarbeit besser nachvollziehen zu können, möchten wir hier kurz auf den Status des Hauses innerhalb der Anstalt eingehen.

"Theater haben wir in Hebron genug" - dieses Zitat, welches uns des öfteren begegnete, bezeichnet nicht die von uns ins Leben gerufene Theaterarbeit, sondern vielmehr die Atmosphäre (Spannungen, Unruhe, Hektik) innerhalb des Hauses, die heute und in der Vergangenheit dadurch entstanden, daß die Bewohner aus anderen Häusern nach Hebron verlegt wurden und teilweise heute noch werden, die dort aufgrund ihres komplizierten Krankheitsbildes (Verhaltensauffälligkeiten, Aggressionen usw.) "so aus dem Rahmen fallen", daß sie dort nicht adäquat betreut werden können. Bis in die 70er Jahre war das Haus ein geschlossenes" Haus mit bis zu sieben Isolierzellen, so daß man quasi von "der letzten Station" sprechen konnte. Heute ist das Haus "offen" und hat noch eine geschlossene Abteilung mit einer Isolierzelle. Die Entwicklungsgeschichte des Hauses steht in einem engen Bezug zur Lebensgeschichte der einzelnen Bewohner, da diese teilweise seit Jahrzehnten dort leben.

Rahmenbedingungen

Ausgehend von dem im Konzept erwähnten Theaterprojekt im Fühjahr 1990 wurden von den Mitarbeitern die Bewohner gezielt angesprochen. Wir knüpften bei den Bewohnern an die im letzten Jahr gemachten Erfahrungen an, und konnten gleichzeitig die Anzahl der Teilnehmer begrenzen. Um eine kontinuierliche Theaterarbeit im Haus Hebron zu beginnen, entschieden wir uns für einen zeitlichen Rahmen von 10 Abenden, von eineinhalb Stunden einmal pro Woche. Zu Anfang der Planung behielten wir uns offen, ein Wochenende oder einen ganzen Tag in das Projekt einzubauen. Von Anfang an klar festgelegtes Ziel war eine Präsentation am Tag der Begegnung am 25.5.1991, da an diesem Tag Angehörige der Bewohner zu Gesprächen und Besuchen eingeladen waren.

Als Ort für Proben und Aufführungen bot sich uns eine kleine Turnhalle nahe dem Haus Hebron an. Der Rahmen für jedes Theatertreffen sollte sich nach Möglichkeit immer wiederholen. Der Rahmen sah folgendermaßen aus:
1. Stuhlkreis
2. Aufwärmen
3. Probe
4. Stuhlkreis.

Zielsetzungen

Aus der Entwicklungsgeschichte des Hauses und der Lebensgeschichte der Teilnehmer ergaben sich für uns folgende, bereits im Konzept erwähnte Ziele:

"Themen der Bewohner" sollten Gegenstand der gesamten Theaterarbeit sein, d.h. der Mitarbeiter erkennt diese Themen in Sprache, Bewegung, Schrift und formuliert sie in Arbeitsinhalte. Dies ermöglicht den Teilnehmern ein ständiges Wiedererkennen eigener Anteile in der Theaterarbeit
- Impulse wahrnehmen und zeigen, spontan sein können

- Erweiterung des Stimm- und Bewegungsrepertiors

- Raumgeben für das Ausleben von dramatischen Ernergien, die sich während des Heimalltages eher störend auswirken

- die Teilnehmer hatten die Möglichkeit, innerhalb der Rolle mehrere Seiten ihres Ichs kennenzulernen und zu zeigen.

Erwähnenswert in diesem speziellen Fall ist noch, daß die Grenzen zwischen Bewohnern und Mitarbeitern des Hauses Hebron sich während der Probenzeit positiv veränderten.

Methoden

Der Stuhlkreis zu Anfang macht deutlich, daß jedes Theatermitglied Teil einer Gruppe ist und dient u.a. dazu, die kommende Stunde für die Teilnehmer transparent zu machen. Die Erfahrung zeigte jedoch, daß der Stuhlkreis oft zum unangenehmen Wartekreis wurde, weil entweder Teilnehmer zu spät oder gar nicht auftauchten.

Wir hielten jedoch daran fest, begrenzten ihn auf maximal 10 Minuten. Wer dann zu spät kam, wurde kurz über den jeweiligen Übungsteil informiert und eingeladen, mitzumachen. Inspiriert durch die Lebensgeschichte der Teilnehmer und des im Konzept begründeten Grobthemas; Märchen, ergab sich die Stückauswahl: "Von einem, der auszog das Fürchten zu lernen".

Um den Teilnehmern der Theatergruppe unsere Auswahl des Themas und Stückes nahezubringen, lasen wir das Märchen vor, während sie mit geschlossenen Augen am Boden lagen, zuhörten und ihren Phantasien freien Lauf lassen konnten. Danach konnten die Gedanken ausgetauscht werden unter den Fragestellungen:

- Was hat mich am meisten bewegt?

- Was hat mich abgestoßen?

- Was hat mir besonders gefallen?

- Was gab es in meinem eigenen Leben, was mich das Fürchten lehrte?

Die Sammlung dieser Gedanken wurde von uns zur Grundlage für Bewegungs- und Stimmübungen, Szenenentwicklungen, Tanzübungen und Musik gemacht.

Beispiel für eine Bewegungs- und Stimmübung:

Alle Teilnehmer stehen im Kreis, Thema ist: Finde eine Bewegung und vielleicht auch einen Ton zu "Fürchten und Gruseln".
Einer beginnt - alle anderen machen eine Bewegung nach.

Beispiel für eine Tanzübung und Musik:

Freies Tanzen zur Musik von "Cojaanis Quazi"
Erst tanzt jeder für sich, danach tänzerische Kontaktaufnahme

Beispiel für Szenenentwicklung:

Improvisation zu einem Erlebnisbericht eines Teilnehmers: "Wann habe ich mich gefürchtet?"
Der Erzähler spielt sich selbst in der Situation, die anderen Teilnehmer schauen zu und werden ggfs. sein Mit-

spieler, indem sie in das Szenarium hereingeholt werden.

Verlauf

Bis zur Hälfte des 10wöchigen Projektes lag das Augenmerk stark auf Körperarbeit und szenischer Erarbeitung. Parallel dazu gestaltete sich der Prozeß innerhalb der Gruppe eher beweglich, d.h. die Teilnahme am Probenabend war für die einen eher verbindlich, für die anderen ein fester Bestandteil ihrer Wochenplanung. Da sich nach der fünften Woche ein Stamm von Teilnehmern herausgebildet hatte, der kontinuierlich teilnahm, konnten wir damit beginnen, die von uns entwickelten Szenen häufiger zu proben. Einen Tag vor der Aufführung gestalteten wir, wie geplant, einen ganzen Tag zur Probe und zur Generalprobe, um

- uns und den Teilnehmern genügend Sicherheit zu vermitteln

- dem ganzen Projekt noch einmal ein starkes Gewicht zu geben (Arbeitsbefreiung für die Teilnehmer)

- die Gruppe noch einmal zusammenzuführen und zu stärken

- Gelegenheit zu geben, einen ganzen Tag zum Proben und gemeinsamen Kaffeetrinken und Erzählen zu haben

- sich mit der Dekorationsbühne und den Requisiten vertraut zu machen, die aus zeitlichen Gründen erst zu diesem späten Zeitpunkt zur Verfügung standen.

Präsentation

Die Wahl des zeitlichen Rahmens (10 Wochen - eine Probe pro Woche) erwies sich als günstig, da die Teilnehmer im Vergleich zu dem einwöchigen Projekt im Vorjahr merklich gelassener und konzentrierter vor und während der Präsentation waren.

Entsprechend konnten sie den Beifall intensiv genießen. Dies zeigte sich auch in einer tiefen Zufriedenheit. Die Präsenz der Schauspieler war dieselbe wie in der Generalprobe und wurde durch die Zuschauer noch begünstigt und verstärkt. Die Schauspieler waren trotz der Aufführungssituation in der Lage, Kontakt untereinander zu halten.

Kurzbeschreibung der Szenefolge:

1. Einführung in das Stück, Begrüßung und Beschreibung des Theaterprojektes seitens eines Mitarbeiters

2. Geschichtenerzähler führt in die erste Szene ein (Mitarbeiter)

3. Erste Szene aus dem Märchen (Mitarbeiter und Bewohner)

4. Umbau und "Gang" (Mitarbeiter) "Gang" heißt: Bild, entstanden aus einer Bewegungsimprovisation zum Thema "Ach wenn es mich nur gruselte!"

5. Geschichtenerzähler führt in die zweite Szene ein (Mitarbeiter)

6. Zweite Szene aus dem Märchen (nur Bewohner!)

7. Umbau und "Gang" (Bewohner)

8. Geschichtenerzähler führt in die dritte Szene ein (Mitarbeiter)

9. "Schwimmlehrerszene", entstanden aus einer Improvisation zum Thema Furcht (Mitarbeiter und Bewohner)

10. Umbau und "Gang" (Bewohner und Mitarbeiter)

11. Geschichtenerzähler führt in die vierte Szene ein (Mitarbeiter)

12. "Rattenszene", entstanden aus einer Improvisation zum Thema Furcht (Bewohner und Mitarbeiter)

13. Umbau und "Gang" (Bewohner)

14. Geschichtenerzähler führt in die fünfte Szene ein (Mitarbeiter)

15. "Traumszene" (Bewohner und Mitarbeiter)

16. Umbau und "Gang" (Bewohner)

17. Geschichtenerzähler führt in die sechste Szene ein (Mitarbeiter)

18. "Drachenszene" (Tanz Mitarbeiter und Bewohner)

Die Schauspieler waren durch den erwähnten Kontakt untereinander dazu fähig, nicht allein mit sich und ihrer Rolle zu sein, sondern bei kleinen Pannen, wie "Textaussetzer" oder "Verwechslung von Szenen" sich gegenseitig zu helfen. Trotz relativ kurzer Probezeit verlor kein Schauspieler den Überblick über die Gesamtinszenierung von (immerhin) 18 Einzelsequenzen.

Zur Sicherheit waren dazu hinter der Bühne zwei große Plakate mit dem Gesamtablauf befestigt, die allerdings für die Schauspieler eher nebensächlich waren.

Gemessen an der Reaktion der Zuschauer während und nach der Präsentation war es alles in allem eine gelungene Aufführung.

Folgerungen

Die jeweils für die Schauspieler zuständigen Mitarbeiter aus dem Haus Hebron betonten, daß sie diese noch nie so aufgeschlossen, locker und konzentriert wie bei der Präsentation gesehen hätten. Dies war auch unser Eindruck während der 10wöchigen Theaterarbeit. Für die Schauspieler nahm die wöchentliche Probe einen festen Platz in ihrer Wochenplanung ein und ermöglichte ihnen, etwas Besonders, "Hebron-Unabhängiges" zu tun. Jeder hatte einen festen, wichtigen Platz in der Gruppe, den er sich nicht ständig (wie in Hebron) neu erkämpfen mußte.

Diese Reflexion und die Erahrung, daß das Konzept dieser Arbeit stimmig war, bewies uns, wie wichtig eine kontinuierliche Weiterarbeit mit dem Medium Theater in diesem Bereich, mit diesem Klientel ist.

Rainer Nußbicker, Walter Spratte

Entwurf einer Konzeption für eine Theatergruppe in Hebron

Hintergrund

Ausgehend von der Einschätzung, daß eine hohe Zahl von Bewohnerinnen und Bewohnern ein "hohes dramatisches Bedürfnis" haben, entschlossen wir uns im Frühjahr 1990, eine Theaterwoche ausschließlich mit Hebron-Bewohnerinnen und Bewohnern durchzuführen. Drei Kollegen des "Forum für Kreativität und Kommunikation e.V." und drei Kolleginnen und Kollegen aus Hebron arbeiteten eine Woche mit bis zu 15 Bewohnerinnen und Bewohnern. Am Ende dieser Woche stand die Präsentation der Ergebnisse am Tag der Begegnung in Hebron. Diese Präsentation war ein großartiges Erlebnis für die Beteiligten und die Zuschauer. Die Auswertung dieser Theaterwoche machte uns Mut, diese Arbeit weiterzuführen, vor allem unter dem Gesichtspunkt der erlebten Wirkung auf die Bewohnerinner und Bewohner.

Alles "Theater machen, sich in Szene setzen" wird im Alltag tendenziell negativ sanktioniert ("Spiel Dich nicht so auf" usw.)

Wir wollen *dem oben erwähnten "hohen dramatischen Bedürfnis" einen positiven Traum geben, einen Platz, wo das Ausleben nicht nur möglich ist sondern sogar gewollt*, wo bestimmte Seiten der Persönlichkeit zum Vorteil werden, die sonst eher kritisiert werden.

Inhaltliche Überlegungen

Folgend einige Stichworte, die Möglichkeiten und Erfahrungen spiegeln:

- Ich darf,soll mich oder Teile von mir zeigen, produzieren, ohne dabei Vorteile im Stationsalltag erhaschen zu wollen;

- Ich bin besonders, schöner, wichtiger, angesehener (im wahrsten Sinn des Wortes), habe einen Platz, (um den ich nicht kämpfen muß);

- Ich kann über Rolle(n) eine oder mehrere Seiten meiner Persönlichkeit zeigen (die sonst niemand sieht) oder entwickeln;

- "Mängel" treten zurück, sind natürlich, werden deutlich, können zum Vorteil werden;

- Bewegung und Anmut;

- Ich kann Energien wecken, freisetzen;

- Ich kann glücklich sein;

- Ich kann mich anspannen, entspannen;

- Ich habe Verantwortung in einer Gruppe;

- Wir begegnen uns in anderern Rollen als sonst

Inhaltliche Probleme

Wir versuchen ein Experiment. Wir wollen über einen begrenzten Zeitraum versuchen, etwas von der verdichteten Situation der Theaterwoche in den Alltag zu holen. Vorgesehen ist ein Abend in der Woche, maximal 90 Minuten, zunächst begrenzt auf 10 Wochen. Die Praxis der Theaterwoche, jeweils aus Situationen heraus Szenen zu entwickeln, wird in diesem Rahmen nicht realisierbar sein, wir gehen davon aus, mit einer Vorgabe, z.B. einem Märchen, zu arbeiten.

Auf diesem Wege dürfte es leichter fallen, einen Faden wieder aufzunehmen; gerade, wenn seit dem letzten Termin schon eine Woche vergangen ist.

Trotz (oder wegen) dieses Rahmens gibt es einen Spielraum für aktuelle Bedürftigkeit (heute bin ich Wolf, nächste Woche Rotkäppchen). Innerhalb eines Rahmens bleiben die Figuren variabel. Über die den Märchen innewohnenden "Archetypen" können bestimmte lebensgeschichtlich relevante Problemstellungen deutlich werden, möglicherweise auch anderen Verarbeitungsmustern angeboten werden.

Planung

Beginn: 10. Woche 1991
Ende: 20. Woche 1991

Im Blick auf die Motivation: wiederum Präsentation am Tag der Begegnung, wahrscheinlich 25.5.91. Denkbar ist auch ein Intensiv-Wochenende mit den Teilnehmerinnen und Teilnehmern über Pfingsten.

Teilnehmerzahl: maximal 8 bis 3 Mitarbeiterinnen und Mitarbeitern. Pro Einheit wird mit 9-12 Stunden Aufwand zu rechnen sein, incl. Vor- und Nachbereitung.
Die verantwortliche Leitung liegt bei Diakon Spratte, der eine entsprechende Zusatzausbildung gemacht hat.

Notwendig ist die supervisorische Begleitung dieser Arbeit durch das Forum für Kreativität und Kommunikation e.V., Bereitschaft und Interesse besteht dort.

Hebron, 16.12.1990

Joachim Döninghaus,
Martin Neumann
Forum für Kreativität und Kommunikation e.V. August-Bebel-Str. 173, 4800 Bielefeld

"Wogende Wellen wagen" - Theaterprojekte und Phantasiearbeit in psychiatrischen Institutionen

Vorstellung von Arbeitsweisen und Abschlußaufführungen anhand eines Video-Films und Gesprächsbeiträgen

Das Forum für Kreativität und Kommunikation e.V., Bielefeld, ein Verein zur Förderung und Entwicklung soziokultureller Bildung, Kunst und Kulturarbeit, gestaltet regelmäßig unter der Leitung von Tanz- und Theaterpädagog(innen)en des Vereins u.a. Tanz- und Theaterprojekte mit Bewohner(inne)n und Mitarbeiter(innen)n von psychiatrischen Anstalten sowie Projekte in der gemeindenahen Psychiatrie.

Der Verein, der neben der Arbeit mit physisch und psysisch behinderten Menschen auch mit Senior(inn)en, Jugendlichen und Mitarbeiter/innen aus Jugendhilfeeinrichtungen. Allgemein interessierten und Multiplikatoren tanz-, theaterpädagogisch und künstlerisch arbeitet, will

"Menschen an ihren Orten und in ihren Zusammenhängen ermutigen, sich über sich selbst und mit denen ihnen zur Verfügung stehenden Mitteln authentisch auszudrücken (1. Europ. Kultursym. des Europarates, Rotterdam 1970).

Eckardtsheimer Theaterwochen

Regional bekannt wurden vor allem die "Eckardtsheimer Theaterwochen" mit Bewohner/innen der Von Bodelschwinghen Anstalten Bethel, Bielefeld.

Eckardtsheim, ein Vorort 15 km außerhalb von Bielfeld, ist eine Teilanstalt der Von Bodelschwinghschen Anstalten Bethel. Eckardtsheim beheimatet ca. 2600 Einwohner, davon ca. 1600 psychisch kranke, anfallskranke, mehrfachbehinderte, alte, gefährdete und milieugeschädigte Menschen; von den ca. 1200 Mitarbeiter/innen aus den Sonderkranken-, Pflegehäusern, Wohnheimen oder therapeutischen Werkstätten wohnt etwa jeder vierte am Ort.

Die Anstalt selbst ist in fachbezogene Bereiche aufgeteilt: Allgemeine Psychiatrie und Suchtarbeit, Schwerstbehindertenhilfe, Epilepsie, Geistigbehindertenhilfe, Gerontopsychiatrie und Geriatrie. Soziale Hilfen, Jugendhilfe und Eckardtsheimer Werkstätten.

Angeregt durch ein Pilotprojekt, das im Rahmen des 2. Europ. Theaterfestivals freier Gruppen zusammen mit der italienischen Theatergruppe "Nucleo" aus Bologna durchgeführt wurde ("ein Spiel im Paradies mit den Verrückten" - Neue Westfälische v. 28.6.86), konnten von 1986 vis 1991 insgesamt 17 Projekte mit ca. 400 Teilnehmer/innen und jeweiligen öffentlichen Abschluß-Aufführungen der Projektergebnisse der Tanz- und Theaterarbeit innerhalb und außerhalb der Institution einem interessierten Publikum präsentiert werden. Mehrere Aufführungen fanden in Bielefeld statt.

Ausgangspunkt für die Theaterwochen ist die Idee

- Spielräume für Bewohner(innen) und Mitarbeiter(innen) aus den psychiatrischen Einrichtungen zu schaffen und zu gestalten,

- den kulturellen Rahmen Eckardtsheims zu beleben

- neue Umgangsformen zwischen Bewohner/innen und Mitarbeiter/innen zu entdecken, -multiplikatorisch nutzbar zu machen und in den Alltag zu integrieren

- das Interesse an der Schaffung einer Öffentlichkeit für Menschen in "abgeschlossenen" Einrichtungen zu wecken.

So wurde z.B. im Herbst 1991 im Rahmen des fünfjährigen Bestehens als 17. Projekt Shakespeares Romanze "Der Sturm" mit 13 Bowohner(innen) und 5 Mitarbeiter(innen) in Szene gesetzt.

Wie in allen Projekten basierte auch hier die Arbeitsmethodik auf einer sorgfältigen Körper-, Atem- und Stimmarbeit, die sowohl als Grundlagenarbeit für individuellen und theatralen Ausdruck, als auch zur Selbst- und Gruppenerfahrung genutzt werden konnte.

Im Verlauf der Projektwochen wird jeweils mit der Gruppe ein Thema gesucht, das Bezug zur Situation und eigenen Erfahrungen der Teilnehmer(innen) hat und an dessen Darstellung die gesamte Gruppe Interesse zeigt.

Die Themen der Aufführungen seit 1986 bis heute:
"Wogende Wellen Wagen", 1986, "Die Reise", "Großstadtbekanntschaften", "Reise nach Tunesien und anderswo", 1987, "Karneval der Tiere", "Strandleben", "Der Zauberwald" 1988, "Helgoland", "französischer Tango", "Feuer-Wasser-Erde-Luft", "Kronenklau im Karneval" 1989, "Raststätte Hebron - Das Haus der unbegrenzten Möglichkeiten" Mitarbeiter/innen-Projekt), "100 Jahre Heidegrund" (Mitarbeiter/innen-Projekt), "HerbstRäume" 1990, "Bildergeschichten", "Der Sturm" 1991.

Die gemeinsame Arbeit stellt gleichermaßen Herausforderung und Lernprozeß für alle Beteiligten dar, der Prozeß der Entstehung der jeweiligen Produktion ist - trotz der jeweils anstehenden Premiere - wichtiger als das aufgeführte Ergebnis.

Suchbewegungen nach Themen gehen auf verschiedene Art und Weise multimedial vonstatten: mit verschiedenen

Medien (Tanz, Theater, Geschichten erzählen, Malen, Gesang) werden Ideen in Form von gemalten Bildern, Liedern, Raum-Installationen und szenischen Assoziationen ausprobiert und experimentell umgesetzt.

Imaginations- und Phantasiespiele werden als Hinführung zur Realisation der gewonnenen Ideen benutzt. Mit bestimmten Methoden und Improvisationen verfeinert, kombiniert und verdichtet, setzt die Gruppe das gefundene szenische Material um, inszeniert auf diese Weise unter Anleitung (Regie) eine theatrale und tänzerische Aktion, ein Theaterstück, das dem extremen Publikum präsentiert wird.

Die künstlerischen und theaterpädagogischen Ziele der Eckardtsheimer Theaterwochen sind vielfältig:

- die Erweiterung der Wahrnehmungsfähigkeit,

- das Ermöglichen eines direkten Zugangs zu Empfindungen und Gefühlen, der bei den behinderten Teilnehmer(innen) auf verbaler Ebene häufig schwer möglich ist,

- die Förderung von neuen Ausdrucksformen durch die Arbeit,

- Bewegungsstärkung und -erweiterung sowie Umsetzung von Bewegungsmöglichkeiten und Interaktionsformen im Tanz.

Alltägliche Erfahrungen werden dramatisiert und theatralisch umgesetzt, um neue Räume zu schaffen, in denen Möglichkeiten und Grenzen erfahrbar und erweitert werden.

Die Medien Theater und Tanz bieten hervorragende Möglichkeiten zur Entdeckung und Entfaltung der kreativen Potenz der Mitarbeiter/innen und der psychisch kranken und behinderten Menschen, die Erfahrungen ihrer eigenen Produktivität bisher nur begrenzt erleben konnten: die Umkehrung der Situation des "alles empfangen" (Betreuung, Aufsicht, Sorge), in die Situation des "alles geben", die Situation des Theaters und des leidenschaftlichen Tanzes. Ziel ist dabei, den Teilnehmer/innen durch das Erlebnis der Freude im künstlerischen Schaffen und Darstellen neue Impulse für die Gestaltung des Alltags zu vermitteln.

Den Mitarbeiter(innen) soll über die Projektarbeit auch die Möglichkeit zum Lernen neuer Arbeitsformen gegeben werden. Dabei wird versucht, neue Kommunikationsmöglichkeiten im Umgehen der Mitarbeiter(innen) und Bewohner(innen) miteinander zu schaffen, im Institutionsalltag entstandene Verhaltensmuster transparent zu machen, Erfahrungen über Eignung, Übertragbarkeit und Auswahl von künstlerischen, kreativitätsfördernden Mitteln für die Arbeit im Gruppenalltag zu vermitteln.

Das Publikum, das sich aus Mitbewohner(innen), Mitarbeiter(innen), Kolleg(innen) der Institution sowie Bielefelder Bürger(innen) und Kulturschaffenden zusammensetzt, hat selten die Chance, bisher wohl eher bemitleidete Bürger von ihrer produktiven Seite zu erleben. In diesem Erlebnis kann es die Erfahrung machen, daß psychisch Behinderte ihm einen u.U. verlorengegangenen Teil seiner Kultur zurückgeben können. Die Grenzen zur eigenen "Normalität" sind fließend. Liegt nicht das Gesunde im Kranken, die Stärke in der Schwäche, das Überwältigende in der Zurückhaltung, die Vollkommenheit in der Unvollkommenheit?

In diesem Zusammenhang haben die 17 Tanz- und Theaterwochen in der Teilanstalt Eckardtsheim von 1986 bis 1991 nach 5jähriger Kontinuität einen wertvollen Beitrag geleistet. Für das Leben im Stadtteil und für alle Beteiligten stellt die Projektarbeit eine ausgesprochene künstlerische Bereicherung dar.

Das Bielefelder Stadtblatt kommentiert: Zur Aufführung von Shakespeares Sturm: "Nicht an den Geist oder an die Sinne der ZuschauerInnen haben sich die SchauspielerInnen gewendet, sondern an ihre gesamte Existenz. An die ihrige und an die unsrige. So etwas begegnet man selten im Theater. Es steht zu hoffen, daß die Gruppe, wie geplant, weitermacht und uns ihr Spiel demnächst auch außerhalb von Ekkardsheim vorführt (Nr. 44 v. 24.10.91)."

Tanz- und Theaterarbeit in der gemeindenahen Psychiatrie

In Kooperation mit dem Verein für psycho-soziale Arbeit im Kreis Herford e.V. (Die Klinke) werden Theater- und Tanzprojekte mit Besuchern der Kontakt- und Begegnungsstätte "Klinkentreff", mit ehemaligen Langzeitpatienten und Mitarbeiter/innen aus den im Kreis Herford ansässigen Wohngruppen durchgeführt.

So wurde z.B. im Herbst 1991 ein Projekt mit szenischen Improvisationen zur Entfaltung der Sinne öffentlicher Präsentation der Arbeitsergebnisse in einem Herforder Jugendzentrum vorgestellt. Innerhalb einer Woche hatten die Teilnehmer(innen) die Werkstattaufführung "Von-Sinnen?-Unsinn? Mit Sinnen?" erarbeitet.

Im Vordergrund der konzeptionellen Arbeit für dieses Projekt stand die Überlegung, daß die fünf Sinne im alltäglichen Leben wenig Beachtung finden, obwohl sie Werkzeuge des Menschen sind, sich und die Welt zu ergründen. In der gemeinsamen Projektarbeit werden Spielräume und Erfahrungsfelder zur Sensibilisierung der Sinne geschaffen, damit die Mitwirkenden sich, die Anderen und ihre Umwelt neu wahrnehmen und verstehen, ihre Möglichkeiten erweitern und eigene authentische Ausdrucksmöglichkeiten entwickeln können.

"Die Tätigkeit der Sinne als Teil unseres menschlichen Daseins soll wieder bewußt und erfahrbar werden, ihre Wirkung in der Beziehung zu uns selbst zur menschlichen und dinglichen Mitwelt bewußt gemacht werden (Hugo Kükelhaus)".

Tanz- und theaterpädagogische Methoden und verschiedene Übungen aus dem "Erfahrungsfeld der Sinne" nach Kükelhaus unterstützen den Prozeß, alltägliche Erfahrungen tänzerisch und theatralisch umzusetzen, neue Kommunikationswege mit sich und Anderen zu finden.

Die Projektvorstellung durch die Mitarbeiter des Forums für Kreativität und Kommunikation, die Theaterpädagogen und Schauspieler Joachim Dönighaus und Martin Neumann, führte nach der Vorführung des Videofilms "Wogende Wellen Wagen - Phantasiearbeit in der Psychiatrie") zu einer regen Diskussion. Es entstanden daraus weiterführende Kontakte u.a. zu Mitarbeitern der "Alsterdorfer Anstalten" (Kay Boysen - Musikprojekt "Station 17"), später kam es zu einer Blitzbegegnung mit Micha Eisenbeiss vom "Blaumaier-Atelier". Ein gemeinsamer Austausch über Konzeptionen, Ideen, Organisationsstrukturen, gegenseitige Besuche und eventuelle Zusammenarbeit mit unterschiedlichen medialen Ansätzen sind geplant.

Zur Zukunftsplanung: Festival (nicht-) behinderter Künstlerinnen und Künstler

Das "Forum für Kreativität und Kommunikation e.V," plant und organisiert z.Zt. ein Kulturfestival mit (nicht-)behinderten Künstlerinnen und Künstlern, das im Herbst 1992 in einem zentral gelegenen Bielefelder Theaterhaus stattfinden wird.
Im Vordergrund der Überlegungen steht auch bei diesem Projekt die Idee, aus mehr oder weniger geschlossenen Institutionen in die Öffentlichkeit zu treten, um durch die Darstellung be-

sonderer künstlerischer Ausdrucksformen dieser Personengruppe ihrer Ghettoisierung entgegenzuwirken.

Geplant sind öffentliche Auftritte von (nicht-)behinderten Kulturschaffenden aus den Bereichen Theater, Literatur und Musik sowie Ausstellung, Rauminstallationen, bildender Künstler zur Festival -Thematik: "Von Sinnen - Mit Sinnen". Bereits vor Festival-Beginn, aber auch während des Festivals, sollen medienübergreifende workshops durchgeführt werden, die dem direkten Erfahrungsaustausch dienen und ein Forum für neue Ideen und Impulse schaffen.

Bielefeld, 15.1.1991

„Produktion ist wichtiger als das Produkt"

Gelungene Premiere für „Karneval der Tiere"

6. Eckardtsheimer Theaterwoche endet

Bielefeld-Sennestadt (pf). „Es geht uns nicht um das Produkt. Viel wichtiger ist der Prozeß seiner Entstehung." Das Produkt, die gestrige Premiere von „Karneval der Tiere" nach der Musik von Camille Saint-Saëns, war dennoch überaus gelungen. Grund genug für Martin Neumann, ebenso fröhlich wie optimistisch in die Zukunft zu blicken. Gemeinsam mit Carmen Stehlig und Joachim Döninghaus leitet er die Theaterwoche der Teilanstalt Eckardtsheim im dritten Jahr. Eine Arbeit, so meint er, die jedesmal wieder Herausforderung dar[...] gleichermaßen auch fü[...] [...] emprozeß bringt das auch h[...]

STADTBLATT 44 ■ 24.10.91

Mit farbenfrohen Masken (oben) und phantasievollen Kostümen (unten) feierten geistig und körperlich Behinderte der Teilanstalt Eckardtsheim gemeinsam mit ihren Betreuern einen schwungvollen „Karneval der Tiere". Nach der Musik von Camille Saint-Saëns setzten die Laienschauspieler während der Theaterwoche in Szene, was Vico von Bülow mit deutschen Texten beschrieb. Fotos: Frey

II. Europäisches Theaterfestival in Bielefeld

„Ein Spiel im Paradies mit den Verrückten"

Shakespeares »St[...] [...]ach einer knappen halben S[...] de vorbei. Kurz aber heftig ist er, und donnernd der Applaus. Nicht an den Geist oder an die Sinne der ZuschauerInnen haben sich die SchauspielerInnen gewendet, sondern an ihre gesamte Existenz. An die ihrige und an die unsrige.

So etwas begegnet man selten im Theater. Es steht zu hoffen, daß die Gruppe, wie geplant, weitermacht, und uns ihr Spiel demnächst auch außerhalb von Eckardsheim vorführt.

Chaos im Gleichgewicht

Mit der magischen Imagination des Bei-Sich-Seins brachten Bewohnerinnen von Eckardtsheim Shakespeares »Sturm« in vier Tagen auf die Bühne.

Eckartsheimer auf der Reise zum Mond

„.... so zu lachen, daß die Decke runterfliegt!"

B[...] [...]er Tageblatt **Nr. 30 Neue Westfälische**

Theater: Impulse für das Zusammenleben und -arbeiten

Eckardtsheimer Theaterwoche – Ein Erlebnis für alle

KULTUR

Die siebte Eckardtsheimer Theaterwoche:

Strandleben in Bethel

Am vergangenen Freitag rückten Meeresrauschen und Sandstrand unverhofft in greifbare Nähe: in Bethel wurde mit der Aufführung ‚Strandleben' die siebte Eckardtsheimer Theaterwoche beendet.

Fünf Tage haben BewohnerInnen und MitarbeiterInnen von Eckardtsheim un[...] ter der Leitung der Theaterp[...] Martin Neumann und Joachim [...] haus und der Gastdozentin C[...] Neuhaus an den Szenen für das S[...] ben gearbeitet. Jetzt sind auf dem Pla[...] vor dem Kaufhaus ‚Ophir' wohl 100 Leu[...] te erschienen, um dem Strandpublikum beim Muschelsammeln, Ballspielen, beim Kartenspielen [...]

Über die Entfaltung der Sinne

Eine szenische Improvisation zur Entfaltung der Sinne war das Ziel einer Theateraufführung im Jugendzentrum »Die 9«. Fünf Tage lang hatten psychisch kranke Menschen an der Entstehung der einzelnen Theaterszenen gearbeitet. [...]

ihre produktiven Seite zu erleben. Im Projekt wird mit und theaterpädagogischen Methoden ebenso gearbeite[...] mit Übungen aus dem »Erfahrungsfeld der Sinne«[...]

91

BLAUMEIER

Wer sind wir?
Wie arbeiten wir?
Was wollen wir?

Wer sind wir ?

Im Sommer 1985 setzte sich von der psychiatrischen Langzeitklinik Kloster Blankenburg aus die Blaue Karawane in Bewegung, ein Zusammenschluß von Patienten, Klinikmitarbeitern, neugierig Interessierten und Künstlern. Ihr Ziel war es, über den Besuch mehrerer psychiatrischer Großkrankenhäuser, fünf Jahre nach Veröffentlichung der Psychiatrieenquete, auf weiterhin herrschende Mißstände bundesrepublikanischer Psychiatrieeinrichtungen hinzuweisen und neue politische Anstöße zu deren Beseitigung zu geben. Die beteiligten Künstler an diesem Projekt haben, in gemeinsamer Vorbereitung zusammen mit Patienten und Mitarbeitern der Klinik, zum Thema „Die Bremer Stadtmusikanten", Masken, Bilder, Großfiguren, Geschichten und ein Theaterstück entwickelt. Symbolhaft stand dieses Märchen für die Wiedereinbürgerung der Ausgegrenzten und Ausgebürgerten aus Bremen zurück ins öffentliche Leben ihrer Stadt. Die vielen in den Wochen der Vorbereitung entstandenen Werke und Requisiten haben das Anliegen der Blauen Karawane aufgegriffen. Sie dokumentierten auf eine eindringliche und deutliche Weise die Sprache derjenigen, die jahrzehntelang zum Schweigen verurteilt waren. Sie untermalten öffentlich die zeitgemäße Forderung danach, Anstaltsmauern zu beseitigen und mit der jahrzehntelangen Verwahrung der sogenannten Unheilbaren aufzuhören.

Wieder in Bremen angelangt, am Zielpunkt der Reise, erhob sich die Frage nach der Zukunft dieser künstlerisch orientierten und von ihrem Grundanliegen her psychiatrieübergreifenden Öffentlichkeitsarbeit. Im Mai 1986 gelang es, das Projekt Kunst und Psychiatrie aus der Taufe zu heben. Auf der Grundlage von ABM-Verträgen sind zunächst fünf und nach Ablauf des ersten Jahres weitere zwei Mitarbeiter in den Kunstbereichen Musik, Theater, Malerei, Maskenbau, sowie für Organisations- und Öffentlichkeitsarbeit eingestellt worden. Träger des Projekts war der Senator für Bildung, Wissenschaft und Kunst in Bremen.

Erster Schritt der neu eingestellten Mitarbeiter war es, sich nach Arbeitsräumen umzusehen und sich gemeinsam auf eine inhaltliche Konzeption der zukünftigen Arbeit zu verständigen. Es war an dieser Stelle besonders wertvoll, daß der über die Blaue Karawane aufgenommene Kontakt zu den Patienten und Mitarbeitern aus Blankenburg sowie zu den neu entstandenen Wohngemeinschaften in Bremen nicht abgerissen war. An zwei Nachmittagen der Woche trafen sich alle Beteiligten regelmäßig zum Malen und Theaterspielen, Kaffeetrinken und zum Gespräch. Dieser Kreis war es auch, der während eines Theaterspielnachmittages dem Projekt seinen Namen gab. „Meiertheater", schlug Frau M. vor; nein, nennen wir es „Blaues Meiertheater" oder warum nicht einfach „Blaumeier"? Der Blaumeier wurde gebaut als mächtiges Phantasiegetier aus Pappmaché. Viele erfanden eine persönliche Geschichte zu dieser Figur, und für jeden hatte sie eine andere Bedeutung. Mit großen Schritten eroberte sie sich ihre zukünftige Wohnstätte. In unmittelbarer Nachbarschaft zu Büro- und Wohnbereichen der Initiative zur sozialen Rehabilitation und Vorbeugung psychischer Erkrankungen e. V. entstand, mit einem Startkapital von Aktion Sorgenkind gefördert, aus einer ehemaligen Lagerhalle das Blaumeier-Atelier. Die künstlerische Einrichtung und der Erhalt des Ateliers sind den Spenden verschiedener Behörden und Organisationen zu verdanken. Ein Ort war von nun an geschaffen für alle, die unter der „Idee" des Blaumeier künstlerisch arbeiten

Gemeinschaftsproduktion: Die Bremer Stadtmusikanten auf der „Blauen Karawane", 1985

und sich treffen wollten. Auch nach der endgültigen Auflösung der Klinik Kloster Blankenburg wird das Atelier weiterhin auch von den Menschen besucht, die aus der Klinik heraus heute über Bremen verteilt in Nachfolgeeinrichtungen freier Wohlfahrtsverbände leben.

Unsicher blieb dennoch, wie das Atelier auf Dauer zu finanzieren sei. Im Zuge der Kürzung von ABM-Mitteln wurden im Mai 1988 zwei Verträge gekündigt. Von nun an verstärkte das Projekt mit Erfolg sein Bestreben, auch andere behördliche Träger in ihren Zuständigkeiten, wie z. B. den Senator für Gesundheit sowie den Senator für Jugend und Soziales, in die Arbeit und deren finanzielle Unterstützung miteinzubeziehen. Vorrangig galt es jetzt, sich aus der befristeten ABM-Perspektive zu lösen und für eine dauerhafte Einrichtung zu sorgen. Es stand lange zur Diskussion, ob sich das Atelier in eine neu zu schaffende Tagesstätte für Geistig- und Mehrfachbehinderte und damit in einen festen Betreuungs- und Finanzierungsschlüssel einbinden ließe. Infolge des besonderen, auf Freiwilligkeit und Eigeninitiative beruhenden, sowie auf künstlerische Prozesse hin bezogenen Charakters der Arbeit hat sich diese Idee nicht realisieren lassen.

Vom 15. Juli bis 14. September 1989 gab es nur noch ehrenamtliche Mitarbeiter im Projekt, denn für diesen Zeitraum stand keine ABM-Stelle mehr zur Verfügung. Es gab ein Notprogramm, d. h., das Atelier war nur an zwei Tagen in der Woche geöffnet.
Inzwischen gibt es die Zusage für zwei neue ABM-Stellen und zwei Werkverträge jeweils für die Dauer von einem Jahr.
Am 18. 7. 1989 gründete sich der Verein Projekt Kunst und Psychiatrie, Blaumeier e. V. Dessen Aufgabe ist es, die Inhalte, Ziele und organisatorischen Fragen des Blaumeier-Ateliers unter eigene Regie zu nehmen und in Zusammenarbeit mit den verschiedenen Partnern für die Bereitstellung von festen Stellen unter eigener Trägerschaft zu sorgen.

Wie arbeiten wir ?

Unterschiedliche Angebote finden an jedem Nachmittag der Woche und zum Teil auch an den Abenden statt. Sie sind für alle Teilnehmer freiwillig und kostenlos.
Seit den Anfängen des Ateliers haben Großgruppenveranstaltungen Tradition, die unter dem Titel „Atelier in Aktion" zweimal wöchentlich stattfinden: Nach einer gemeinsamen Aktion zu Beginn des Nachmittags (Musik, Tanz, Spiel) besteht Gelegenheit zum Theaterspiel, Malen, Bildhauern, Maskenbau und Musizieren. Die Großgruppen dienen den Teilenehmern zur Orientierung; sie lernen verschiedene Kunstbereiche im parallelen Angebot kennen und können erste Erfahrungen damit machen. Es gibt Raum zum Erfinden und Nachmachen, Ausprobieren und Falschmachen, zum Mitmachen ebenso wie zum Zuschauen.
Die große Teilnehmerzahl von ca. 40 Pesonen bietet über die gemeinsame künstlerische Arbeit oder auch beim anschließenden Kaffeetrinken die Möglichkeit zu neuen Kontakten.
Aus diesem Schmelztiegel von Phantasien werden regelmäßig wertvolle Ideen und interessante Projekte geboren, an denen sich über die folgenden Wochen die Arbeit orientiert.
Die Arbeit an größeren Projekten ist ein wichtiger Bestandteil des Blaumeier-Ateliers. Ideen werden gesammelt, Anregungen gegeben, langsam kristallisiert sich ein Thema heraus und über die folgenden Monate wird in fast allen Kursen an diesem gemeinsamen Projektthema gearbeitet, dessen Zielsetzung die Veröffentlichung der künstlerischen Produkte ist.
Einige Beispiele für solche Projekte sind die Produktionen „Die Beerdigung der Sardine" (1987), ein Straßenszenario; „Sissi in Nöten", das tragische Ende unserer geliebten Kaiserin (1988); sowie ein Bahnhofspektakel unter dem Titel: „Schwesterchen, was machst Du? Weinst Du oder lachst Du?" (1989); die Organisation und künstlerische Beteiligung am „Karnewalle" '87, '88, '89 und am „Blau-up"-Zelt auf der Breminale '88, sowie interne Veröffentlichungen auf den regelmäßig stattfindenden Blaumeierfesten. Die Besonderheit der Projekte liegt im Zusammenschluß der verschiedenen Kunstbereiche wie Musik, Theater, Maske, Malerei und Rhythmus. Jeder Bereich arbeitet sich langsam an das Thema heran, so daß für alle Teilnehmer des Ateliers die Möglichkeit besteht, sich produktiv an der Projektarbeit zu beteiligen. Die abschließende Veröffentlichung und die damit verbundene Kritik von außen erhöht die Motivation, kontinuierlich dabei zu sein, Verantwortung zu übernehmen und kooperativ zu arbeiten.

Das Blaumeier-Atelier Bremen, Projekt Kunst und Psychiatrie

Lebendige Freude an der Kunst und an den Menschen

"Ein Königreich für eine Karte!" schrieb die TAZ im Juni letzten Jahres und erläuterte die Beliebtheit der ständig ausverkauften Aufführungen des Stücks "Jakobs Krönung" wie folgt: "Das Bremer Kunst- und Psychiatrie-Projekt ist eine Art Erfrischungsbrause unter den Selterswässerchen des übrigen Theaterbetriebs. Mindestens 60 Akteure prickeln mit und entwickeln alle Jahre wieder die irr- und witzigsten Zusammenspielereien von Psychiatriepatienten und (jaja:) sogenannten Normalen, u.a. Sozialarbeitern und Künstlern. Raus kommt immer ein solitäres Theaterereignis, etwas, das man vielleicht eine Seifenblase von innen nennen möchte: ein transparentes Schillerndes, was einen mit hochhebt und bei Berührung kitzelt, das man lacht; dann platzt es schnell, und man muß nach Hause. Wie machen die das?"

Im folgenden nun soll versucht werden, auf diese Fragen viele Antworten zu geben.

Freiraum

Blaumeier steht für die Verwirklichung der Idee, einen Frei- und Spielraum zu schaffen, in dem sich die unterschiedlichsten Menschen treffen und begegnen können. Über die Ausdrucksmöglichkeiten eines breiten Spektrums künstlerischen Schaffens (Theater, Rhythmus, Musik, Maskenbau und- spiel und Malerei) ist es möglich, daß auch die Menschen, die sonst gesellschaftlich ausgegrenzt und institutionell verwahrt werden, hier miteinander eine Form der Kommunikation und des Austausches finden.

Kursangebot

Seit 6 Jahren gibt es nun das Blaumeier-Atelier in einer alten, baufälligen, ehemaligen Werkstatt im Bremer Arbeiterstadtteil Walle, in der Nähe des Überseehafens.

Dort wird ein vielfältiges wöchentliches Kursangebot für ganz verschiedene Menschen mit und ohne Behinderungen angeboten. D.h. es gibt offene Gruppen wie das "Atelier in Aktion", daß sich durch ganz viel buntes, oftmals chaotisches Mitein- und Durcheinander auszeichnet; aber auch ein Hexenkessel der Kreativität sein kann, wenn ca. 40 Menschen in Spiel und Bewegung durcheinanderwirbeln. Und es gibt geschlossenere Kursangebote, wie z.B. eine Maskentheatergruppe, in der sich intensiver mit Inhalten und Ausdrucksformen auseinander gesetzt wird. Die Kurse sind für alle TeilnehmerInnen freiwillig und kostenlos.

Für wen?

Viele TeilnehmerInnen kommen aus Institutionen wie Anstalten, Heimen, betreuten Wohngemeinschaften, Behindertenwerkstätten, Tagesstätten und Tageskliniken, also: der unterschiedlichsten Art. Sie kommen meist einmal die Woche für einen Nachmittag mit ihren BetreuerInnen in kleineren Gruppen ins Atelier. Viele, die nun schon all die Jahre das Atelier besuchen sind ehemalige "Blankenburger". Mit diesen Menschen und der in der Bundesrepublik einzigartigen Auflösung (einer) der Langzeitpsychiatrie Blankenburg bei Oldenburg und der Umsiedlung und Aufteilung auf drei kleinere Einrichtungen ist die Geschichte des Ateliers eng verbunden.

Geschichte und Gegenwart

Die MitarbeiterInnen des Ateliers fanden sich im Frühjahr 1985 zusammen, um mit den PatientInnen u.a. die künstlerische Gestaltung der Blauen Karawane vorzubereiten. Ziel dieses Zusammenschlusses von PatientInnen, KlinikmitarbeiterInnen, Interessierten und KünstlerInnen war es, über den Besuch mehrerer psychiatrischer Großkrankenhäuser, 5 Jahre nach der Psychiatrieenquete, auf die weiterhin herrschenden Mißstände der bundesrepublikanischen Psychiatrieeinrichtungen hinzuweisen und neue politische Anstöße zu deren Beseitigung zu geben.

Nach dieser vierwöchigen Reise würde dann das Blaumeier Atelier gegründet. Seitdem wird beharrlich versucht, das Projekt auch finanziell auf stabile, d.h. institutionelle Füße zu stellen, was trotz des allgemeinen Erfolges und der offiziellen Anerkennung der Arbeit leider nur teilweise gelungen ist. So sind seine MitarbeiterInnen alljährlich wieder abhängig von dem unberechenbaren Segen des ABM-Karussels, immer damit rechnend aus diesem herausgeschleudert zu werden. Ein unhaltbarer Zustand für ein Projekt, welches neben seinem künstlerischen Anspruch auch ein Ort der persönlichen Begegnung ist; die über Jahre gewachsen ist.

Was ist das Besondere an Blaumeier?

1. Es ist das Zusammentreffen von äußerst verschiedenen Menschen, die sich sonst im alltäglichen Leben - auch an der VHS oder im Workshop - nicht begegnen würden:
Kinder (seit dem alljährlich stattfindenden "Karnewalle-Umzug" am Rosenmontag vor zwei Jahren kommt eine Projektgruppe einer Grundschulklasse mit ihrer Lehrerin einmal wöchentlich zum Programm), Erwachsene, alte Menschen (die älteste Teilnehmerin ist 79 Jahre als), "Normierte und Verrückte", Menschen mit Behinderungen der verschiedensten Art, psychisch gekränkte und psychiatrisierte Menschen, Berufstätige (nicht nur aus akademischen und sozialen Berufen), Arbeitslose, StudentInnen, KünstlerInnen, Raucher und NichtraucherInnen. Wer sonst ab- oder ausgegrenzt für sich in der jeweiligen Szene (oder Institution) lebt, trifft hier aufeinander, macht Erfahrung mit dem

Anderen; vermittelt über die gemeinsame Suche nach einem künstlerischen Ausdruck.

2. Wer ins Atelier kommt, ist dadurch nicht verpflichtet, irgendetwas (mit-) zu machen. Nichts verkrampft mehr als der Zwang zur Kreativität.

So versuchen wir MitarbeiterInnen schon, die BesucherInnen zum Mitmachen in den verschiedenen Gruppen zu motivieren, indem z.B. der Malbereich großflächige Papierformate auf Staffeleien und Farben sozusagen "bereit hält". Oder aber, daß die Theatergruppe lautstark um die Teilnahme an einem neuen Stück wirbt. Aber ein deutliches Nein (gestisch oder vokal), oder der Wunsch einfach nur zuzuschauen oder zu rauchen, oder ins über dem Atelier befindliche Cafe Blau zu gehen, wird akzeptiert.

3. Alles, was im Atelier entsteht, gilt als Kunst und wird ohne Unterschiede in der Öffentlichkeit präsentiert. So ist in Ausstellungen nie die Kunst z.B. der "Geistigbehinderten", oder der "Geisteskranken", der "Normalen" oder der "Verrückten" zu sehen, sondern die Kunst von uns allen und das bedeutet, die der TeilnehmerInnen der Atelierkurse und die von ausgebildeten KünstlerInnen. Die Preise für die Bilder orientieren sich an denen des Kunstmarktes.
Vergleichbares gilt für die Theaterproduktionen. Die MitarbeiterInnen des Theaterbereichs (Schauspiel, Regie und Musik) und die TeilnehmerInnen erarbeiten in zahlreichen spielerischen Improvisationen **zusammen** ein Stück zu einem vorher verabredeten Thema.

Dabei interpretieren die AkteurInnen nicht vorgegebene Rollen, sondern das Schau-spiel entwickelt sich entlang der eigenen persönlichen Ausstrahlung und der Spielfreude der MitspielerInnen. So sind die Rollen oft den Einzelnen, und das ganze Spektakel dem Ensemble auf "den Leib" geschneidert.

Theaterspektakel

Neben kleineren Theaterstücken mit 1-6 Personen zeichnete sich das Atelier in den letzten Jahren durch seine großen Theaterprojekte aus, die einmal im Jahr der Öffentlichkeit gezeigt werden. Dabei handelt es sich um Theaterstücke in einem besonderen atmosphärischem Ambiente wie:
"Die Beerdigung der Sardine" (1987). Ein Straßentheater in einem alten Bremer Stadtviertel, inspiriert durch das gleichlautende Bild von Goya.
"Sissi in Nöten" (1988). Einem Kostüm- und Musical-Schmarren aus der K.u.K.-Zeit, aufgeführt in einem großen Bremer Theater.
"Schwesterchen was machst du, weinst du oder lachst du?". In einer theatralen Musikperformance wurde mit einem riesengroßen Koffer spätabends im Sommer 1989 der Bremer Hauptbahnhof be- und erspielt. Ein gigantisches Fest angesichts von 1200 ZuschauerInnen.

"Jakobs-Krönung" (1990 und 1991). In einem Open-Air-Szenario in Form einer königlichen Fregatte am Weserstrand zu Bremen findet eine inszenierte - vorgetäuschte - Schiffahrt zu Ehren der Krönungsfeierlichkeiten von König Jakob statt. Anstatt aber die Zeremonie, wie in den 21 Jahren schon zuvor durchzuführen, kommt es durch eine unbootsmäßige Matrosenmannschaft zur offenen Meuterei und Ermordung der riesigen "aufgeblasenen" Königsfigur. Die Inkarnierung seiner Seele in Form einer kleinen Person mit gleichen maskenhaften Gesichtszügen wie König Jakob wird dann von den Wassermasken und Meeresgestalten vom Schiff auf die Wogen der Weser geleitet.

Zusammenarbeit

Das Besondere an diesen großen Projekten ist, daß dann jeweils der gesamte Kursalltag im Atelier, indem sonst jede(r) beschaulich sich und seine/ihre Ideen ausprobieren kann, aufgebrochen und belebt wird. Die verschiedenen Theatergruppen, die Maskengruppe, die Sambagruppe, der gesamte bildnerische Bereich im Atelier arbeiten dann in ihren Gruppen an dieser einen Produktion. Entsprechend vielfältig und verschieden wie die Gruppen sich das Thema erarbeiten, so bereichernd ist es für das Stück. So war z.B. "Jakobs Krönung" nicht nur einfach ein Theaterstück, sondern ein Gesamtkunstwerk der verschiedenen Künste!

Ja, wie machen die das?

**Notizen zur Erarbeitung
des Theaterspektakels:
"Jakobs Krönung"**

Die Idee

Ein Stück auf einem Schiff, auf der Weser zu spielen. Wir erkundigen uns nach Windjammern, Pontons und Küstenmotorschiffen. Außerdem soll eine riesenhafte Figur gebaut werden.

Erste Improvisationen zu dem Seefahrergenre

Seemannsgeschichten und -Garn werden erzählt und gesponnen. Seemannslieder gesungen und sich dem Matrosengefühl genähert. Körperübungen zum Matrosengang auf ruhiger und stürmischer See, in nüchternem und betrunkenem Zustand.

Die Idee entwickelt sich anhand von Improvisationen und Requisiten zu einer Geschichte

Die Maske eines ältlich dumpf leidenden Kleinbürgers wird zu der Person des Königs erklärt. Aus der kopfgroßen Maske wird eine Vergrößerung angefertigt. Phantasien und Überlegungen, die Großfigur zu bauen werden ausgetauscht. Sie soll während des Stücks auf die Größe des starren Maskenkopfes zusammenschrumpfen. Da der König als Maske über keine Sprache verfügt, die Befehle geben könnte, entsteht die Figur des "Zeremoniemeisters" als Vermittler zwischen Herrschaft und Matrosen. Andreas Meister, der diese Rolle spielen will, denkt dafür an eine giftig grüne Halbmaske, halb Mensch, halb Kröte, die er gebaut hat. So spielt er sich in die Rolle hinein.

Kapitän

Die Figur des Kapitäns verkörpert von Anfang an Oliver Flügge. Es ist einfach seine Rolle, neben Kommissar und Sherrif, die er am liebsten spielt.
Es folgen Improvisationen mit der Matrosenmannschaft (Frauen werden zu Männern) und Kapitän. Thema: Befehle geben, antreten lassen, Parade abnehmen, Deck schrubben. Es stellt sich dabei heraus, daß Oliver Flügge zwar die Kapitänsaura und -gewalt verkörpert, daß aber seine Rolle dramaturgisch wie auch persönlich die Verstärkung eines 1. Offiziers braucht. Schließlich gibt der Kapitän nicht eigenhändig Befehle an seine unteren Chargen. Es wird eine Befehlskette quer durch die ganze Hirarchie des Schiffes ausprobiert.

Rhythmus

Lange Zeit haben wir mit Rhythmuskreisen experimentiert. Die große Trommel gibt den Takt, den Schlag und treibt die Matrosen an. Z.B. zum Gehen: Hintereinander schlurft man "beladen" und matt über's Deck, als wäre an dem einen Bein eine dicke Eisenkugel befestigt; so schleift das Bein hinterher. Lahm und müde nach stundenlanger Arbeit oder freudig erregt, weil es gleich ans Essen fassen geht.

Im Takt der Trommel werden auch die Lieder gesungen. Lange Zeit das unverbesserliche "Wir lagen vor Madagaskar" und andere, bis sich bald das Lied von den Männern, die nur mit Bärten wahre Helden sind, durchsetzt. Nicht vergessen sei auch die schöne "Ballade von den Seeräubern" nach Brecht.

Meuterei

Im ausdauernden, immer kräftiger werdenden Gesang der Mannschaft, die sich im Rhythmus wiegend die Arme ineinander verschränkt hat, kommt es dann eines Tages bei den Proben zu einem empörten aufwiegelnden Aufmarsch gegen die Befehle des Kapitäns und seines Offiziers. Die Matrosen schreiten vereint singend gegen ihre Unterdrücker an. Diese wissen nicht, was ihnen geschieht. So ist es nie gewesen. "Was soll denn das? Das darf doch nicht wahr sein!?" fragt sich der Kapitän entrüstet. Und um die eigene Autorität zu wahren, weichen die beiden erst nur ein wenig zurück.

Der 1. Offizier versteckt sich hinter dem kleineren Kapitän. Der hat selber Angst und will sich nun wiederum hinter diesem verstecken. Er kreuzt sogar die Zeigefinger gegen die revoltierende Masse, als hätte er es mit Vampiren zu tun, die durch das christliche Kreuz zu bannen sind. Dann aber kommen die Matrosen doch beängstigend näher und die beiden nehmen ihre Beine in die Hände.

Matrosenmannschaft

Der Dienst der Matrosen besteht zu Beginn des Stücks aus Anker lichten, Segel setzen und die Leinen los machen. Im Atelier wird das "trocken", d.h. ohne Requisiten geprobt. Später ist am Weserstand ja ein(e) "richtig(s)" Schiff(attrappe) aufgebaut! Dabei ist meist der Zeremonienmeister, der für den reibungslosen Ablauf der Krönungszeremonie verantwortlich ist und dementsprechend den Kapitän antreibt, der dadurch nach und nach forscher und durchsetzungsfähiger seine Rolle erfüllt.

Aber trotz überzeugender spielerischer Autorität der Offiziere und der RegisseurInnen zeigt sich sehr bald, daß man von den MitspielerInnen keine Exaktheit, kein Durchhalten einer Tätigkeit und keine Disziplin erwarten kann. Die Offiziere werden immer energischer und verbissener, während die Matrosen weiter schwierig und "antriebslos" in der Gegend herumstehen, reden, sich eine Zigarette drehen oder mit dem Nachbarn herumalbern. Sie sind nicht anzuleiten, die Rolle gehorsamer, eifrig belissener Matrosen zu spielen. Ihr Bild vom Matrosen, das sie ausfüllen wollen, ist anders.

Sie finden sich als Gruppe zusammen, was deutlich wird durch ihre Mützen und Joppen. Mühsam versucht der Kapitän sie in einer Reihe zum Appell antreten zu lassen. Aber schon diese Reihe wird während der Proben, und auch später bei den Aufführungen, nie eine Linie sein und nie werden alle Hände vorschriftsmäßig an der Stirn zum Gruße des vorbei defilierenden Königs sein. Es ist ein bunter Haufen von äußerst verschiedenen Charakteren, die wir dramaturgisch schwerlich hätten erfinden, noch einzustudieren können.

Foto: (c) Argus Fotoagentur, Hamburg

Schrubberballett

Entwickelt hat sich diese Szene ganz am Anfang der Improvisationen aus dem Spiel "Ochs am Berg" und aus der Überlegung heraus, den Matrosen ein Requisit in die Hand zu geben. Uns fiel der Schrubber ein. Es folgte ein überaus spannendes und lustiges Ausprobieren dieses Gegenstandes. Mit und ohne Rhythmus und im Gesang unseres Männerliedes, bis sich langsam eine Choreographie herausbildete. Dieser "wilde Haufen" bot immer wieder ein schönes und überraschendes Bild: Einerseits diejenigen, die immer ernsthafter und engagierter versuchten, die Anforderungen des "Balletts" zu erfüllen, und die damit derjenige Teil des Ensembles waren, die dieser Szene später ihre erkennbare Struktur gaben. Währenddessen die anderen wiederum rebellierten, d.h. sich entweder weigerten, keine Lust hatten oder aber gar nicht verstanden hatten, um was es ging und was von ihnen erwartet wurde. Denn lange Zeit während der Proben handelte es sich ja nicht um eine feste Gruppe, sondern wöchentlich fehlten diese, oder jene kamen hinzu. Jeder war willkommen und wurde eingereiht. Mütze auf und ab.

Proben

Unvergeßlich sind die Probennachmittage auf einem an das Atelier angerenzenden großen Parkplatz. Die Umrisse der Bühne (Vorderdeck, Mittelsteg, Hinterdeck) wurden mit Latten angedeutet und solcherart angedeutet waren auch oft die Proben der einzelnen Szenen. Es war ein chaotisches und meist lausiges Spiel! Aber doch irgendwie immer gut, wenn wir Spielleiter nicht verbissen auf Wiederholbarkeit und schauspielerische Disziplin pochten, sondern uns den Spaß an eben diesem Drucheinander bewahrten.

Worauf es ankam, war, sich immer wieder auf die Spiellust der MitspielerInnen einzulassen und wach zu sein für neue gute Einfälle und diese aufzugreifen, um sie in das Stück mit einzubauen. Besonders wichtig für neue Spielanregungen und der Vertiefung des schon erarbeiteten waren die MitarbeiterInnen, die eingereiht Teil der Mannschaft waren. Durch ihr konsequentes Spiel und ihre durchgehaltenen Rollen sorgten sie für eine Konstanz und Dichte und eine überspringende Spiellust. Und auch für eine fordernde Rollenerwartung: Durch ihr Spiel und in ihrer Rolle konnten sie jeweils abschweifende, "aussteigende" DarstellerInnen wieder miteinbeziehen und weitermotivieren. Ohne Hilfe aus dem Spiel heraus hätte jegliche Regie kaum eine Chance, ein Stück zu entwickeln.

Abgesang

Unauslöschlich ist dann letztendlich die Erinnerung an die riesige Staubwolke, die bei gutem Wetter durch die unermüdlichen Matrosen beim Schrubberballett aufgewirbelt wurde! Wie sonst der Holzfußboden im Atelier, wurde nun der Schotterparkplatz intensivst behandelt: Deckenschrubben! Oder aber die vielen verregneten Proben im Mai/Juni 1991. Erst sah es so aus, als würde sich das Wetter für die Proben draußen halten, aber mittendrin platzte der Regen dann doch los. Und die Probenzeit war schon so kanpp, und dies einer der letzten Termine. So wurde dann weitergespielt, unbarmherzig aber voller Ausdauer und Durchhaltelust seitens der Mannschaft. Mitten im Platzregen mußten sich die Schirmmützen und Matrosen joppen bewähren. Das waren keine Proben, das was das pure Leben. Aber der Spaß blieb.

Text: Micha Eisenbeiss (1. Offizier)

Zur Aufführung beim Kongreß:

Frau Klosterkötter-Prisor hatte das Bremer Blaumeier-Atelier, Projekt Kunst und Psychiatrie, eingeladen auf dem Symposium seine Arbeit vorzustellen.

Ihr und uns wäre es am liebsten gewesen, mit einer kleinen Truppe anzureisen und ein Theater-, Musik-, oder Maskenstück (Performance) aufzuführen. Das Besondere der Gesamtkunstwerkspektakel die das Blaumeier Atelier seit 1987 einmal jährlich der Öffentlichkeit präsentiert, erschließt sich am schönsten durch die sinnliche Erfahrung des Mit-dabei-seins.

Diese Produktionen haben nun aber zwei Nachteile: Wegen der vielen MitspielerInnen und der Gebundenheit an bestimmte Spielorte kann man mit ihnen nicht auf Gastspielreise gehen. So war es auch bitter, daß die vier anderen im Atelier entstandenen kleineren Theaterproduktionen aus verschiedenen Gründen sozusagen "vom Spielplan" genommen worden sind.

Für den Anlaß dieses Symposiums nun verständigten wir uns darauf, das Projekt im Rahmen eines erzählenden Vortrages vorzustellen. Dazu hatten Thomas von Stuckradt und ich eine Auswahl von Bildern und Masken von 10 KünstlerInnen, die regelmäßig im Ateliert arbeiten, mitgebracht. Diese legten wir zu Beginn auf den Boden des Raumes zu einer kleinen Ausstellung aus. Die geringe Rezeption und Resonanz darauf erklärten wir uns später mit dem Wunsch der ZuhörerInnen praktische Erfahrungen zu hören und auszutauschen und der Anwesenheit von Theaterpädagogen und nicht bildnerische KünstlerInnen.

Nach einführenden Erzählungen über die besonderen Bedingungen der Entstehung des Ateliers und seinen Kursalltag, beschrieben wir unsere Arbeitsweise exemplarisch an der letzten Produktion "Jakobs Krönung". Dazu zeigten wir abschließend Dias von der Probenarbeit und einen zehnminütigen Fernsehbeitrag über das Stück. Letzterer wirkte auf die Mehrheit der Anwesenden sehr erheiternd und sie sparten nicht mit Anerkennung.

Im anschließenden gemeinsamen Gespräch wurde als ein wichtiger Punkt die Frage nach der Theorie und nach einer Konzeption für die Arbeitsweise des Blaumeiers-Ateliers laut.

Unsere Schilderungen waren mehr die von Praktikern, die voller Enthusiasmus von ihrer Arbeit erzählten, und weniger die von Außenstehenden, die über diese Arbeitsform im Spannungsbereich zwischen Kunst und Sozialarbeit reflektierten. Nach 6 Jahren des "Machens" treten wir erst jetzt wieder ein in eine Phase der theoretischen Reflexion. Dabei muß sich unsere ursprüngliche Konzeption und unsere Ansprüche über unsere Arbeit an der Praxis der vergangenen Jahre messen und überprüfen lassen. Wir müssen neu beschreibend unseren Ansatz richtig stellen und lernen, die Brüche und Widersprüche in unserer Arbeit aufzudecken. So lautete die berechtigte Kritik einer Teilnehmerin.

Wird es nun also möglich sein, unsere Arbeit so theoretisch konzeptionell zu verbreitern, wie viele gefordert haben, oder ist die Skepsis eines Anwesenden berechtigt, der meinte, das die Flamme unserer Idee und unseres Tuns sich nicht in ein Konzept, einer Anleitung zum Nach-machen, pressen lasse. 'Man könne sich nur anstecken lassen vom Feuer dieser züngelnden Idee.'"

Initiative...
zur
sozialenRehabilitation und Vorbeugung
psychischer Erkrankungen e.V.
Vegesacker Str. 174 · 2800 Bremen 1
Telefon: 04 21 / 396 37 37

DAS BLAUE HAUS e.v.

BLAUES HAUS e.V., Waller Ring 111
2800 Bremen 1, Tel.: 0421 / 39 59 76

WIR LADEN EIN

zum 3-Tage-Festival "BLAU IST DIE FARBE..."

Freitag, den 28. August bis Sonntag, den 30. August 1992

in unsere kleine "Zirkusstadt" im Waller Park in Bremen,

weil die "INITIATIVE...e.V." 10 Jahre alt wird,

weil die "BLAUE KARAWANE" vor der Trockenzeit weiterziehen muß,

weil wir ein Signal gegen die Diskriminierung von stigmatisierten
Bevölkerungsgruppen setzen wollen.

Alle, die mit uns feiern,sich informieren, uns kennenlernen,
sich auseinandersetzen und uns unterstützen wollen oder einfach nur
neugierig sind, weil sie unser Veranstaltungsprogramm toll finden,
sind herzlich willkommen.

Auf unserem Fest sollen die Sinne, Geist, Seele und Leib durch
unterschiedliche Darbietungen, lukullische Genüsse und einiges mehr
angeregt und in Wallung versetzt werden.

Das Festprogramm und nähere Informationen befinden sich anbei.

Zwecks effektiver Vorplanung bitten wir um Rücksendung der beigefügten
Anmeldungen bis zum 20. August 1992.

Wir freuen uns auf ein zahlreiches Erscheinen und übermitteln bis dahin

Herzliche Grüße.

FESTIVAL – PROGRAMM
"BLAU IST DIE FARBE..."
Freitag, 28. 8. 1992

10.00	**Begrüßung**
10.30	"INITIATIVE...e.V." - gestern und heute –Talkrunden mit journalistischer Moderation–
13.00	Mittagessen / **Film:** "BLAUE KARAWANE"
14.00	"INITIATIVE...e.V." mit Zukunft?! – Neue Konzepte, neue Ziele –
16.00	Kaffee und Kuchen
17.00	**Theater Metronom** "DER KÖNIG DER VERLORENEN WORTE" – Ein Theaterstück für Kinder und Erwachsene –

Eintritt: Erwachsene   8,- DM
Kinder + ermäßigt   4,- DM
        Ermäßigter Gruppenpreis ab
        10 Pers. auf Anfrage im Vorverkauf
        möglich!

18.00	Abendessen / **Film:** "BLAUMEIER"
20.00	**Blaumeier - Atelier** "DAS UNGLAUBLICHE VERSCHWINDEN DES MUSEUMSWÄRTERS HERBERT K. AUS B." – Eine phantastische Kriminalkomödie mit Maskentheater und Musik –

Eintritt: 20,- DM
        ermäßigt 15,- DM
        Ermäßigter Gruppenpreis ab
        10 Pers. auf Anfrage im Vorverkauf
        möglich!

21.00	"INITIATIVENATMOSPHÄRE MIT OPEN END" inklusive kaltem Büffet und der Band **"FLAX + SCHMALZ"**

Samstag, 29. 8. 1992

9.00	Frühstück
10.30	"DAS BLAUE HAUS" (Rainer Nathow) // "DIE BLAUE KARAWANE" (Klaus Praman)

Parallelveranstaltungen um 10.30 Uhr:
1. **FrauenZimmer**
        - Frauengerechte Lebensräume für
        psychiatrisierte und von
        Psychiatrisierung bedrohte Frauen.
        NUR FÜR FRAUEN !
2. **Fußball** – Jubiläumsturnier von
"ASTON WALLE 91"
        - Mit Gastmannschaften aus
        Wehnen, Bremerhaven und
        Bremen-Ost; auf der Bezirks-
        sportanlage Findorff, Nürnberger
        Straße

11.00	**Blauer Dunstkreis** um die Karawane – Moderierte Gesprächsrunde mit Special Guests und Interessenten –
13.00	Mittagessen
14.00	**Filme:** "Blaue Karawane" "Blaumeier" "Wie ernähre ich mich von Müll?"

16.00	**LEX VAN SOMEREN**, der mystische Clown Performance für Erwachsene und Kinder

Eintritt: Erwachsene 20,- DM
        ermäßigt   15,- DM
        Kinder   10,- DM
        Ermäßigter Gruppenpreis ab
        10 Pers. auf Anfrage im Vorverkauf
        möglich!

18.00	Abendessen
19.30	FETE mit: **THÉATRE DU PAIN** BAUCHTANZ **KATRIN UND DIE QUIETSCHBOYS** -die verrückteste Rock'n-Roll-Band der Welt -

Eintritt: Erwachsene 20,- DM
        ermäßigt   15,- DM
        Ermäßigter Gruppenpreis ab
        10 Pers. auf Anfrage im Vorverkauf
        möglich!

Sonntag, 30. 8. 1992

9.30	**Der Blaue Dunstkreis frühstückt ...**

- Fortsetzung der Gesprächsrunde vom Vortag
- VOICE-BOX singt a capella

                ...und lichtet sich

Parallelveranstaltung um 10.00 Uhr:

Workshop mit "LEX VAN SOMEREN"
-Anmeldung wegen begrenzter TeilnehmerInnenzahl erforderlich!

ca. 12.30	**Abschluß:**	"Blau ist die Farbe..."

Hanswerner Kruse:

Darstellendes Spiel und Video

*Als Birgit "Dem Bösen"
die Hand abschlagen
sollte und weinen mußte.*

Medienarbeit mit geistigbehinderten Erwachsenen im Grenzbereich von Darstellendem Spiel und Video

1. Peter starrt entsetzt in die Runde, zittert am ganzen Körper, leckt seine bereits blutende Hand. Bedrohlich haben sich fünf unheimliche Gestalten hinter ihm versammelt: Hannelore blickt finster unter ihrem schwarzen breitkrempigen Hut hervor, Liliane knufft ihm grob die Boxhandschuhe in die Oberarme, Reiner wetzt furchteinflößend seinen Riesenlöffel, Klaus-Richard fingert nervös mit der gesunden Hand an seinem Armstumpfloch. Die Spannung ist auf dem Höhepunkt, als die martialisch mit schwerem Ledermantel und Schutzbrille verkleidete Birgit ihm, "dem Bösen" Peter, die Hand abhacken soll.

2. Eine kleine Momentaufnahme aus der seit Anfang 1991 laufenden Videogruppe, die alle drei bis vier Wochen stattfindet. Etwa 12 bis 15 erwachsene, geistigbehinderte Menschen treffen sich regelmäßig mit einem Betreuer der "Lebenshilfe" und mir, dem freien Mitarbeiter der von der Stadt Frankfurt unterstützten`Medienwerkstatt Frankfurt´. Gemeinsam versuchen wir herauszufinden, welche Möglichkeiten das Darstellende Spiel vor und mit der Videokamera bietet. Dabei bringe ich meine Erfahrungen aus der Medienarbeit mit Heimkindern- und Jugendlichen, aus der Bildungsarbeit mit Erwachsenen sowie aus eigener künstlerischer Tätigkeit im Bereich Performance/Darstellendes Spiel ein. Diese Aktivitäten schmiegen sich eng an die allgemeinen Ziele der Freizeitgruppen der "Lebenshilfe" Frankfurt - allerdings ist es zum ersten Mal wieder ein Projekt, das sich über einen längeren Zeitraum hinweg mit einem Thema befaßt.

Auch in dieser Gruppe soll zur sinnvollen Freizeitgestaltung angeregt werden. Aber es wird keine sauertöpfige Medienpädagogik betrieben, die den Behinderten das Fernsehgucken verleiden will. Im Gegenteil! Durch das Aufgreifen und die Selbstgestaltung der spannensten und unterhaltenstens Momente des Fernsehens soll das vorherrschende passivische Verhältnis zu diesem Medium in ein aktivisches verwandelt werden. Darüberhinaus sollen nicht-sprachliche Darstellungs- und Ausdrucksmöglichkeiten der Behinderten entwickelt und gefördert werden (siehe unten). Aber tauchen wir zunächst noch ein Wenig in die oben beschriebene Szene ein.

3. Wie jeder Nachmittag beginnt auch dieser mit einem gemeinsamen Kaffeetrinken und dem Betrachten der Produktionen des vorausgegangenen Treffens. Beim letzten Mal hatten drei Mitspieler ihre Lieblingscassetten mitgebracht und lustig und lebensfroh ihre Stars imitiert ("Play-black"). In selbst ausgesuchten Verkleidungen nutzten sie Frühförderinventar und Orffsches Instrumentarium der "Lebenshilfe" sowie Requisiten aus meinen prall mit Perücken, seltsamen Gegenständen und anderem gefüllten "Zauberkoffer".

Schon während dieses gemütlichen Anknüpfungsrituals kramen einige der aktivsten Mitspieler der Gruppe in meinem Koffer herum und inszenierten spontan kleinere Dramen mit Arm und Hand einer Schaufensterpuppe. Daraus entwickelte sich dann die grundlegende Idee für den heute gedrehten Kurz-Krimi.
Vage besprechen wir einen Rahmen und den Handlungsablauf, der sich aus den Anregungen und meinen Ideen bzw. den des Betreuers ergeben. Wir teilen die Gruppe - während die einen bereits mit mir die nahenden "Rächer" beim Fahrstuhl und im Flur drehen, präpariert der Betreuer die andere Szene im Gruppenraum: "der Böse" inmitten der von ihm beherrschten "Mensch-Ärgere-Dich-Nicht" - Spiel-Runde.

Es gibt etwas Ärger mit dem Hausmeister, an dem einige Male der mit den "Rächern" vollbesetzte Fahrstuhl vorbeifährt und der schließlich hinter ihnen her in die Räume der "Lebenshilfe" und in die laufende Video-Kamera stapft. Als es nun endlich zur großen Konfrontation kommen muß (wir sind jetzt wieder in der oben beschriebenen Szene, als die "Rächer" dem "Bösen" die gestohlene Hand abjagen sollen), gerät alles ein wenig ins Stocken. "Rächerin" Birgit muß weinen, ist so überwältigt von der Bedrohlichkeit der durch sie mit inszenierten Situationen (die unterstützt wird durch die im Hintergrund dumpf dröhnende Musik, der Marmelade auf der zitternden Puppenhand, dem entsetzten Stöhnen des personifizierten "Bösen") daß sie erst einmal ein klein wenig Distanz braucht.
Nach kurzer Absprache übernimmt Hannelore ihren Part. Im Film löst sich diese Spannung für den möglicherweise ebenso wie die Spielerin Birgit überwältigten Zuschauer dadurch, daß "Der Böse" seine echte Hand aus dem Ärmel fummelt und satanisch lachend die nächsten Opfer seiner grausamen Späße ausguckt.

4. Bis zu dieser Szene mußten die "Rächer" - erfahrbare Spieler, die schon einige Male in der Gruppe waren - nach ihren ersten Dreharbeiten gut eine Stunde auf ihren weiteren Auftritt warten und den anderen zusehen. Die von ihnen gezeigte Ausdauer, Geduld und Konzentration sind sicher darauf zurückzuführen, daß das Spiel vor der Kamera seinen Sinn bereits in sich selbst hat - es schon bei den Dreharbeiten viel zu fürchten, zu lachen, falsch zu machen oder zu streiten gibt. Hier halten auch die zurückhaltenderen Spieler Nebenrollen aus, akzeptieren, daß andere größere Rollen haben oder mehr im Vordergrund stehen:

"Sie können ohne Neid die Sachen der anderen bewundern" formulierte es einmal eine Betreuerin.

Die Vorführungen am Ende einer jeden Gruppenstunde im TV speichern und verdichten gleichsam noch einmal Lust und Anstrengung aller Beteiligten - und ermöglichen in der darauffolgenden Einheit das motivierende Wiederanknüpfen an bisherige Erfahrungen. Beide allgemeinen Aspekte von Film, Dokumentation und Illusion, können von den Mitgliedern der Gruppe kurz- als auch langfristig erfahren werden.

In der bisherigen Arbeit ist deutlich geworden, daß die Verknüpfung Darstellendes Spiel/Video über die Unterhaltung hinaus eine Vielzahl von Lernmöglichkeiten bietet: Momente des Sozialen Lernes wie Kooperation, Rücksichtnahme oder Toleranz werden ebenso gefördert wie das emotional entlastende Ausdrücken diffuser Ängste oder die subjekthafte Selbstdarstellung - in spannender und lustvoller Form ohne das spielerische Vorgehen zu funktionalisieren oder zu überfrachten.

5.Die Filmzsenen werden direkt hintereinander gedreht. ("Kameraschnitt") - der in das Bild tapernde Hausmeister ist dabei natürlich auch mit "drin wie das unfreiwillig vom "Bösen" verkippte Requisitenbier. Ebenso kommt keine Sprache vor. In einem großen Kassettenkoffer findet sich immer eine die Filmstimmung unterstützende Musik, die auch bei der Schlußbetrachtung der Werke seperat vom Kassettenrecorder abgespielt wird. Der Aufwand bei den Aufnahmen hält sich also in Grenzen: Ton kann völlig, Licht ein wenig vernachlässigt werden. Das führt einerseits zwar immer wieder zu kleineren Fehlern (die allerdings für eine öffentlich Vorführung technisch noch ein wenig manipuliert werden können), ermöglicht aber andererseits die oben skizzierten schnellen Erfolgserlebnisse und die Durchschaubarkeit des Produkts. Den Spielerinnen und Spielern sind offenbar immer Technik und Illusionscharakter Ihres Werkes deutlich.

Hier werden nun Chancen von Bildungsarbeit deutlich, die meines Erachtens in der außerschulischen Medienarbeit bisher viel zu wenig bedacht werden. Die Verknüpfung von Darstellendem Spiel und Video lassen - wie oben ansatzweise gezeigt wurde - wechselweise eine Bereicherung der Gestaltungsmöglichkeiten der jeweiligen Medien zu. Wie häufig üblich muß keine Auflösung in eine Richtung betieben werden, hier die Dokumentation von Theaterspiel, dort die Reduktion auf die technische Faszination von Video.

Ebenso muß das Spannungsfeld von Therapie bzw. Pädagogik und technischem Anspruch nicht zugunsten der einen oder anderen Seite gelöst werden, denn diese Medienarbeit soll die Selbstdarstellung der Spielenden entsprechend ihren Fähigkeiten und Ressourcen ermöglichen. Dabei ist die Orientierung am technischen Perfektionismus des Fernsehens oder an den aufwendig-artifiziellen Videoclips von Werbung oder Musikbranche abzulehen. Auch wenn das den herrschenden Wahrnehmungsgewohnheiten zu widersprechen scheint, plädiere ich für einen **spannungsreichen Dilletantismus** - nicht nur in der Medienarbeit mit geistigbehinderten Menschen. Das schließt natürlich nicht die Forderung aus, daß die Produkte auch über den engsten Fankreis von Verwandten, Freunden oder Betreuernm hinaus ansehbar sein müssen. Allerdings setzt das nun ein Minimum an dramaturgischer Gestaltung und die Vermeidung der gröbsten technischen bzw. anderer Fehler voraus.

6. Kehren wir ein letztes Mal zur Bedrohlichkeit der anfangs beschriebenen Szene zurück. Natürlich bin ich berührt von Birgits Überwältigung und beim Schreiben dieser Zeilen kommen mir Cocteaus Worte in den Sinn, die er nach den Dreharbeiten von "Orphee" über die Techniker schrieb: "Diese Menschen repräsentieren die wunderbare Unschuld, die ich zu verlieren begann!"

Aber ich bin trotz pädagogischer Verantwortung, fachlichem Wissen und theoretischer Beschäftigung mit der Thematik immer wieder selbst angesteckt von der ungeheuren Spielfreude, Phantasie und guten Laune der geistigbehinderten Menschen. Einen nicht unerheblichen Anteil daran haben sicher die vielen schon erwähnten kleinen absonderlichen Gegenstände (Gummifische, Schaufensterpuppenteilen, usw.), genügend Perücken, Bärte, Masken, Hüte und andere Verkleidungsutensilien: Sie werfen den Spielern Liebesblicke zu und fordern gleichsam von selbst dazu auf, die

Dinge zum Sprechen zu bringen. Auch hier war in den Reaktionen kein Unterschied zwischen geistigbehinderten und anderen Spielern zu sehen.

Ich denke, daß die bisherige Arbeit gezeigt hat, inwieweit es möglich ist, gemeinsam mit geistigbehinderten Menschen einen partiellen Spielraum jenseits ihrer gesellschaftlichen Realität von Ausgrenzung, Ignoranz und Spott zu erobern. In ihm ist es denkbar, sich einander relativ herrschaftsfrei zu begegnen, sich miteinander anzustrengen und gemeinsam ein bißchen zu wachsen. Dabei müssen die Behinderten nicht vorschnell und eindeutig zu Objekten behinderten- oder medienpädagogischer Maßnahmen gemacht werden. Die Ansprüche, die 1990 im Grundsatzprogramm der Lebenshilfe (S. 14) zur Förderung kreativer Ausdrucksformen geistigbehinderter Menschen formuliert wurden, lassen sich daraus verwirklichen:

• "Kreatives Gestalten hat im Leben vieler Menschen mit geistiger Behinderung einen großen Stellenwert: Unabhängig vom Sprachvermögen eröffnen sich hier häufig noch zu wenig genutzte Ausdrucks- und Verständigungsmöglichkeiten. Zwar sind geistig behinderte Menschen - wie andere auch - unterschiedlich begabt, doch verfügen viele von ihnen über eine ausgeprägte künstlerische Ausdruckskraft. Ihnen gelingen oft Ergebnisse von erstaunlicher Intensität.

• Als Ausdruck der eigenen Persönlichkeit hat kreatives Gestalten seinen Wert in sich. Es fördert Erkennen und Lernen, hilft Stimmungen, Wünsche oder Meinungen mitzuteilen, Erlebnisse zu verarbeiten, mit anderen Menschen in Kontakt zu treten und Anerkennung zu erhalten, auch in einer größeren Öffentlichkeit.

- Der Bedeutung kreativen Schaffens entspricht bei weitem noch nicht der Platz, der ihm im Alltag geistig behinderter Menschen, besonders im Erwachsenenalter, eingeräumt wird. Auch in diesem Bereich brauchen sie viel Anregung, Übung und Begleitung am besten von Menschen mit künstlerischer Ausbildung."

(Überarbeitung eines Textes für die Festschrift zum 30. Jahrestag der Lebenshilfe, Frankfurt)

Arbeitsfeld 2:

Knast

Achim Mensing

Theater- und Körperarbeit in der Untersuchungshaft

Kreative Gruppenarbeit in der Justizvollzugsanstalt Wuppertal

*"Je mehr Verordnungen und Gesetze
man erläßt, um so mehr
Diebe und Räuber gibt es"*
(Laotse, 500 v.Chr.)

Wenn es in erster Linie um den Körperausdruck und weniger um die gesprochene Sprache geht, gibt es vom Bildungsstand der Teilnehmer keine Barrieren; ebenso können Teilnehmer zusammenspielen, die aus unterschiedlichen Kulturkreisen stammen und sich verbal möglicherweise kaum verstehen.
Die einzigen Voraussetzungen, die jemand zum Theaterspielen mitbringen muß, sind Interesse zur Auseinandersetzung mit anderen und Lust und Mut, etwas von sich auszudrücken. Ich denke, jeder Mensch kann das.

Theaterspielen ist eine besonders große Herausforderung: Das Subjekt, der Schauspieler, und das Objekt, die Rollenfigur, stecken in einer Person. Der "Privatperson" bleibt nichts anderes übrig, als sich mit den "erlebten" Gefühlen und Empfindungen, die sie als Rollenfigur erfahren hat, auseinanderzusetzen. Subjekt und Objekt sind äußerlich nicht voneinander zu trennen.

Theaterspielen braucht Mut zum Experimentieren, Mut zum Albern, Mut zum Spielen, Mut zum eigenen Kindsein. Es braucht Mut zu den eigenen Gefühlen und Empfindungen zu stehen, wie immer sie auch sein mögen. Sie sind als Teil des Körperausdrucks eine wichtige Substanz für den individuellen Ausdruck der Rollenfigur.

Jeder Mensch verfügt über ein sehr persönliches Ausdrucksrepertoire. Mit diesem Ausdrucksrepertoire tritt er seiner Umwelt sicher, unsicher, arrogant, stolz, freundlich, wütend, mitfühlend, schüchtern, gleichgültig, desinteressiert, zuvorkommend usw. gegenüber. Diesen jeweiligen Ausdruck vermittelt er nach außen an seine Mitmenschen. Dabei muß ihm das nicht bewußt sein, und er braucht es auch nicht zu sagen. er vermittelt es durch seinen Gang, seine Gestik und den Tonfall seiner Stimme.

Hintergründe

In den Gruppen "Spontanes Theater" und Erfahrungen mit kreativen Medien" geht es in erster Linie um eine **ganzheitliche Weiterbildung** der Teilnehmer, unter besonderer Berücksichtigung des affektiv-emotionalen Bereiches. In der Arbeit wird das Zusammenwirken von Körper, Seele und Geist im Ausdruck der Teilnehmer angestrebt.

Im Strafvollzug werden die Bedingungen mitmenschlichen Zusammenlebens weitgehend unterdrückt. Folgende Punkte spielen eine besondere Rolle:

- Bedingungen einer "totalen Institution" (Goffman) auf der gesellschaftlichen Ebene und

- das Vorherrschen einer traditionellen Männerrolle aus der individuellen Lebensgeschichte des Gefangenen und gesellschaftlichen Einflüssen heraus.

Die JVA als "totale Institution" übt von sich aus sowohl strukturelle Gewalt, als auch institutionell beabsichtigten Druck auf die Insassen aus. Allein dieser Umstand provoziert bei den Gefangenen eher Gegendruck als Verständnis. Welcher 'normale Mensch'kann Verständnis dafür haben, eingesperrt zu sein? Das in einer solchen Institutioon besonders **konzentrierte Männerbild von Stärke, Konkurrenz, Aggressivität und Gewalt** fördert ein angespanntes Verhältnis der Gefangenen zur Institution und untereinander. **Mitfühlendes Verhalten gilt** weithin **als Schwäche**. Eine emotionale und empfindsame Art des gemeinsamen Umgangs im Alltag wird meistens ausgeschlossen.

Wie jeder andere Mensch auch, steht der Gefangene täglich **divergierenden Rollenerwartungen** unterschiedlicher Personenkreise gegenüber. Draußen lassen sich divergierende Rollenerwartungen in der Regel zeitlich und räumlich voneinander trennen, so daß die durch Überschneidungen möglichen Konflikte von den Betroffenen vermindert werden können. Diese notwendige Trennung von Lebensbereichen im Leben eines jeden Menschen reduziert sich in der JVA als "totale Institution" durch die Transparenz aller Lebensbereiche auf ein Minimum. Zur Absicherung und Aufrechterhaltung seiner Identität muß sich der Gefangene maskenhafter, klischierter Verhaltensweisen bedienen. Derartige Verhaltensweisen führen seitens einiger Gefangenen und auch Abteilungsbeamten manchmal zu Kommentaren wie: "Sie machen Theater? So, so, Theater hab´n wir hier ja schon genug!"

Die Institution ist bemüht, die Insassen einzusperren, voneinander abzutrennen, um sie möglichst problemlos verwalten zu können. Das Austragen von Konflikten wird über das Gewaltverhältnis Anstalt - Insassen drastisch unterbunden. Der größte Feind der Einrichtung heißt Solidarität der Insassen. - Die Theaterarbeit drängt jedoch zum individuellen und freien Ausdruck der Persönlichkeit des Menschen im Kontakt und im Austausch mit den anderen Spielern. Die Möglichkeiten gemeinsamen Handels werden immer wieder in neuen Ausdrucksformen probiert. **Theaterarbeit, so wie sie hier gemeint ist,** wirkt sich somit **tendenziell zersetzend auf das System Strafvollzug** aus. Als Leiter vollführe ich einen selbstverantwortlichen, manchmal einsamen Drahtseilakt in der Auseinandersetzung zwischen der Institution mit ihren Vertretern und den Inhaftierten. Mein "Gewinn" besteht dabei in der **Freiheit, einfach das auszudrücken,** was ich denke und fühle. - Und eine derartige Transparenz halte ich für die größtmögliche Herausforderung der Gruppenteilnehmer und der Institutionsvertreter.

Bedingungen

Jeder Kurs umfaßt 10 Gruppenabende, zu denen sich die Teilnehmer nach einem Informationsabend per Antrag anmelden. Da es sich um den Bereich der Untersuchungshaft handelt, gibt es im Laufe des Kurses jedes Mal einen erheblichen Teilnehmerschwund durch Entlassungen, Transporte und

Verlegungen in andere Anstalten oder in Strafhaft. Die durch diese institutionellen Bedingungen verursachte Fluktuation erschwert die Arbeit erheblich und führt bei den verbliebenen Teilnehmern und bei mir manchmal zu Enttäuschung über den Verlust der Mitspieler, zu denen intensive Beziehungen bestanden hatten. Darüber hinaus ist für viele Teilnehmer Kontinuität ein Fremdwort.

Die gennanten institutionellen Bedingungen determinieren auch die Arbeitsform der Gruppe. Länger andauernde Projekte können wegen des ´programmierten Zerfalls´der Gruppe nicht durchgeführt werden. Ursprünglich als Hindernis gewertet, hat sich diese Situation als Chance für **Theater- und Ausdrucksformen des Augenblicks, der Situationsimprovisation** herausgestellt. Bei dieser Arbeitsform ist der individuelle Erfahrungswert sehr intensiv, was von den Teilnehmern ganz unterschiedlich akzeptiert wird.

Ziele der Gruppenarbeit

Die Theaterarbeit umfaßt schauspielerisches Bewegungstraining, Tanzen, Musizieren, Entspannung und experimentelle Arbeit mit der Stimme.

Es handelt sich bei dieser Gruppenarbeit um ein interessengeleitetes und persönlichkeitsorientiertes Angebot, das den Teilnehmern ermöglichen soll, eigene authentische Bedürfnisse und Wünsche zu erkennen, zu formulieren und mit kreativen Mitteln auszudrücken, d.h. in einen physischen Ausdruck zu transformieren, und die-

sen mit ihrem Umfeld in Beziehung zu setzen. Eigentliches Ziel ist das "Explodieren" (Petzold 1974) neuer Möglichkeiten. Wünsche nach offenem, ehrlichen Kontakt mit anderen Menschen, nach Zuwendung; nach Spaß, Tanzen, seine ´Traumrolle´spielen... sollen den Teilnehmern in der Gruppe erfahrbar gemacht werden. Das Theaterspielen, wie es hier gemeint ist, bedeutet über alltägliche Bewertungsmaßstäbe hinaus, **Erfahrungslernen**. Da gibt es keine Bewertungen im Sinne von "guten" oder "schlechten" Schulnoten. Wir befassen uns lediglich mit der **Suche nach der eigenen inneren Wahrheit** und Überzeugung des Akteurs; denn nur diese können die Mitspieler oder Zuschauer mitreißen.

Es soll ein **Prozeß der Bewußtheit, der Selbstbestimmung** und der Selbststeuerung in Gang gesetzt werden, durch den es dem einzelnen Teilnehmer ermöglicht wird, seine eigene Lebenssituation zu erkennen, die Verantwortung für sein eigenes Handeln zu übernehmen und sich für die eigenen Handlungen bewußt zu entscheiden.

Die bisherige Arbeit hat gezeigt, daß viele Teilnehmer in der Lage sind, diesen (immer wiederkehrenden) Prozeß im Verlauf der Gruppenarbeit zu vollziehen. Es ist allerdings zu beachten, daß es sich dabei um einen niemals endenden, immer wiederkehrenden Prozeß im Leben eines Menschen handelt. Auf den Ebenen der Selbstwahrnehmung und der Fremdwahrnehmung werden schließlich die individuellen Interessen der Teilnehmer auf vielfältige Art und Weise miteinander 'ausgehandelt'. Gegenseitige Unterstützung spielt dabei oft eine wichtige Rolle. Es geht um das persönliche "Wachstum" des Teilnehmers in seinem subjektiven Erfahrungsprozeß innerhalb des Systems Gruppe.

Die persönlichen Kontakte werden durch Aufrichtigkeit und Vertrauen der Teilnehmer untereinander geprägt. So kann in den Gruppen ein gewisses Maß an gegenseitiger **Transparenz des eigenen Denkens, Fühlens und Handelns** wachsen.

Inwieweit solche neu erworbenen Fähigkeiten im Gefängnisalltag ihren Niederschlag finden können, ist eine andere Sache. Denn die Regeln der Institution und die Regeln der Gruppe basieren auf unterschiedlichen Menschenbildern. Ich vollziehe eine klare Trennung zwischen der kreativen Gruppenarbeit als einen **intermediären Raum** (Winnicott 1973) und dem "Knastalltag". Diese Trennung mache ich in der Gruppe transparent und betone, daß es im Ermessen und der Verantwortung jedes einzelnen Teilnehmers steht, eigene neue Erfahrungen und Veränderungen im Alltag der Justizvollzugsanstalt auszuprobieren. Somit wird eine Reflexion durch die Abgrenzung beider "Felder" ermöglicht.

Die **erlebnisorientierte Arbeit**, deren Ziel es ist, intensive emotionale Erfahrungen zu vermitteln, hat über das Explorieren neuer Möglichkeiten hinaus, einen hohen psychohygienischen Wert und stellt ein Gegengewicht zu den vielfältigen negativen Erfahrungen des

Lebens dar (Petzold 1974). Der Effekt solcher Erfahrungen besteht im Freisetzen neuer Denk-, Erlebnis- und Verhaltensmöglichkeiten. In diesem Sinne spielt auch die **konfliktorientierte Arbeit** eine Rolle, soweit sie im Prozeß des Gruppengeschehens und bei bei Einzelarbeiten in den Vordergrund tritt. Durch den Zwangscharakter der Institutionen kommt der **kompensatorischen Arbeit** hinsichtlich der Haftsituation der Teilnehmer eine besondere Bedeutung zu.

Umsetzung

Der kreativen Arbeit liegt ein "triadisches Modell" zugrunde, daß eine Initialphase, eine Phase der themenorientierten Umsetzung und eine Reflexionsphase umfaßt.

An die **Initialphase** der Sensibilisierung und Wahrnehmungsintensivierung schließt die **Phase der themenorientierten Umsetzung** an. Die von den Teilnehmern gewählten Inhalte werden in einem kreativen Akt, beispielsweise über bestimmte Improvisationstechniken, in soziale Verhaltensweisen transformiert. Die Qualität des kreativen Prozesses äußert sich jeweils in einer unkonventionellen, individuellen und kooperativen Umsetzung der Inhalte. Die Dynamik der kreativen Prozesse verläuft in der Regel im Wechsel von Sensibilität (Eindruck) und Expressivität (Ausdruck).

In der **Reflexionsphase** werden die erspielten Inhalte auf der geistigen Ebene vor dem Hintergrund der gemachten körperlich/seelischen Erfahrungen zu reflektiert. Damit soll der Kreislauf geistig - seelisch/emotionalen - physichen Erlebens geschlossen werden.

Die drei Phasen Initialphase, Phase der themenorientierten Umsetzung und Reflexion dürfen nicht unabhängig voneinander gesehen werden. So können einzelne Phasen während einer Kurseinheit auch mehrfach im Wechsel auftreten. Die Spielformen beziehen sich auf alle zur Verfügung stehenden Möglichkeiten des Körperausdrucks, einschließlich der Stimme, der gesprochenen Sprache und auf den Ausdruck mit Hilfe von kreativen Medien.

Zur Förderung des Ausdrucksvermögens der Teilnehmer gehören:

- Kooperationsspiele (gemeinsamenes Handeln)

- Kinderspiele (Spaß am Spiel)

- Körperkontaktspiele (Nähe, Distanz, Sinnlichkeit)

- Sinnesspiele (Sensibilisierung der verschiedenen Sinne)

- Entspannungs- und Phantasieübungen

- Tanz- und Bewegungsimprovisationen

- verschiedene Theaterformen

- Musik- und Stimmimprovisationen

Der Begriff Spiel meint ein qualifizierters Auseinandersetzen, Probieren und Experementieren mit intuitiven, sinnlichen und sozialem Verhalten innerhalb eines definierten Freiraumes. Der Ausdruck von Verhaltensweisen mit kreativen Mitteln kann dabei schon von sich aus eine kathartische, 'heilende' Wirkung haben.

Praxisbeispiele

Anhand von zwei Beispielen soll die praktische Arbeit transparent gemacht werden:

1. Statuentheater: Wer bin ich?

Das Prinzip des Statuentheaters wurde von dem lateinamerikanischen Theatermacher Augusto Boal entwickelt: Bei dieser schlichten und klaren Theaterform werden über Körperstatuen und -skulpturen sowohl dem Akteur, wie auch dem Betrachter Inhalte und Erfahrungen vermittelt. Statuen und Skulpturen können später in andere Theaterformen einbezogen werden.

Jeder Mensch hat eine Vorstellung von sich selbst, wie er ist; und jeder Mensch hat eine Vorstelllung von sich selbst, wie er sein möchte. Bei vielen Menschen decken sich diese beiden Vorstellungen nicht. - Besonders bei Inhaftierten entstehen derartige Diskrepanzen aufgrund ihrer aktuellen Lebenssituation, die Gegenstand der folgenden kreativen Arbeit ist. Als kreative Medien werden Gesichtsschminke und Fotografie benutzt.

Eingang begleite ich die Teilnehmer durch ein theaterspezifisches Aufwärm- und Entspannungstraining. Eine Übung dient speziell der Entspannung des Gesichtes und der Hände. Danach beginnen die Akteuere sich ohne weitere Vorgaben zu schminken. Es soll ein freies Experimentieren mit Farben, Formen und Phantasien ermöglicht werden.

Nach einer weiteren stark körperlichen Ausdrucksübung, bitte ich die Teilnehmer möglichst intuitiv einen Körperausdruck zu der Frage einzunehmen: Wie oder wer möchte ich gern sein? Im Anschluß daran nehmen die Teilnehmer einen Körperausdruck zu der Frage ein: Wie glaube ich, daß ich jetzt bin?

Der jeweilig Körperausdruck eines jeden Teilnehmers wird fotografiert. Danach haben wir die Erfahrungen kurz reflektiert. - Der weitere Teil der Auswertung erfolgt nach der Entwicklung der Fotos an einem späteren Kursabend. Jedem Teilnehmer werden seine entsprechenden Bilder vorgelegt. Ich frage Hans-Peter (Name geändert), wie er seine Bilder interpretiert. Auf dem Bild "Wie glaube ich, daß ich jetzt bin?" beschreibt er sich depressiv mit einem dröhnenden Kopf und handlungsunfähig. Genau das sei seine Situation im Knast. Zu dem Bild "Wie oder wer möchte ich gern sein" sagt er, daß er mal so richtig zuschlagen möchte. Auf meine Frage, was er denn brauche, antwortet er: "Ich brauche Arbeit; hier hat alles keinen Sinn mehr für mich."

Die Bilder verdeutlichen Hans-Peters beschriebene Lebenssituation. Durch das Leben in der Haft werden ihm der Lebenssinn und die damit verbundenen Ausdrucksmöglichkeiten abgeschnitten. Lebendige Gefühle und Empfindungen können nicht mehr

ausgedrückt werden, da sie sozial und/oder disziplinarisch negativ sanktioniert werden. Dadurch werden sowohl psychosomatische Störungen, wie auch der Ausdruck von gewalttätigen Handlungen hervorgerufen oder derartige Anlagen verstärkt. Dieses Beispiel zeigt keinen Einzelfall, eher die Regel eines grundsätzlichen Problems von Gefangenen. Er wirft Fragen auf: Wie sieht es mit dem Anspruch der Justiz nach einer menschenwürdigen Lebenssituation für Gefangene aus? Welchen Sinn haben bestimmte Arbeiten für Gefangene (beispielsweise Schrauben sortieren?) Die Beantwortung derartiger Fragen ist nicht Gegenstand dieses Artikels. Sie müssen meiner Ansicht nach jedoch ernsthaft auf allen Ebenen der Justiz und des Strafvollzuges diskutiert werden. Die Ergebnisse kreativer Arbeiten gehen häufig über das individuelle schöpferische Handeln hinaus. Es werden sowohl Fragen nach dem Lebenssinn gestellt, wie auch politische Dimensionen einbezogen.

2. Totemtänze

Das Totem ist ursprünglich ein Tier, mit dem sich bei Naturvölkern eine Gruppe oder eine Person verbunden fühlt. Im Indianerkult dienen die Totemtiere dem persönlichen Schutz der Menschen. Das Totemtier verkörpert Eigenschaften, die die betreffende Person besonders für ihr Leben braucht. Die Identifikation mit dem Totemtier findet sich häufig im Namen des Betroffenen wieder; beispielsweise kann sich Stärke in dem Namen "Großer Büffel" wiederspiegeln. Jeder Leser kennt derartige Namen aus indianischer Literatur.

Dieser kulturelle Hintergrund stellt die Ausgangssituation für die Tanzimprovisation mit Masken dar.

Ich begleite die Teilnehmer über eine autogene Entspannung in eine Phantasieübung, die man sich als eine Art "Tagtraum" mit innerer Konzentration vorstellen kann. Es geht darum, ein Totemtier, ein ganz persönliches Schutztier zu finden, dessen spezifische Stärken jeder für sein Leben besonders brauchen könnte. Im Laufe der Phantasieübung soll jeder Teilnehmer sein Totemtier so genau wie möglich erkennen und beobachten.

Anschließend schminkt sich jeder Akteur das Gesicht, so wie er sein Totemtier in der vorhergegangenen Phantasieübung gesehen hat. Der Prozeß wird von einer meditativen Musik begleitet.

Nach Beendigung der Schminkation treten die Teilnehmer auf kleinem Raum zusammen. Nachdem das Schminken an sich schon eine intensive Beschäftigung mit dem Totemtier, der Rollenfigur, war, beginnt jetzt der bewußte Prozeß der Identifikation mit dem Totemtier über den spezifischen Körperausdruck des Tieres, das jeder Teilnehmer für sich gefunden hat und einer weiteren kurzen Phantasieübung als Einführung in den Totemtanz, bei dem jeder die Eigenschaften seines Schutztieres in tänzerischen Bewegungsausdruck umsetzt.

Als Musik benutze ich dabei urtümliche, bodenständige Trommelrhythmen, die eine individuelle Darstellung der Rollenfiguren fördern. Zunächst beginnt jede Rollenfigur, durch die Musik getragen, für sich selbst zu tanzen. Interessanterweise entwickelt sich daraus nach einer gewissen Zeit unausgesprochen meistens ein Gruppenritual, bei dem beispielsweise alle Akteure eines Kreis bilden und sich nacheinander innerhalb des Kreises als Totemtier mit seinem Körperausdruck darstellen. - Nach Beendigung des Tanzes setzen wir uns zusammen und reflektieren die gemachten Erfahrungen mit gestalttherapeutischen Arbeitsformen.

Konsequenzen der kreativen Arbeit

"Wie ein anderer gefühlt"

Erfahrungsfreiräume ermöglichen in der Gruppenarbeit auch die Gegenüberstellung und den Vergleich gesellschaftlich unterschiedlich akzeptierter Verhaltensweisen, ohne diese von vornherein durch negative Sanktionierung zu unterdrücken. Der Vergleich und die Gegenüberstellung von Verhaltensweisen im Spiel fördert sowohl das **Erkennen unterschiedlicher Wertmaßstäbe**, wie auch das Überprüfen und eventuelles Verändern innerer Haltungen von Teilnehmern.

Die unkonventionelle Art des menschlichen Umgangs miteinander gibt den Teilnehmern die Möglichkeit, ihr alltägliches maskenhaftes Verhalten ein Stück zu druchdringen; d.h. zu erkennen und zu verändern. Mit dem Probieren neuer Ausdrucksmöglichkeiten der eigenen Gefühle können sie lernen, sich selbst und anderen vorbehaltloser zu begegnen.

Kommentare von Teilnehmern zum Abschluß einer Gruppe: "Ich habe mich wie ein anderer gefühlt", "Ich mache jetzt nicht mehr so schnelle Urteile über andere, sondern schaue genauer hin", "Ich komme mit den Abteilungsbeamten jetzt besser klar", "Ich habe zum ersten Mal für eine Weile den Knast vergessen können" oder "Ich habe drei neue Freunde gefunden".

Kultur hinsichtlich einer persönlichen Bewußtseinserweiterung und Solidarität innerhalb des Systems Justizvollzugsanstalt entwickeln können. Das Vertrauen der Teilnehmer bezieht sich allerdings in erster Linie auf den Rahmen der Gruppe.

Diese Beiträge sprechen als subjektive Erfahrungen für sich. Sie sind für mich das "Salz in der Suppe" dieser Arbeit, für die es letztlich keine objektiv meßbaren Maßstäbe gibt. Als Leiter kann ich in dieser Hinsicht dem Geschehen nur aufmerksam zuschauen und zuhören. Desweiteren beobachte ich häufig, wie Teilnehmer im Laufe eines Kurses ihr Äußeres verändern und beginnen, besonders auf ihre Körperpflege und ihre Kleidung zu achten.
Die Erfahrungen zeigen, daß die Gruppenteilnehmer ihre eigene

Arbeitsgruppe Theaterarbeit mit Gefangenen im Strafvollzug während des Symposions Theater - Theaterpädagogik - Therapie

Die Durchführung der Arbeitsgruppe ist als praktisch kreatives Experiment mit den Teilnehmern des Symposions vorgesehen. Bereits während des Eintretens in den Raum werden die Teilnehmer von einem an die Wand projizierten gemalten Mandala und anregender Musik empfangen. "Mandalas sind an den Wurzeln jeder Kultur zu finden, da sie in den Wurzeln jedes Menschen leben. Im Sanskrit bedeutet Mandala wörtlich Kreis. Jedes Mandala ist auf die Mitte ausgerichtet. Die traditionelle Anordnung benutzt den Kreis als Symbol für den Kosmos in seiner Gesamtheit und das Viereck als Symbol für die vom Menschen geschaffene materielle Welt...", schreibt Therese Austermann in ihrem Ausstellungskatalog "Mandala improvisationen", Seidenbilder mit lyrischen Texten. Das Mandala, dem die Teilnehmer während ihres Eintritts in den Raum begegnen, hat den Titel "Power" mit dem Text:

POWER

AUS MEINER MITTE
ERWACHSEN MIR UNGEAHNTE
KRÄFTE

- WENN ICH AUS IHR LEBE

Als kreatives Experiment schlage ich meinen Kolleg/innen eine Improvisation mit Percussionsinstrumenten, Tanz und Literatur vor. Als Hintergrund für diese Arbeit soll ein von ihnen ausgesuchtes und an die Wand projiziertes Mandala dienen.

Die Teilnehmer sind anfangs von der intensiven Arbeit des Tages ermüdet und auch neugierig, was in unserem schöpferischen Versuch passieren wird.

Aus dem in die Mitte des Sitzkreises gelegten Katalog mit 10 abgebildeten Mandalas beginnen die Anwesenden, sich auf ein Mandala zu einigen, das wir im Anschluß benutzen wollen. Als Spielregel gilt, nicht miteinander zu sprechen. Der Prozeß des Aussuches nimmt einige Zeit in Anspruch und wird von einer Vielzahl von Geräuschen, Tönen und ausdrucksstarker Gestik der Beteiligten begleitet. Als die Teilnehmer sich zum Schluß nicht eindeutig auf eins von zwei noch zur Auswahl stehenden Mandalas einigen können, schlage ich vor, beide Bilder nacheinander für unsere Improvisation zu benutzen.

Hier wird der Fortgang des kreativen Prozesses über die Möglichkeit eines sich frei entfalteten Gruppenprozesses (Es steht uns nur 1 Stunde Zeit zur Verfügung) gestellt. Bei einer länger andauernden Gruppenarbeit wäre die Dynamik des Entscheidungsprozesses für ein einziges Mandala interessant. Danach könnte gegebenenfalls konfliktorientiert mit den Gefühlslagen einzelner Gruppenteilnehmer bezüglich ihrer Situation in der Gruppe gearbeitet werden. Dieser Weg ist sowohl auf der Basis der Arbeit mit einer theatralischen Rollenfigur, wie auch als selbsterfahrungsorientierte Arbeit therapeutisch möglich. Das nur zur Möglichkeit eines weiteren Weges. Wie gesagt, es sollen beide ausgesuchten Mandalas benutzt werden. Das eine Mandala heißt "Safety". Es ist klar strukturiert, mit verschiedenen Brauntönen in einem gesponnenen und gehaltenen Netz. Der Text zu dem Mandala lautet:

SAFETY

ICH LASSE MICH FALLEN
IN EIN NETZ VON
VERSTRICKUNGEN
DES GEBUNDENSEINS
DES FESTGEHALTENWERDENS

- KANN ICH DOCH SO NICHT
INS BODENLOSE FALLEN

Die Sicherheit, die das Bild vermittelt, steht stellvertretend für das emotionale Bedürfnis einiger Gruppenteilnehmer, die mutig und offen versuchen wollen, mit allen zusammen in nur einer Stunde dieses Experiment zu machen. Ich entscheide, dieses Mandala als erstes zu benutzen. Das zweite Mandala hat Therese Austermann "Truth" genannt. Im Text heißt es:

TRUTH

DIE MACHT DER WAHRHEIT
ZIEHT MICH EINEM SOG GLEICH
ZUM KERN DER DINGE

RÜTTELT MICH WACH
AUS MEINEN MICH
LÄHMENDEN TRÄUMEN

Das Bild zeigt einen spiral- oder schneckenförmigen Aufbau mit verschiedenen Blautönen, die sich von außen nach innen erhellen und zum Kern hin über Grün- zu Gelbtönen wechseln. Dieses Mandala hat für mich eine größere innere Tiefe, bedarf eines größeren Vertrauens zur Situation und bedingt dementsprechend als zweites Bild benutzt zu werden.

Die 15 Anwesenden teilen sich in drei Gruppen ihrer Wahl auf. Die Musikanten suchen sich Percussionsinstrumente aus. Zusammen mit den Tänzern und der Literaturgruppe wird ein Arrangement im Raum geschaffen, bei dem alle sowohl untereinander Kontakt haben, wie auch das an die Wand projizierte Mandala "Safety" sehen können. Die im folgenden entstehende Improvisation sollen die Teilnehmer als Dialog, als Gespräch mit Hilfe der kreativen Medien Ton/Sprache, Musik und Bewegung als "Lauschen und Agieren - Geben und Nehmen" verstehen.

Nach einer kurzen Kontakt- und Atemübung stellt sich jeder Teilnehmer auf das Mandala blickend mit ein oder zwei Aktionen entsprechend seines gewählten Mediums (Klang, Bewegung oder Stimme) nacheinander den anderen Gruppenmitgliedern vor. Ohne jede weitere Anweisung treten danach alle Akteure in einen behutsamen, zunächst eher ruhigen Dialog. Die Atmosphäre im Raum ist als aufmerksam, konzentriert und anregend zu beschreiben. Nach und nach werden die zurückhaltenden Dialoge mutiger und ausdrucksstärker.

Die Musiker gelangen zu einem gemeinsamen Rhythmus und stellen so einen Klangteppich für alle Beteiligten dar. Die Bewegungen der Tänzer werden raumgreifender und die Sprecher artikulieren sich emotional mit Lauten, Worten und Sätzen unter zunehmendem psychischen Ausdruck. Die ganze Gruppe wächst immer stärker zu einer Einheit zusammen.

Der Gesamtausdruck schwillt in seiner Lautstärke weiter an, ohne jedoch den inneren und äußeren Dialog zu vernachlässigen. - Das an die Wand projizierte Mandalas "Safety" verbreitet in seinem Ausdruck etwas von dem, was die Teilnehmer brauchen, um sich so wie jetzt zusammenfinden zu können: Sicherheit. Schließlich werden die Beteiligten in ihrem Spiel wieder leiser; es bleibt ein stiller, einfühlsamer Kontakt im Raum bestehen.

Ich bitte die Teilnehmer, den Kontakt über den bewegten und außen hörbaren Atem zu halten. Währenddessen wird unter dem Episkop zum zweiten ausgewählten Mandala gewechselt. Für den kommenden Abschnitt der Improvisationsarbeit mit kreativen Medien sollen die Teilnehmer nach dem erneuten Zusammenfinden, jeweils einer Gruppe im Wechsel, die Führung überlassen.

Jede Kleingruppe, jeder Teilnehmer gibt sich, durch seine Nachbarn inspiriert, mit starker Energie in das kreative Spiel ein. Unbefangenheit und Offenheit ist spürbar. Das Mandala "Truth", Wahrheit, begleitet die Gruppe auf diesem Teil der Reise. Das unbefangene So-sein, die "Wahrheit der Gruppe" drückt sich in dem unbefangenen offenen Spiel der Teilnehmer aus. Nachdem jede Kleingruppe die Führung übernommen hat und die Gruppe noch einmal zu einem Gesamtausdruck gelangt, findet die Improvisation auf das an die Wand projizierte Mandala "Truth" gerichtet, einen ruhigen und genußvollen Abschluß.

In der anschließenden kurzen Reflexion fühlen sich die Teilnehmer bewegt, wach und erfrischt.

Abschließende Gedanken

Theaterarbeit und Arbeit mit kreativen Medien ist in seinem Erfahrungswert absolut an die Person des Teilnehmers gebunden. Wenn dieser die Bereitschaft hat, sich selbst aktiv in das Geschehen einzubringen, den gelebten Gefühlen und Empfindungen im Kontakt zu den anderen Mitgliedern der Gruppe zu folgen, dann führt der Prozeß zu einem intensiven Gruppenerleben. Besonders im Strafvollzug fällt es den Menschen schwer, Vertrauen zu sich selbst und zu anderen zu gewinnen. Vertrauen ermöglicht aber gerade die gelebte Tiefe und Intensität in einer kreativen Arbeit. Andererseits wirkt sich schöpferischer Umgang vertrauensbildend in der Gruppe aus. Wenn die freiwillige Gruppenarbeit im Strafvollzug gleichwohl ein intermidiärer Raum ist, so muß jedoch auch immer gesehen werden, daß die Erfahrungen nur innerhalb eines übergeordneten Zwangssystems stattfinden können, das selbstverantwortliches Handeln seiner Klienten mehr verhindert als fördert.

Literatur:

BOAL, Augusto: Theater der Unterdrückten, Frankfurt 1979

FLUEGELMANN, A./TEMBECK, S.: Die neuen Spiele, Soyen 1976

GOFFMANN, Erving: Wir alle spielen Theater, München 1969

ders.: Interaktion - Spaß am Spiel, Rollendistanz, München 1973

ders.: Stigma - Über die Bewältigung beschädigter Identität, Frankfurt 1967

KREUTZER, K.-J. (Hrsg.): Handbuch der Spielpädagogik, Bd. 1-4, Düsseldorf 1983

MORENO, J.-L.: Gruppenpsychotherapie und Psychodrama, Stuttgart 1959

PETZOLD, Hilarion: Angewandtes Psychodrama in Therapie, Pädagogik und Theater, Paderborm 1978

SCHOLZ, Rudi/SCHUBERT, Peter: Körpererfahrung, Reinbek 1973

SOMPLATZKI, Herbert: Körpererfahrung, Reinbek 1973

Die freigestellten Fotos zu den Praxisbeispielen:

Zum Praxisbeispiel Statuentheater
Bilderpaar Hans-Peter:
links - Wie glaube ich, daß ich jetzt bin?
rechts- Wie oder wer möchte ich gern sein?
Zum Praxisbeispiel Totemtänze:
Gruppenteilnehmer in ihren Rollen als Totemtier

copyright Fotos: Achim Mensing

Freie Theater

Felicitas Schlette

Inszenieren eigener Geschichten
Ein holländisches Modell

Persönliche Geschichten und Theater
Verschiedene in den Niederlanden er-
probte Möglichkeiten, autobiographisches Material theatralisch zu bearbeiten

1. Einführung
1986 ging ich nach Holland, um dort
an der "Akademie für Ausdruck durch
Wort und Gebärde"(heute: Fakultät
Theater und Drama - Hochschule der
Künste, Utrecht) zu studieren. Seit
1980 hatte ich in der BRD an Theaterkursen und Projekten teilgenommen;
in Bochum am Figurentheater-Kolleg
absolvierte ich die Ausbildung in
Puppen- und Maskentheater. Im Nach-
barland angekommen, orientierte ich
mich in der dortigen Theaterland-
schaft. Besondere Faszination ging
von solchen Vorstellungen aus, die
auf der Basis persönlicher Erfahrungen entstanden waren. Ich erlebte sie
als Zuschauerin mit einer Art von Begeisterung und Staunen, die ich davor
nicht kannte. Sie waren nicht spekta-
kulär, sondern einfach. Sie bewegten
mich zum Weinen und Lachen.

2. Theater und Therapie
Sicherlich hatte ich auch zuvor beim
Theaterspielen manche Erfahrungen
gemacht, die mich persönlich berühr-
ten und aufwühlten. Doch blieb dies in
den Theaterkursen unbesprochen - es
war Privatsache, ob und wie man sich
damit auseinandersetzte. Auf den
Bühnen der freien Theatergruppen
und der Stadttheater sah ich selten Akteure, die etwas Persönliches zeigten.
Wenn, dann in sehr verfremdeter,
meist witziger, kabarettistischer Weise.

Das persönlich dokumentarische
Theater lerne ich in den Niederlanden
kennen. Erst später erfuhr ich, daß es
z.B. am FREIEN WERKSTATT
THEATER Köln einen ähnlichen Ansatz gab. Gerade in Deutschland ist
die Auseinandersetzung mit der Geschichte ein lästiges Thema. Die Auseinandersetzung mit der eigenen Le-

bensgeschichte wurde derzeit in der sogenannten "Psycho-Ecke" angesiedelt. Mag sein, daß sich dies in den letzten Jahren verändert hat. Nicht-Beteiligte betrachten den "Psychokram" mit Mißtrauen. "Das ist was für die, die es nötig haben!" - "Elitär - Gefährlich" - "Das zieht einen runter!" Manchmal zog mich meine Bioenergetik-Gruppe tatsächlich "runter"; was da ablief, war oft ernst und erschreckend. Spaß hatte ich beim Theaterspielen. Ich machte die Trennung so: Die Theatergruppe ist gut für dich - das Theater macht Spaß. Durch die Erfahrungen, die in Holland machte, veränderte ich meine Auffassung. Das eine schließt das andere nicht aus. Im Gegenteil - Spaß tut gut!

3. Ein Exkurs über die Akademie in Utrecht

Im ersten Lehrjahr an der Akademie gab es noch keine Praktika und auch keine pädagogischen Fächer. Wir konnten zwischen drei Dozententeams wählen; so entstanden die Gruppen. Ich entschied mich für das Team, welches die persönliche Entwicklung in den Mittelpunkt der Arbeit stellte.

Diese Dozenten teilten die Ansicht, daß jede/r Spieler oder DramadozentIn (TheaterpädagogIn) sich selbst kennen muß. Normen und Werte, die dich einengen, sollten abgebrochen werden. Die Studenten sollten die Freiheit erlangen, sich zu öffnen für die Erweiterung ihrer Ausdrucksmöglichkeiten. Der Körper sollte sich entspannen und mehr Bewegungen finden. Im Geiste sollten sich neue Gedanken- und Phantasiewelten auf-

tun, die Seele sollte berührt werden und alle Emotionen erlebt werden. In allen Fächern, ob Bewegung, Stimme, Sprache, Elementar-Spiel, Theorie, immer wurde auf die Entwicklung der Einzelnen geachtet, auf die individuellen Blockaden und Möglichkeiten. Die Dozenten trafen sich wöchentlich zum Austausch. So konnten die Studenten wirklich ganzheitlich betrachtet und stimuliert werden. Wenn jemand eine Krise hatte, verwirrt war, hieß es in der Regel "Wat leuk!" - "Wie schön!" und das war keine Ironie. Krisen deuten immer auf Bewegung und Veränderungen hin. Je zwei Studenten durften an den Team-Sitzungen teilnehmen. Wir erlebten, daß die Dozenten auch untereinander meistens einen aufrechten und verletzbaren Umgang hatten. Ich fühlte mich gut aufgehoben. Es wurde wohl das intensivste Jahr meines Lebens. Ich möchte es nicht missen.

Unabhängig von Dozententeams und Spezialisierungen gibt es an der Akademie das Fach Studienbegleitung. Es läuft die vier Jahre lang neben den anderen Fächern her. Theorien und Methoden der humanistischen Psychologie werden gelernt und praktiziert. (Gruppendynamik, Supervision, Psychosynthese, TZI u.ä.) In diesem Rahmen gibt es Aufmerksamkeit für das, was das Spielen auslöst. Konflikte in dir, mit Partnern und in der Gruppe werden bearbeitet, Lösungen gesucht. In den folgenden drei Lehrjahren steht die fachliche Entwicklung mehr im Zentrum der Aufmerksamkeit als die persönliche Entwicklung. Bei vielen Studenten wühlt die intensive Arbeit im ersten Jahr so viel auf - alte Fragen, Unsicherheiten und Neugierde auf sich selbst - daß sie beschließen, neben der Ausbildung eine individuelle Therapie zu machen. Für mich war das eine ideale Ergänzung!

Das Studium ist so angelegt, daß jede/r eigene Schwerpunkte wählt und einen eigenen Stil entwickelt im Spielen, Unterrichten und Inszenieren - nichts ist selbstverständlich. Ich beschäftige mich besonders mit Bewegungstheater, mit offenen Spielsystemen und mit "thematies werken", d.h. mit dem Spiel, das von Themen ausgeht. (Andere mögliche Ausgangspunkte wären z.B. bestimmte Techniken, z.B. Pantomime oder Akrobatik - oder aber bestimmte Theaterstücke). "Thematies werken" hat in den Niederlanden bereits Tradition; viele unterschiedliche Erfahrungen haben zu Methoden und Modellen geführt. Leider gibt es die entsprechenden Fachbücher (noch) nicht in deutscher Sprache.

Ziel ist immer die ganzheitliche, spielerische Erforschung eines Themas. Ein theatralisches Endprodukt kann, muß aber nicht Ziel der Auseinandersetzung sein. Die Forschung - der Prozeß - kann das Ziel sein. Will man jedoch mit Ergebnissen an die Öffentlichkeit treten, gibt es außer der Theatervorführung viele andere Formen (Ausstellung, Dia-Vortrag, Fest u.a.). Während man in den 60er Jahren einen großen Unterschied machte zwischen dem Bearbeiten politischer oder psychologischer Themen, wird heute meistens ein Zusammenhang zwischen beiden Bereichen gesucht. "Thematies Werken" basiert auf dem

Stoff, den die Teilnehmer mitbringen. Das Thema wird nicht ausgedacht oder erfunden. Das Thema ist da. Jeder Mensch hat in jeder Lebensphase ein Grundthema; und in jeder Gruppe kristallisiert sich ein Thema heraus.

4. Die Lebensgeschichte - ein Schatz

Für mich was das Spielen mit autobiografischem Material eine Offenbarung. Die alten Geschichten, die mir das Leben schwer machen, für die ich mich schäme, die ich für mich behalte, weil sie ja doch niemand interessieren, die Familiengeheimnisse, plötzlich erkannte ich ihren Wert. Renier Niens, einer der ältestens Dozenten der Akademie, hat in diesem Zusammenhang zwei Begriffe geprägt: "hat herwaarderen von je eigen geschiednis" und "hat emanciperen von je eigen geschiedenis". Deutsch: Wert und Würde deiner eigenen Geschichte wiederfinden - die Emanzipation von der eigenen Geschichte.

Im Spiel ist es möglich, anders mit dem Erlebten umzugehen, angelernte und festgefahrene Verhaltensmuster durcheinander zu bringen und neu zu ordnen. Die Spieler bekommen Zugang zu den Emotionen, die an den Geschichten haften. Das kann schmerzhaft sein, und oft wird gleichzeitig mit dem Schmerz auch Lebenslust angebohrt. Durch den Prozeß der Emanzipation wird eine Lebensgeschichte auch eine "lebendigmachende" Geschichte. Die Einzigartigkeit jedes Menschen kann sich im Spiel entfalten. Renier Niens sagt, daß jedes Kind eine einzigartige "Spielhandschrift" hat -eine unverwechselbare Art und Weise zu spielen. Diese "Spielhandschrift" wird den Kindern spätestens in der Schule abgelehrt oder überschüttet mit einem Berg von Informationen und Geboten. Jedoch liegt in dieser eigenartigen Art auch Lebenskraft, die wieder aufblühen kann, wenn man sie freischaufelt.

Das Spielen mit Erinnerungen öffnet Türen zu endlos vielen vergessenen Bildern. Zitat R. Niens: "In der Kultur der Massenkommunikation droht die Kunst des Geschichten-Erzählens unterzugehen. Ein anderes Zukunftsbild: Menschen erzählen sich gegenseitig lebendigmachende Bilder. Jede Geschichte ist wieder ein Grund, aneinander zu glauben, das ist es, was Menschen einander bieten können.

5. Das Publikum

Nicht nur für die SpielerInnen hat so ein Theater eine besondere Wirkung. Zwischen Spielern und Zuschauern, aber auch unter den Zuschauern kann Kommunikation entstehen über Themen, die sonst Tabu sind.

Ich habe manchmal nach so einer Vorstellung mit Unbekannten sehr lange, ergreifende Gespräche geführt. Das Theater kann als Spiegel dienen; es kann Anlaß sein, Geheimnisse zu lüften. Isolation wird manchmal schon durchbrochen, wenn man erkennt, mit einem Konflikt nicht alleine zu stehen. Nach einem gelungenen Prozeß identifizieren sich die SpielerInnen mit der gesamten Produktion und sind auf der Bühne viel angreifbarer - das spüren die ZuschauerInnen. Gerade deswegen, vermute ich, entsteht so eine besondere Nähe zwischen Spieler-

Innen und ZuschauerInnen. Das Publikum nimmt bewußt oder unbewußt wahr, ob die Leute auf der Bühne ihre Gefühle äußerlich produzieren, oder ob sie mit eigenen Bildern arbeiten. Wenn die innere Verbindung mit dem Gespielten nicht da ist, schauen auch die Zuschauer mit Distanz. Das Theater wirkt dann oft aufgesetzt; oder im besten Falle komisch. Die Arbeit mit persönlichen Geschichten ist in jedem Fall eine gute Schauspielübung - auch wenn man vorhat, ein bestehendes Stück aufzuführen. Je geringer die Angst vor den eigenen echten Gefühlen ist, desto größer ist die Möglichkeit als SchauspielerIn, das eigene emotionale Gedächtnis zu gebrauchen. Im Untertext, im inneren Bewegen können persönliche Bilder helfen, eine Rolle lebendiger zu spielen. (vergl. Stanislwski)

6. Die Kunst des Weglassens

Das Inszenieren persönlicher Geschichten ist eine Gradwanderung. Der Regisseur/die Regisseurin fragt sich immer wieder, wie bringe ich es auf den richtigen Abstand? Wie groß muß die Distanz sein, die nötig ist, um das Intime, das Private für ein Publikum präsentierbar zu machen? Was sind die dichten Momente der Geschichte? Wenn jemand privat etwas erzählt, so kann das langweilig sein oder aber sehr spannend. Die Kunst ist es, das Überflüssige wegzulassen. Vielleicht bleibt ein Wort übrig, ein Blick und eine Geste. Etwas, das so spannend ist, daß es auch Leute interesiert, die den Spieler persönlich nicht kennen. Oft ist gerade das Intimste der Kern eines Konfliks - und gleichzeitig etwas, was alle Menschen kennen - etwas Archetypisches, Essentielles. Dabei ist auch der Zusammenhang wichtig, in den die Geschichte eingebettet ist, historisch z.B. die Geschichte als Mosaikstein einer größeren Geschichte. Auf die Frage nach dem richtigen Abstand gibt es keine pauschale Antwort. Die TheatermacherInnen werden jedoch im Tun, im Experimentieren das eigene Empfinden schulen. Dabei ist auch das Empfangen bzw. das Konsumieren von Theater ein sehr subjektives Unterfangen: Was dem/der Einen viel zu brisant und peinlich ist, gefällt dem/der Anderen gerade gut.

7. Die Umsetzung

Ich habe in den Niederlanden als Zuschauerin, Spielerin und Spielleiterin ein breites Spektrum an Möglichkeiten kennengelernt, persönliche Geschichten in Theater umzusetzen. Die Bezeichnung "Psychodrama" ist übrigens dort nie gefallen, auch Moreno und das Stegreif-Spiel hat hiermit gar nichts zu tun.

Es gibt Stücke, in denen die autobiographischen Geschichten der SpielerInnen des Ensembles umgesetzt wurden, in anderen die Geschichte des Regisseurs/der Regisseurin - wieder andere basieren auf den Geschichten von dritten, welche in Interviews gesammelt wurden. Oft sind es Erinnerungen an eine bestimmte Zeit, zum Beispiel die Kindheit, oder an Krisenzeiten, Übergangszeiten. Echt passierte Erlebnisse werden oftmals verflochten mit Träumen, Wünschen, Phantasien; oder auch mit Fragmenten aus Romanen, Theaterstücken, Liedern.

Im Spiel können die Geschichten weitergeführt, verfremdet, verzerrt werden. Eine scheinbar nebensächliche Handbewegung kann wiederholt und vergrößert werden, wodurch die ganze Handlung sich verändert. Analogien zu wirklichen Geschichten können gesucht werden. Ich erinnere mich an eine Kollegin, die als junges Mädchen von ihrem Bruder mißbraucht wurde. In ihrer Phantasie war sie schon oft zu ihrer Familie gegangen, um den Eltern alles über den Bruder zu erzählen und auch ihnen Vorwürfe zu machen. Sie entwickelte daraus eine Szene, jedoch spielte sie nicht die Situation bei den Eltern im Wohnzimmer, nein - der Ort der Handlung wurde ein Gerichtssaal, der Kläger war ein junges Mädchen.

Es ist eine grundsätzliche Entscheidung, ob in der Vorstellung offen liegen soll, daß die SpielerInnen eigene Erfahrungen spielen. Manchmal werden nur die Namen geändert, manchmal entstehen auch Rollen. Ausgehend von der autobiographischen Vorlage wird improvisiert - der Personnagen, die entstehen, haben nur noch wenig Ähnlichkeit mit den lebenden Personen, die als Inspiration dienten. Die Stückentwicklung kann sehr unterschiedlich verlaufen; es kommt auf die Rahmenbedingungen an - wieviel Zeit darf investiert werden? - Sind die SpielerInnen Profis? - Wie groß ist ihre Motivation?

Der Entschluß, eine thematische Produktion zu machen, bedeutet für den/die SpielleiterIn auf jeden Fall, daß er/sie sich auf die Ungewißheit einläßt. So lange er/sie die SpielerInnen gar nicht kennt, kann er/sie nicht wissen, welche Formen, Inhalte und Aussagen das Stück bekommen wird.

Vor Beginn des Projektes ist es also nicht möglich, sich auf das Endprodukt einzustellen. Auf den Prozeß jedoch kann man sich vorbereiten, so wie man eine Reise plant. Wie die Wege genau aussehen werden, und was wir unterwegs erleben, das ist offen - aber an bestimmten Punkten werden wir vorbeikommen - und zu einem bestimmten Zeitpunkt werden wir ankommen. **Sjef van der Linden** hat ein einfaches, brauchbares **Modell** für die thematische Arbeit entwickelt. Er teilt die zur Verfügung stehende Zeit in **drei gleichlange Phasen.**

Eine These gibt dem Prozeß Halt und Richtung. Ohne eine gute These schwimmt mann weiter an der Oberfläche des Assoziations-Meeres. So ein Entscheidungspunkt ist immer eine Krise.

In der zweiten Phase wird die **These erforscht.** Welche Kontraste, Konflikte entstehen? Welche Geschichten, Erinnerungen? Welche Schriften, Gemälde oder Informationen gibt es, die hiermit etwas zu tun haben? Gleichzeitig beginnt hier auch die Suche nach den Ausdrucksformen, die am besten zu der Gruppe passen. Alle

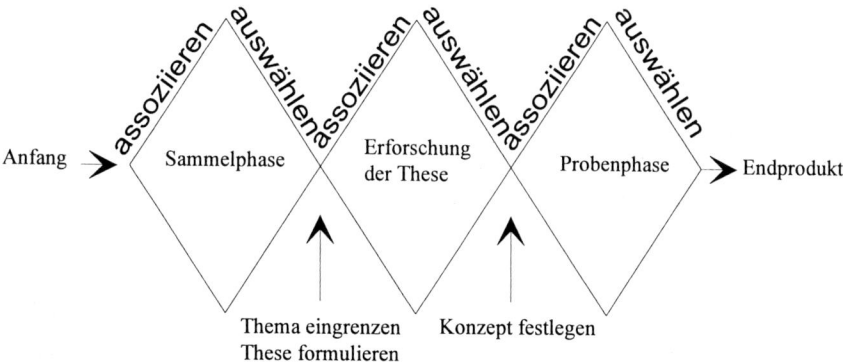

Am Anfang und am Ende jeder Phase wird eine Entscheidung gefällt, die den weiteren Verlauf bestimmt. Innerhalb jeder Phase gibt es erst eine Bewegung in die Breite: freies Assoziieren - und dann eine Bewegung, die sich zuspitzt: bewußtes Auswählen.

In der ersten Phase wird soviel Material wie möglich gesammelt - was berührt die SpielerInnen - was fordert sie heraus - was ärgert, ängstigt, erfreut sie? Gibt es Bewegungen oder Formulierungen, die immer wieder auftauchen? Welche Leidenschaften, Fähigkeiten bringen sie mit?

Beim ersten Entscheidungspunkt geht es darum, eine **These zu formulieren.**

Szenen oder Choreographien, die jetzt entstehen, sollen festgehalten werden, wiederholbar gemacht werden.

Es folgt der zweite Entscheidungspunkt - wieder eine Krise. Jetzt müssen Knoten entwirrt werden, Überflüssiges muß losgelassen werden. Jetzt wird das Konzept für die Vorstellung gemacht. Dramaturgische Fähigkeiten sind gefragt.

Die dritte Phase ist die Probenphase, Zeit des Produzierens. Zunächst wird ausgehend vom Konzept improvisiert, dann wird mehr und mehr festgelegt. Aspekte der Formgebung werden geklärt, Bühnenbild, Kostüme, Räume, Reklame. Es ist eine Phase, in der Dis-

ziplin und Zusammenarbeit wichtig sind. Auch besteht die Gefahr, daß die ursprüngliche Betroffenheit, der Charme der ersten Improvisationen, durch zuviel Stilisierung verloren geht.
Am Schluß steht das Endprodukt, die Vorführung - das Hinaustreten an die Öffentlichkeit - sich zeigen.

Ich habe bisher gute Erfahrungen gemacht mit dieser klaren Struktur als Reiseroute. Dadurch habe ich das Vertrauen in die Möglichkeit, aus dem Nichts heraus ein Stück zu entwickeln und kann offen sein für das, was kommt.

8. Einige Beispiele zunächst von Produktionen bekannterer Gruppen:

Stut - Statteiltheater Utrecht
inszenierte nach 10jähriger Theaterarbeit mit verschiedensten Gruppen in sozial schwachen Stadtteilen eine Jubiläumsproduktion, in der alle Spieler (ca. 50 Männer und Frauen, von Jugendlichen bis zu Hochbetagten) sich selbst spielten. Szenen vom Arbeitslosen-Alltag, vom Angeln und von Einsamkeit, von Selbstmordgedanken, von Putzfrauen, die solidarisch gegen Kündigung revoltieren usw.

Eva Bals Speeltheater/Belgien
Die Regisseurin inszenierte ein Kapitel ihrer Lebensgeschichte: Es geht um die Erbschaft. Nach dem Tod beider Eltern treffen sich die fünf erwachsenen Geschwister auf dem Bauernhof ihrer Kindheit, um das Hab und Gut ihrer Eltern zu sortieren und zu vertei-

len. Es dauerte mehrere Wochenenden.

het Werktheater/Amsterdam
spielte einige Stücke, die kollektiv entwickelt wurden. Themen, die im Leben der SchauspielerInnen des Ensembles aktuell eine Rolle spielten, wurden aufgegriffen. Besonders bekannt wurde Joop Admirals Solo-Produktion "Du bis meine Mutter". Joop spielt seine Mutter und sich selbst, wie er sie im Pflegeheim besucht. Mit allen Details, Handlungen, Gedanken, die das Leben schreibt. Die Mutter fällt aus dem Bett, stirbt aber nicht, will Pillen zum Sterben. Als die Produktion fertig ist, lebt sie immer noch - Joop hat ihr noch erzählt, daß er sie spielt!

Einige Beispiele von Vorstellungen, die mit Begleitung von Sjef van der Linden entstanden sind. Sjef ist Physiotherapeut, Haptonom, Schauspieler und ehemaliger Dozent an der Akademie. Er war Schüler von R. Niens und setzt seine **Forschung nach "offenen Spielsystemen"** fort.

Schatten der Jugend
Inspiriert durch einen ungewöhnlichen schwedischen Kinderfilm (Seppan) spielte das Ensemble mit eigenen Kindheitserinnerungen. Viele Szenen entstanden im tänzerischen, freien Spiel. Die Akteure spielten die Kinder, die sie mal waren oder mal sein wollten. Ein Tag im Dorf wurde gespielt. Realität und Phantasie der Kinder gehen ineinander über. Es ist eine "offene-Spielsaal-Produktion", d.h. nur wenige zentrale Handlungen sind in der Inszenierung festgelegt. Mehre-

re Auftritte vor Erwachsenen und vor Kindern.

Die Geschichte einer Geschichte

Thomas spielt seine persönliche und deutsche Geschichte: Der Pfarrerssohn, der in der eignen Familie nach Spuren des Faschismus sucht. Viele Auftritte u.a. in Schulen, in Holland sowie in Ost- und Westdeutschland. (Wird immer noch gespielt).

Schwesterchen

Mit Begleitung von Thomas Borggreffe erarbeitete Robert von Vliet ein Stück über Autismus. Bevor er zum Schauspiel kam, hat er als Erzieher mit Behinderten gearbeitet. Im Stück spielt er sich selbst als Jungen mit einer fiktiven, autistischen Schwester. Wie sie zusammen spielen, bis sie schließlich in ein Heim soll.

Stäubchen

Solostück von Felicitas Schlette - über das Erleben einer Abtreibung. Was so alles passiert, während die Frau auf dem gynäkologischen Stuhl liegt und auf den Eingriff wartet. Über den Zwiespalt der Gefühle. Das Szenario entstand in Anlehnung an die eigene Erfahrung, mit Unterstützung von Anita ter Laak.

Als das Bett leer war

These: Ich leide oder ich leite! Die SpielerInnen schwärmten aus und suchten die Begegnung mit einem alten Menschen. Sie befragten die Person zu der These im Zusammenhang mit der eigenen Lebensgeschichte. Geschichten und Gebärden dieser Begegnung dienten als Basis für die Rollenentwicklung. Es entstand ein Stück

über Leute im Altersheim, es wurde einige Male für Pfleger aufgeführt.

Andere Projekte von Studenten oder Absolventen der Akademie

Das Post-Projekt

In einem Blättchen für Angestellte der PTT häuften sich die Beschwerden über die Betriebsatmosphäre. Dies war für einen Postdirektor der Anlaß, eine Gruppe Dramadozenten zu engagieren. Diese interviewten MitarbeiterInnen verschiedener Filialen und setzten das Material theatralisch um. Das Stück wurde im ganzen Land für Postangestellte gespielt und erntete viel Applaus und heftige Nachbesprechungen.

Theater 2:1

Zwei Deutsche und ein Holländer entwickelten ein Stück über zwei Erwachsene - Eltern, die mit ihrem Kind kurz vor dem Mauerbau aus dem Osten flüchten. Der Spieler, Harald Kleinecke, war tatsächlich als Junge mit seinen Eltern geflüchtet. Erinnerungen daran hatte er kaum. Doch zeigte sich die Bewegung - Flüchten - im freien Spiel als wiederkehrendes Motiv. Daraufhin improvisierte der Schüler, wie es hätte sein können. Daraus entstand "Flucht". Mehrere Auftritte, auch in Schulen (Wird immer noch gespielt).

Sam Sheppard

Eine Dramadozentin arbeitet auf umgekehrtem Wege mit Spiel und Wirklichkeit: Selbst auf dem Lande aufgewachsen, gefiel ihr ein Theaterstück von Sam Sheppard, welches die Situation einer Familie schildert, die in

Amerika auf dem Land lebt in einer Zeit, in der alle in die Städte ziehen. Der Dramadozentin gelingt es, eine Bauernfamilie für ihre Idee zu gewinnen. Alle vier, Vater, Mutter, Tochter und Sohn haben nie zuvor Theater gespielt, jetzt können sie in den Rollen selbst spielen - nur den Text müssen sie lernen.

9. Aus der Sicht der Spielleiterin

In meiner Arbeit als Spielleiterin, Dramadozentin, Regisseurin sind mir auch die Tücken dieser Art von Theaterarbeit aufgefallen. Mit den persönlichen Geschichten, die die SpielerInnen einbringen, gilt es viel vorsichtiger umzugehen als mit erfundenen Geschichten! Diese Szenen haben beim ersten Vorführen oft eine ganz besondere Qualität - sie fesseln die ZuschauerInnen, weil sie so authentisch sind.

Aber, solange die SpielerInnen selbst diese Qualität nicht zu schätzen wissen, sind sie sehr verletzbar. Bei der Kritik an der Präsentation muß deutlich sein, worum es geht. Zunächst bekommt der/die SpielerIn Reaktionen auf das, was er oder sie gezeigt hat. Was wurde gesehen, was war undeutlich, überflüssig, was war "dramatisch interessant", spannend? Der theatralische Wert wird besprochen.

Ich achte darauf, daß **das Geschehene nicht** direkt inhaltlich analysiert oder gar **moralisch beurteilt** wird. Es kommt nicht darauf an, ob das Publikum das Verhalten der Hauptfigur gutheißt - wichtiger ist, ob so gespielt wurde, daß die ZuschauerInnen mitgehen konnten mit den emotionalen Bewegungen. Daß sie nachvollziehen

konnten, glauben konnten, miterleben konnten, was auf der Bühne passierte. Der Akteur hat mehr davon, zu hören, was "rübergekommen" ist, als von einer Diskussion darüber, ob sein Handeln richtig war.

Denn meistens beurteilen wir uns selbst schon streng genug. Eine Atmosphäre von Vertrauen ist Voraussetzung für die persönliche Arbeit. Deshalb gebe ich den SpielerInnen bei jeder Probe Zeit, um für sich selbst zu spielen, suchend wahrnehmend, den eigenen Impulsen folgend.

Das Spiel muß gar nicht mit einem Mal schön und interessant sein; zunächst ist es nicht unbedingt nötig, daß es einen (für die Zuschauer) sichtbaren Wert hat. Viel zu oft steht das Streben, eine Glanzleistung zu vollbringen und Lob zu erhaschen, dem wirklichen Suchen im Wege.

Mir fällt das Kind ein, das ganz anders weiterspielt, wenn es merkt, daß es beobachtet wird. Es ist nicht einfach, die Verbindung zu den inneren Bildern zu bewahren, wenn man im Rampenlicht steht.

Es gibt Typen, die auf der Bühne sofort immens übertreiben und jegliche Natürlichkeit verlieren. Und es gibt andere, die sich an der Vorlage - also an der Erinnerung -festklammern und sehr introvertiert und klein spielen, "weil das damals so war". Sie befürchten bei jeder Veränderung, das Spiel könne unecht und klischeehaft wirken. So braucht jede/r eine andere Übung, eine andere Stimulanz. Als Spielleiterin probiere ich, auf die Eigenarten der SpielerInnen einzugehen und sie nicht zu früh miteinander zu vergleichen.

10. Meine Geschichte
- Meine Themen

Ich bin aufgewachsen in einer Atmosphäre von unausgesprochenen Konflikten. Die Nachkriegszeit war gerade vorbei und meine Eltern sehnten sich nach Frieden, auch in der Familie. Alles sollte harmonischer sein als in der Generation vor ihnen. Politik war wichtig. Ich lernte "mit dem eigenen Kopf denken" - so nannte mein Vater das. Gleichzeitig lernte ich eine mißtrauische Haltung gegenüber emotionalen Ereignissen.

Das Streben nach Harmonie war so groß, daß kein Platz übrig war für dumme, verwirrte, dreckige und überhaupt heftige Gefühle. Ich versteckte mich - und wurde sehr sensibel für unsichtbare Spannung. Das ist auch meine Kraft. Ich habe mich dann auch viel mit unsichtbaren Konflikten beschäftigt, mit Konflikten, die eine/r mit sich selbst hat, und die spannend werden, wenn er/sie sich äußern will. Ich wählte Themen wie z.b. Rituale/-Übergangsrituale, die nicht stattgefunden haben, z.B., als ich aufhörte Mädchen zu sein und eine Frau wurde. Oder z.B. die Mutter-Tochter Beziehung. Der Abschied von der Mutter.

Du bist so schön rund

In meiner Pubertät hat Essen und Gewicht eine große Rolle gespielt. Nachts vor dem Kühlschrank knieend, hab ich mich vollgestopft. Ich hatte Freßanfälle, wenn ich alleine war, wenn niemand mich kannte. Ich fand nur meinen Oberkörper schön. Ich zählte Kalorien, um dann meine eigenen Regeln zu durchbrechen. In meinem kleinen intellektuellen Kopf fand ich das ganze Problem lächerlich und

schämte mich, weil ich Gedanken darüber verschwendete. Weil ich nie besonders dick war, wußte auch niemand davon - ich sprach ja auch nicht darüber. Im Gegenteil, nach außen hin war ich eine, der das Äußerliche egal war. Ich wurde älter und das Thema verlor an Wichtigkeit.

In Bewegungskursen lernte ich "Bauchatmung" und das eigene Körpergewicht einzusetzen. Spaß am Körper haben. Ich freundete mich ein wenig mit mir an. Aber erst im Spielunterricht bei Sjef wurde von mir verlangt, daß ich mich mit meinem Gefühl verbinde. Das brachte mich durcheinander, ich merke, daß ich oft gar nicht wußte, was ich fühlte, ich fühlte mich nicht. Das hat weh getan.

In Spiel und Therapie gelang es mir, ganz langsam, wieder in Kontakt zu kommen zu dem, was ich verdrängt hatte. Ganz langsam veränderten sich meine Verhaltensmuster. Ich war sauer und schob den Teller weg, wollte nicht mehr schlucken, nicht mehr Sonnenschein sein! Ich ließ mir nicht mehr soviel gefallen, heulte viel, wehrte mich auch. In der Zeit nahm ich plötzlich 10 Kilo ab. Dadurch fing ich wieder an, mich für das Thema zu interessieren. Anschließend hatte die geistig-emotionale Veränderung Einfluß auf meinen Körper. Ich ging anders mit Eindrücken um, und auch die Verdauungsstörungen, an die ich mich schon lange gewöhnt hatte, hörten auf.

Eßsucht ist ein Kampf in dir selbst, gegen dich selbst. Ich habe mit Frauen gesprochen, die jeden Morgen vor dem Zähneputzen den Finger in die Kehle stopften. Das ist Aggression gegen dich selbst - ansonsten stört es niemand. Ich wollte darüber spielen. Meine Begleiterin war eine schlanke Dramadozentin, die sich selbst dick fand - und meine Mitspielerin eine Studentin, die früher wirklich dick war.

Joke ließ uns mit leichtem und schwerem Körpergefühl improvisieren. Sie erfand allerlei Übungen, die mit der Schwerkraft zu tun hatten. Wir malten unsere Körperkonturen auf den Boden. Wir brachten Klamotten mit, die uns nicht standen. Wir brachten Fotos und Schokolade mit. Joke fand ein Buch von Debby Drake, ein Schlankheitsbuch aus den 50er Jahren, und las uns beständig daraus vor. Von den Bewegungen aus entwickelten wir Choreographien. Parallel dazu schrieben wir alle Assoziationen und Erinnerungen auf, Geschichten zum Thema. Die Gespräche kreisten immer wieder um die Funktion des Fettes. Was hatte Pauline davon, daß sie dick war? Was hatte ich davon, daß ich meinen Körper so oft versteckte? Das Fett als Schutzschicht - als Möglichkeit, sich der Konkurrenz zu entziehen - eben anders zu sein.

Also entstand die Idee, sich mal so eine Schicht anzuziehen: Mit Kissen, Decken und Schnüren verwandelten wir uns in superdicke Weiber. Mit richtiger Kleidung drüber sah es echt aus. Wir liefen durch die Stadt, fraßen Eis und Pizza und Joke verfolgte uns mit der Kamera, auch die Blicke der Leute beobachtend. Was denkt Mensch über dicke Menschen? Unsere Bewegungen verlangsamten sich natürlich. Wir waren schrecklich albern,

konnten uns prügeln, ohne daß es schmerzte. Das Spielen mit dem Thema machte uns riesigen Spaß - wir lachten viel und kamen uns sehr nah - so oft hatten wir alleine darüber geheult! Die Vorstellung wurde ein absurdes, tragik-komisches Bewegungstheater-Stück. Das Projekt hatte viele Fans.

Ich beschloß, ein zweites Stück zum Thema zu inszenieren. Mit Zeitungsanzeigen warb ich Spielerinnen, die Lust dazu hatten - es reagierten viele. Ich wollte mit einer kleinen Gruppe arbeiten und suchte mir ein paar aus. Wir probten 9 Monate lang, einmal in der Woche. Die Frauen hatten teilweise gar keine Spielerfahrung. Also ging es in der ersten Zeit gleichzeitig um Kennenlernen, Theater-Basis-Training und Material sammeln. Jede spielte über eine Phase in ihrem Leben, in der sich etwas im Eßverhalten geändert hat.

Ein paar Zitate der Spielerinnen:

"Wenn ich davon überzeugt bin, daß ich schön schlank aussehe, halte ich ´ne ganze Menge aus. Ich laufe dann ganz anders, mit mehr Energie als sonst!"

"Wäre ich doch dünn.. dann würde es mir viel leichter fallen auch mal klein zu sein. Jetzt schaffe ich es nicht, die Erwartungen zu erfüllen, die man an eine so große kräftige Frau hat."

"Vielleicht ist das Essen eine Art sich selbst zu streicheln.!

"Eine Schranke knallt herunter, zwischen mir und dem anderen... und hinter der Schranke lebe ich, angespannt wie eine Feder, und bin nicht fähig, auch nur ein Geräusch zu machen."

"Obwohl ich mich nicht vorbereitet hatte, ist es mir gelungen, sehr genau nachzuspielen, wie das war, als ich nach Hause kam. Ich mußte gar nicht schauspielern. Komisch und toll ist das, anderen so viel von meiner Traurigkeit zu zeigen. Zum ersten Mal hatte ich ein bißchen das Gefühl, dazuzugehören."

"Ich spiele eine Szene aus der Zeit als ich 23 Jahre alt war; ich konzentriere mich und erinnere mich an ganz seltsame Dinge - an alle Kleinigkeiten, die wir damals in der Wohnung hatten. Ich war vollkommen überrascht über die Tatsache, daß, während ich so nachdachte, auch das schreckliche, unangenehme und einsame Gefühl zurückkam, so stark! Ich hatte Tränen in den Augen. Daß diese Erinnerung heute, nach 20 Jahren noch so viele Emotionen aufwühlen kann! Abends nach dem Kurs habe ich zwei Mettwürste, eine Tafel Schokolade, und eine Tüte Nüsse in mich hineingestopft."

Inhaltlich ging es oft um das, was Essen vertuschte. Zum Beispiel Einsamkeit in der Ehe, sich ausgeschlossen fühlen. Protest, Hilflosigkeit angesichts des Todes. Momente, in denen die Frauen statt zu heulen oder zu schreiben, stumm blieben und ´was Leckeres zu Essen machten. Eine der Frauen war allerdings nicht eßsüchtig, ich würde sagen, sie war Diät-süchtig. Seit zehn Jahren machte sie eine teure Diät nach der anderen. Hoffnung und Enttäuschung wechselten sich ab und bestimmten ihr Lebensgefühl. Irgendwann nach der Premiere hat sie damit aufgehört und die Gruppe hat sich riesig gefreut - und ich mich auch. Unsere These war, daß wir unsere Unzufriedenheit und unsere "Power" mit dem leckeren Essen und dem weichen Körper ständig dämpften - also uns selber klein und ungefährlich hielten. In der folgenden Improvisation verbat ich das goldene Mittelmaß - sie sollten mit Extremen spielen, zunächst auf abstrakter Ebene, laut/leise, groß/klein, egnergisch/schwach, etc. Dann wurde es szenischer - ein Experiment:

In der Mitte des großen Saales deckte ich einen Tisch mit Kaffee, Kuchen und Schlagsahne.. und bestimmten festgelegten Regeln (z.B. leise Sprechen). Der Tisch verkörperte das gedämpfte Mittelmaß. Hier durften die Frauen sitzen, wenn sie sich gut benehmen wollten. Im leeren Raum drumherum ging das lebendige Spiel der Extreme weiter. Die Spielerinnen waren frei, zwischen den beiden Welten zu wechseln. Im weiteren Verlauf sagte ich an, daß zwischen den beiden Welten Kontakt entstehen könne.
Das Experiment erinnerte die Frauen wieder an so einige Erlebnisse - an die stickige Stimmung bestimmter Familienfeste.
Kurz darauf machte ich das Konzept für die Vorstellung - eine erfundene Geschichte, in die die wichtigsten Spielmomente der Frauen verflochten wurden. Zentrum des Geschehens wurde ein überdimensional hoher Tisch. Alles, was in die enge Welt am Tisch nicht paßte, spielte sich unter dem Tisch ab. Je mehr man jedoch ge-

gessen und getrunken hatte, je mehr man getrascht hatte über Tante Vera, deren Stuhl leer blieb.., desto schwieriger wurde es, die Regeln aufrechtzuerhalten. Nach ganz viel guter Miene zum bösen Spiel kommt es am Schluß zum Streit zwischen Mutter und Tochter - das 'ach-so-gut-gemeinte Essen' und alle übrige Materie, die zwischen den beiden stand, wird abgetragen. Zum Schluß sagt Jolanda zu Oma, zu ihrer alten Mutter, daß sie so gerne einmal anderes mit ihr sprechen will. Oma antwortet mit einem offenen Blick - zum ersten Mal ist da direkter Kontakt zwischen den beiden.

Das Stück - Suikersin/Zuckerwatte wurde viermal gespielt, vor sehr unterschiedlichem Publikum. Bei den Nachbesprechungen fiel auf, daß betroffene Frauen und TherapeutInnen sehr begeistert waren, während Theaterleute und andere Männer nicht soviel damit anfangen konnten. Sie kritisierten, daß die Konflikte auf der Bühne nicht drastisch genug dargestellt wurden. Die Betroffenen fanden gerade die Indirektheit der Konflikte so gut skizziert, daß sie es kaum aushalten konnten.

11. So ein Theater - für wen?

Soll man solche Stücke überhaupt aufführen? Renier Niens richtet sich in seinem Spiel-Programm "Emanzipation von deiner Lebensgeschichte" - ganz auf den Wert, den das Spiel für die Spielenden selbst hat, er streicht die Idee der Vorstellung. Oder soll man solche Theaterstücke nur bei thematischen Veranstaltungen, für Betroffene spielen, oder auch vor einem normalen Theaterpublikum? Das "normale" Theaterpublikum in Deutschland will vor allem gut unterhalten werden, will amüsiert werden. Es gibt so ein ungeschriebenes Gesetz: Wenn schon Leiden auf der Bühne, dann bitte drastisch und spritzig. Eigentlich ist es schade, daß so viele kleine Theater so vom Geld abhängig sind, sie müssen sich wohl oder übel den Erwartungen des Publikums beugen. Könnten sich nicht auch die Sehgewohnheiten des Publikums verändern?

In anderen Kulturkreisen, wo das Leiden ebenso zum Leben gehört wie das Lachen, wo die Trauer auch im Alltag nicht so kaschiert wird, ist auch das Theater anders, bunter, emotionaler. Eine Kollegin, die in Mexico Theaterprojekte begleitete, erzählte, daß z.B. Tränen auf der Bühne dort gar nichts Ungewöhnliches oder Pathetisches sind. Scheinbar haben wir hier vielmehr Angst vor Gefühlen, im Leben und auf der Bühne auch.

12. Abgrenzung von der Therapie?
Spiel im Vorfeld der Therapie!

Ich werde so oft danach gefragt! Wurde Sjef vorgeworfen, sein Unterricht sei doch wohl Therapie, fragte er oft zurück: Was ist nicht Therapie? Alles kann doch Therapie sein - ein Spaziergang, schwimmen, reisen, schmusen. Vielleicht ist Spiel eine zugängliche Therapie für jede/n. Es setzt an bei den "Macken", die jede/r hat, bei den ganz normalen Ausdrucksstörungen. Menschen können erstaunlich lange seelische Leiden ignorieren und weiterfunktionieren. Sie sehnen sich erst dann nach Heilung, wenn die Lage sich zuspitzt, durch eine plötzliche Krise, durch eine Krankheit, - wenn der Tod näher kommt. Bevor sie sich nach Heilung, nach Therapie umschauen, sehnen sie sich nach Glück, nach Spiel, Ausdruck, Kommunikation.

Ich habe noch nie therapeutisch im offiziellen Sinne gearbeitet, nicht in der Psychiatrie, nicht mit Patienten, also mit Leuten, die zu mir kamen, weil sie Therapie suchten. Dennoch gibt es in meinen Gruppen immer wieder therapeutische Momente; die TeilnehmerInnen erzählen, daß das Spielen ihr Privatleben verändert - manchmal.
Die Grenze liegt also in der Definition und in der Zielsetzung. Zu den Kursteilnehmern, zu den Spielern und SpielerInnen sage ich, daß das Theaterspiel keine Therapie ersetzen kann.

Es kommt vor, daß das Spielen dich so sehr berührt, daß dich plötzlich heftige Emotionen überrumpeln - es passiert einfach, daß du wütend oder traurig wirst. Ich finde das in Ordnung - daß die Emotion einfach da ist, ohne daß die Ursachen analysiert werden, oder daß die Tränen "weggetröstet" werden. Ich weiß von mir, daß ich in den Gruppen die Emotionen auffangen kann, die ich bei mir selbst akzeptieren kann. Sie liegen in meinem Bereich und machen mir keine Angst. Das spüren die Leute, die zu mir kommen. Mit meiner Aggression kann ich überhaupt nicht umgehen und es verwirrt mich, wenn jemand im Spiel plötzlich echt wütend wird - das kommt dann in meinen Gruppen auch gar nicht vor. Wenn TeilnehmerInnen

durch das Spielen in Krisen oder Konflikte geraten, die sie auch außerhalb der Gruppe beschäftigen, biete ich die Möglichkeit zum individuellen Gespräch an. Manchmal empfehle ich dann eine Art von Therapie. Darum ist mir der Kontakt mit Therapeuten auch sehr wichtig. Auf jeden Fall fordere ich die SpielerInnen auf, selbst die Verantwortung für ihr Spiel zu tragen. Sie bestimmen selbst, mit welchen Geschichten und Szenen sie arbeiten wollen und was sie von sich selbst preisgeben. Wenn sich da Grenzen verschieben, wenn jemand plötzlich im Spiel ganz anders ist - "das hätten wir nie von dir gedacht!" - ist das eine positive Entwicklung. Doch werde ich niemanden über seine/ihre Grenzen zerren.

13. Zur Zeit
arbeite ich als Theaterpädagogin am FREIEN WERKSTATT THEATER Köln. Zusammen mit Angelika Wehr-Koita leite ich ein Frauentheater-Projekt. Zunächst inszenierten wir ein griech. Volksmärchen, in dem die Prinzessin einen Weg sucht, um ihr Schicksal in die Hand zu nehmen. Im Prozeß spielten die Frauen Szenen aus ihrem Leben - Situationen, in denen sie ein Hindernis, etwas was ihnen den Weg versperrte, überwunden hatten. Jetzt sind wir mit der zweiten Produktion beschäftigt. Zum Thema "Mütter und Töchter" arbeiten wir mit den persönlichen Erfahrungen der SpielerInnen. Zur Zeit wissen wir noch nicht, was für ein Stück es wird. Geplant sind mehrere Aufführungen im Mai 1992.

In einem anderen Projekt spielen 19 Menschen aus 10 verschiedenen Ländern zusammen. Es ist ein beständiges Suchen: Was bedeutet es, wenn Leute aus ganz unterschiedlichen Kulturen miteinander kommunizieren? Polititsche und philosophische Themen sind hier genauso wichtig wie die verschiedenen Autobiographien. Mit einer Altentheatergruppe entwickelte ich ein Stück über "Heimlichkeiten und Phantasieren."

Das Symposion zu Theater, Theaterpädagogik und Therapie hat mich ermutigt, über meine Projekte und Ansichten zu schreiben. Die Reflektion bleibt oft auf der Strecke, wenn ich so ganz und gar in der Praxis stecke. Der Austausch mit den Kollegen und Kolleginnen war inspirierend. Ich kann mir vorstellen, daß eine Zusammenarbeit von Therapeuten/Innen und Theaterleuten ganz neue Perspektiven bieten kann. Ich habe viele Ideen und noch nicht soviel Praxiserfahrung - und ich glaube, daß ich sowohl von Therapeuten als auch von Dramaturgen viel lernen könnte. Sicher würde auch meine Theaterarbeit davon profitieren.

Ich wünsche mir viele Experimente, neue Formen von Theater. Theater, das nicht unbedingt im Dunkeln anfängt und dem schweigenden Publikum dargeboten wird. Lebendiges Theater, Theateraktionen wie die Fahrt nach Indien auf der "Princes of Drama" sollte es öfter geben! Ich habe mich keine Sekunde gelangweilt und viel erlebt. Diese unsere hochorganisierte, kranke Welt braucht ein Theater, das die Möglichkeit bietet, Gefühle intensiv zu erleben. Theater als ein Kanal für festgehaltene Trauer, das Anlaß ist für Kommunikation, Nähe, Feier, Herzensgröße.

"Das, wovon die Welt gegenwärtig lebt, ist nicht ausreichend. Es wird weder in der Zukunft so sein, noch glauben weiterhin viele Menschen daran, daß es so sein wird. Länder wie das Unsrige, sind voller Menschen, die allen materiellen Komfort haben, den sie sich wünschen, dennoch führen sie in vielen Fällen ein Dasein stiller (und manchmal schreiender) Verzweiflung; sie verspüren nicht anderes als die Tatsache, daß in ihnen ein Loch vorhanden ist - wie viel Essen und Trinken sie da auch hineinschütten, mit wie vielen Autos und Fernsehern sie es auch immer zu stopfen versuchen und mit wieviel ausgelichenen Kindern und loyalen Freunden sie es auch garnieren, es schmerzt".
Bernhard Levin - London Times, 1978

"Wenn Menschen Probleme haben, dann ist das meistens kein Zeichen dafür, daß sie krank sind, sondern ein Zeichen für Gesundheit."
(B.P. Roek)

"Regel Nr. 1 in der Erziehung ist meistens: Verberge gut, was in dir passiert. Es entstehen die bekannten Erscheinungen und Verdrängungsmechanismen. Die Krankheit unserer Zeit ist die leere Schauspielerei, von der das Leben voll ist. Die meisten fühlen nur einmal im Leben das selige Gefühl der Liebe und das Jubeln der Freiheit. Sie hassen einmal gründlich, sie trauern einmal und dann sterben sie. Das ist zuwenig angesichts unserer Fähigkeiten zu lachen, zu weinen, glücklich zu sein und zu leiden. Wir turnen täglich, um unsere Muskeln und Glieder zu stärken, so daß sie funktionstüchtig bleiben. Jedoch sind auch die Organe der Seele für das ganze Leben gemacht. Sie werden kaum gebraucht und verlieren ihre Leistungsfähigkeit."
(Max Reinhard - Columbien 1928)

"Ein Mensch kann sehr lange ohne Essen sein, weniger lange ohne Trinken, weniger Zeit noch ohne zu atmen, aber überhaupt nicht ohne Ausdruck - sonst wäre der Mensch tot."
(Arabisches Sprichwort)

`Schatten der Jugend´

, – Offener Spielsaal –

Spieler :

Lotte	Anna Spohr
Ans	Arletta Albers
Inge	Astrid Gerritsen
Katja	Britt Schalke
Tonnie	Cees v. d. Bught
Christina	Felicitas Schlette
Jules	Jules Vernooy
Minka	Maria Jacobs
Sjoert ,	Robert v. Vliet
Bobbie	Thomas Borggreffe

Begleitung / Regie :

Sjef van der Linden
Joke Terpsma

Zeichnungen :

Jose Voorn

In einem außerordentlichen Unterrichts-
programm für Studenten des 2. Studienjahres
an der Hochschule der Künste, Utrecht,
Fakultät Drama und Theater ist diese Vorstellung entstanden.
Innerhalb des Programms wurde nach den
Möglichkeiten des Modells `offener
Spielsaal´ gesucht. Im offenen Spielsaal ist
es der Spieler selbst, der den Verlauf des
Spiels bestimmen darf und kann.
Das Spieltraining richtete sich vor allem
auf die Möglichkeiten des antagonistischen
(unterstützenden) Spiels. In Bild und
Bewegung wurde nach einer Spielsprache mit
genügend erzählerischer Kraft gesucht.
Auch mit musikalischer Unterstützung wurde
gearbeitet, und schließlich mit Kombinationen
von Spiel, Tanz und Geschichten.

Die Vorstellung gibt den gesamten Prozess
der Spielforschung wieder. Themen und
Handlungsmuster, welche im Lauf der Zeit
immer wieder auftauchten, wurden als
dramatisch interessante Ausgangspunkte
gebraucht.
Ihre Kristallation führte zu der Vorstellung.
Es gibt kein festes Konzept für die Bühnen-
inszenierung. Das bedeutet für die Spieler,
daß sie bei jeder Aufführung aufs Neue Wege
entdecken müssen um die dramatische Spiel-
Linie umzusetzen. Diese dramatische Spiel-
linie bzw der rote Faden, liegt wohl
fest.

Arbeitsfeld 4:

Jugendhilfezentrum

Anita Ungeheuer

Comedia Caotica: "Wir brechen das Schweigen."

Entwicklung eines Theaterstückes (Szenencollage) zum Thema sexueller Mißbrauch

Ein Beispiel der Theaterarbeit des Jugendhilfezentrums Johannesstift

1. Die Spielidee zu diesem Thema kam von den Jugendlichen selbst. Von sieben Jugendlichen /Mädchen/jungen Frauen, erklärten sich sechs Mädchen bereit, trotz Ängste, trotz eigener Betroffenheit, dieses Thema zu bearbeiten.

2. Die Mädchen benötigen Schutz und Sicherheit, um sich diesem belastenden Thema zu stellen. Von den verbleibenden sechs Mädchen waren fünf in unterschiedlichem Schweregrad selbst von sex. Mißbrauchserfahrungen betroffen.

3. Es wurden folgende Grundsätze entwickelt:

• Für dieses Theaterprojekt, das Vertrautheit und Sicherheit für alle MitspielerInnen erfordert, mußte eine stabile Gruppe gebildet werden. Die Jugendlichen versicherten sich ihrer Bereitschaft, dieses Stück gemeinsam zu entwickeln. Es wurden nach der Gruppenkonsolidierung keine neuen Jugendlichen mehr hinzugenommen. Auch bei Ausfall von MitspielerInnen wurde vereinbart, die Rolle nicht durch fremde, neuzugewinnenden Mädchen zu ersetzen (diesem Prinzip waren wir bisher bei allen anderen Theaterproduktionen gefolgt!

• Keine Jugendliche sollte sich gezwungen fühlen, ihre eigene Geschichte in der Gruppe offenzulegen (Intimitätsschutz). Wir entwickelten die Geschichte von einem fiktiven Mädchen namens "Lisa".

• In allen Szenen, in welchen die Mädchen sich es wünschen, wird die Identität der SchauspielerInnen geschützt. Die bedrohlichen, brutalen realitätsoffenlegenden Aussagen werden hinter einem Vorhang gespielt (Schattenspiel). Vermieden werden muß, daß die Jugendlichen auf der Bühne Gewalterfahrungen nochmals erleben. Ebenso wird den Mädchen freigestellt, in einigen Szenen ihre eigene Stimme durch eingespielte Tonbandaufnahmen (andere Stimme) zu ersetzen.

- Es gab zwei männliche Mitglieder außer den sechs Mädchen (Mitspieler + Chorleiter). Diese wurden nicht grundsätzlich von der Probenarbeit ausgeschlossen. Fühlte sich jedoch auch nur eine Jugendliche bei einer Übung/Szenenentwicklung von der männlichen Anwesenheit in ihrer Ausdrucksfähigkeit blockiert, so verließen die männlichen Kollegen die Gruppenarbeit (2x wurde von dieser Ausschlußmöglichkeit Gebrauch gemacht).

- Die Gruppe stellte sich unter keinen Auftrittsdruck. Bis zum Schluß behielten wir uns vor, das Stück nicht öffentlich aufzuführen.

- Zur Szenenentwicklung gelangten wir durch viele Übungen und Rollenspiele. Zur Vorbereitung wurde z.B. mit dem Ausdruck von emotionalen Erlebnisinhalten (Scham - Angst - unterdrückte Wut - Verzweiflung) in Paarbegegnungen experimentiert. Hierbei ging es auch immer wieder um die Entwicklung einer Rollendistanz. Die Mädchen sollten sich in vorgegebene Gefühlssituationen begeben und wieder herausfinden.

Mit der Stückentwicklung verfolgten wir folgende Ziele:

1. Den jungen Mädchen/Frauen wurde deutlich gemacht, daß sie mit der Stückauswahl (Probenarbeit und Aufführungsbereitschaft) Mut und Zivilcourage beweisen. Sie schweigen nicht länger, sind nicht länger nur Opfer sondern legen offen, was hinter dem oft unverständlichen Verhalten von betroffenen Frauen/Mädchen steht. Damit wurden auch Selbsterkenntnisprozesse in Gang gesetzt.

2. Die Jugendlichen beweisen durch ihre Auftrittsbereitschaft auch eine Stärke, womit sie deutlich machen, daß die sex. Mißbrauchserfahrungen nicht nur Lebensenergien paralysieren, sondern daß auch Energien zur Gegenwehr freigesetzt werden können. Die eigenen Selbsterhaltungskräfte wurden geweckt, Selbstvertrauen gestärkt.

3. Durch die Rollenarbeit erfahren die Jugendlichen verschiedene Ausdrucksmöglichkeiten der Thematik (Rebellion, Paralysierung, Fassungslosigkeit, Verzweiflung etc.) Manche Jugendlichen wählten in der Probenarbeit Gegentypsrollen oder versuchten, sich in die Situation der Schwester, Freundin, Mutter oder in einem Fall gar des Täters hineinzuversetzen. Den Jugendlichen wurde so die Vielschichtigkeit der Problematik deutlich. Es wurden jedoch primär viele eigene Erfahrungen ausgespielt.

Über die eigene Betroffenheit/die selbstgemachten Erfahrungen entstanden im Verlauf des Theaterprojektes viele Gespräche. Die Offenheit der Mädchen war beeindruckend.

Mit dem Mut zur Probenarbeit und dem Auftritt sollte eine Grundaussage getroffen werden. Mißbrauchte Frauen und Mädchen haben ein schweres Trauma erlitten. Sie lassen sich jedoch nicht zu seelischen Krüppeln, unfähig zur Liebe, zur persönlichen Reife abstempeln. Sie werden aufstehen, Ihre Leidserfahrung benennen und dem Zuschauer zumuten.

Sie werden durch ihr Spiel deutlich machen, daß es schwer ist, nach den gemachten Erfahrungen heimisch in dieser Welt zu werden. Aber gerade durch die Wiedergabe des Erlebten im Theaterspiel distanzieren sie sich von ihrer "nur Opferrolle". Sie werden zu Akteuren des Geschehens und entwikkeln einen berechtigten Stolz über ihren Mut zur Aussage.

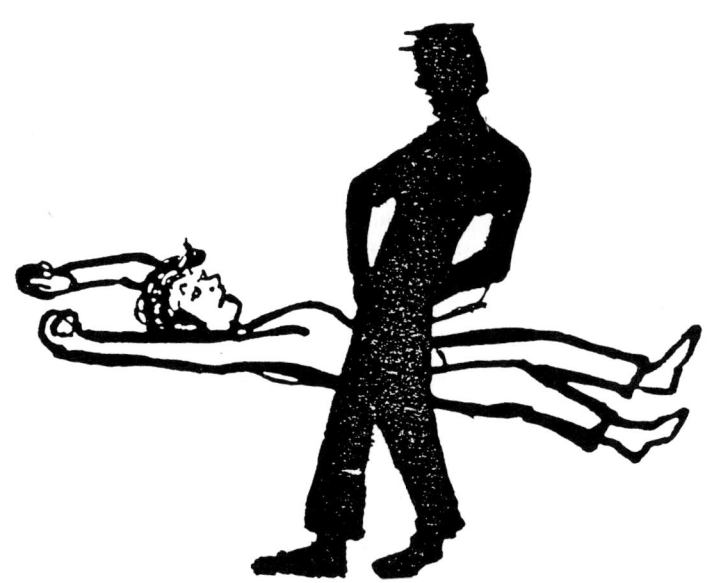

Szenenbeschreibung

Es gibt mehrere Spielebenen:
Treppe/Bühnenhälfte/Schattenbühne

1. Szene

Ein Mädchen X trifft auf ihre Freundesclique. Sie weigert sich mit auf die Fete zu gehen als sie hört, daß dort auch Jungs sind.

2. Szene/Schattenspiel

Lichtwechsel zur Schattenbühne
"Lisa" wird verfolgt und körperlich bedrängt.

3. Szene

Schulgespräch
Lisas Lehrer versteht nicht ihren schulischen Abfall, ihr Rückzugsverhalten. Er droht, ein Gespräch mit dem Vater zu führen. Lisa entzieht sich.

4. Szene

erneuter Lichtwechsel zur Schattenbühne. Lisa wird durch übermächtige (große Figuren) bedroht.

5. Szene

"Lisa" verletzt sich unbeabsichtigt. Die Freundin ruft den ärztlichen Notdienst. Lisa reagiert hysterisch auf die Hilfeleistungen des männlichen Sanitäters.

6. Szene/Schattenspiel

Lichtwechsel
Auf der Schattenbühne ist eine körperliche Auseinandersetzung zwischen einer unterlegenen und einer mächtigen Person zu erkennen.

7. Szene

Der Vorgang der Schattenbühne wird abgenommen. Zur Ansicht kommt ein Bett.
Unter den Bezügen liegt ein Mädchen. Der Mond an der Bühnenwand (gelber
Spot) wird langsam auf das Mädchen gerichtet. Lisa zieht mehrere Bekleidungs-
stücke übereinander an, ihr Gesicht bemalt sie bis zur Unkenntlichkeit.
Der Spot bezieht auch eine zweite Jugendliche in das Geschehen ein. Diese zer-
schneidet ihren Schlafanzug.
Eine dritte Jugendliche wird vom Bühnenlicht erfaßt. Wie in einem Wahnzustand
nimmt diese eine Puppe auseinander uns schneidet sich nach der Zerstörungsak-
tion mit einem Messer.

8. Szene

Der Vorhand wird wieder angebracht. Sachl. Aussagen/Informationen zum sexu-
ellen Mißbrauch werden vom Band gespielt.

9. Szene

Auf der Schattenbühne findet ein Gespräch zwischen Lisa und der Mutter statt,
die ihrer Tochter die vorsichtigen Andeutungen zur Tat ihres Vaters nicht glaubt.

10. Szene

Lisa spricht mit einer Sozialarbeiterin, die nur schwer an sie herankommt
(ebenfalls hinter dem Vorhang)

11. Szene

Selbstbekenntnisse zu den schlimmen Erfahrungen können die Mädchen in einer
Therapiegruppe loswerden (Schattenbühne)

12. Szene

Die Mädchen treten nacheinander auf die zweite Bühne. Dort steht ein Spiegel.
Einige sehen sich nur an, andere führen ein Selbstgespräch und entwickeln in dem
Spiegeldialog trotz allem ein neues Selbstbewußtsein.
Sie treten gemeinsam aufrecht vor das Publikum und sprechen den befreienden
Satz:

"Wir brechen das Schweigen!"

Anita Ungeheuer

Praxisprojektvorstellung des Jugendhilfezentrums Johannesstift in Wiesbaden: "Theaterpädagogik zwischen Selbsterfahrung, Improvisation und sozialästhetischer Erziehung"

Der hier vorgestellte theaterpädagogische Ansatz wurde in der Arbeit mit Heimjugendlichen (vorwiegend weiblich) in 10 Jahren Praxiserfahrung im Jugendhilfezentrum Johannesstift entwickelt.

Nachdem sich die Theaterarbeit in den Anfangsjahren auf das spontane In-Szene-setzen von Erlebnissen der Jugendlichen und die Erarbeitung kleiner Sketsche und Rollenspiele im Gruppenalltag beschränkte, ist mittlerweile eine kontinuierlich arbeitende Theatergruppe bestehend aus Jugendlichen und MitarbeiterInnen der Einrichtung entstanden. Die in der Improvisationsarbeit entwickelten Ergebnisse werden öffentlich anläßlich Heimfesten, Fachtagungen, Stadtfesten etc. zur Aufführung gebracht.

Comedia Caotica

Der Name der Theatergruppe "Comedia Caotica" steht eng in Zusammenhang mit den der Gruppe über all die Jahre erhalten gebliebenen pädagogischen Problemen:

- der unregelmäßigen Teilnahme (auch der erwachsenen!) MitgliederInnen an dem Theatertraining und an den Szenenproben

- dem ständigen Wechsel der MitspielerInnen auch noch kurz vor dem Auftritt der Truppe;

- dem Auftreten von Gruppenspannungen, Machtkämpfen, Eifersüchteleien etc.

Produktive Aktion

Dennoch gelangten in den letzten Jahren eine Reihe von Theaterproben mit den unterschiedlichen Themenstellungen zur öffentlichen Aufführung.
Jedes Stück wurde gemeinsam mit den Jugendlichen entwickelt. In der Rollenfindung wurden die Stärken und besonderen Eigenheiten der Jugendlichen beachtet. Es wurden Themen bearbeitet, die unmittelbar mit den Jugendlichen zu tun hatten.

- der Heimalltag

- die reale Lebenswelt der Jugendlichen/deren Jugendkulturen

- Jugendarbeitslosigkeit, Drogenproblematik

- Mädchendiskriminierung

- Alltagserfahrungen im sozialen Brennpunkt etc.

Es folgten aber auch Literaturbearbeitungen zu bekannten Publikationen wie z.B. "Der kleine Prinz", "Momo", sowie diverse Märchenbearbeitungen

Seit dem letzten Jahr ist die Regiearbeit bestimmt von einem multimedialen Ansatz, d.h. dem Integrationsversuch von unterschiedlichen Medien und Kunstrichtungen.

Die Theatergruppe arbeitet z.B. zusammen mit der Jazztanzgruppe und der Videogruppe der Einrichtung Inszenierungen aus.

Ein Zukunftswunsch wäre die Entwicklung eines "Musiktanzspieles" analog der "Westside Story". Konkrete Ideen hierzu gibt es bereits. Ein Arbeitstitel ist ebenfalls gefunden: "Streetlife".

Welche Ziele werden mit dieser Theaterpädagogik verfolgt?

Im wesentlichen werden drei Ebenen angesprochen:

- Die individuelle Ebene

- Die sozialtherapeutische, gesellschaftspolitische Ebene

- Die ästhetische Ebene

Der individuelle Ansatz

Auf der **individuellen Ebene** wird die einzelne MitspielerIn in ihrer gesamten Persönlichkeit angesprochen; mit ihren Stärken, aber auch ihren Defiziten, ihren Verhaltensprägungen, ihren spezifischen Entwicklungsblockaden.

Hier kann Theaterpädagogik, wobei die Bedeutsamkeit des Rollenspiels nicht unterschätzt werden sollte, kompensatorische, emanzipatorische und sozialtherapeutische Funktionen ausüben.

Wenn wir das Rollenspiel nutzen zur spontanen bzw. angeleiteten Szenischen Darstellung real erlebter Interaktionssituationen und dabei das didaktische Ziel verfolgen, daß im Interaktionsprozess vorhandene Strukturen erkannt und im dialektischen Rollenspiel kommunikativ verändert werden, erlauben wir den Jugendlichen neue Verhaltensweisen und Problemlösungen zu erproben, ohne die Konsequenzen sofort ziehen zu müssen.

Es ergibt sich folgende Zielformulierung:

1. die Entwicklung der Fähigkeit zur spielerischen Rollenübernahme (Identifikation)

2. die Erweiterung des Rollenrepertoires

3. die Akzeptanz der Rollenveränderungen, -kritik und damit die Entwicklung der Rollendistanz

4. die Entwicklung der Durchsetzungsfähigkeit eigener Interessen und die Schulung des Einfühlungsvermögens in die Bedürfnisse anderer (Empathie).

5. die Entwicklung einer Toleranz gegenüber Rollenentwürfen, die von den eigenen Vorstellungen abweichen (Ambiguitätstoleranz) (1)

Der gesellschaftspolitische Ansatz

Auf der **sozialtherapeutischen/gesellschaftspolitischen Ebene** wird dem Zuschauer zunächst ein Einblick in die Lebenswelt der Jugendlichen (der Heimjugendlichen) vermittelt.

Theater kann wirksam und überzeugend sein, wenn es über das Spiel Betroffenheit bei den Zuschauern auszulösen vermag.

Durch die Authentizität der Jugendlichen wird diese Betroffenheit erreicht.

Die Jugendlichen spielen sich selbst, ihre Ängste, ihre Träume, ihre traumatischen Erfahrungen, ihre Sehnsüchte oder bringen sie in ihre Rollenauffassung mit ein. In ihren biographisch gefärbten Darstellungen der verschiedenen Theaterthemen verarbeiten sie spielerisch ihre Konflikte und Kränkungen im "intermediären Raum" (Winnikott).
Indem sie diesen Erfahrungen Gestalt geben und sie dem Publikum zeigen, distanzieren sie sich gleichzeitig von dem privat Erlebten und vermitteln dem Publikum stattdessen gesellschaftskritisch sozialpolitische Probleme (vom Drogenkomsum bis sex. Mißbrauch).
In diesem Prozeß demonstrieren sie, daß sie mehr sind als "asozialer Ausschuß"; sie beweisen ihre Leistungsfähigkeit. Durch die Begegnung mit dem Publikum, insbesondere durch positive Publikumsreaktionen wird das Selbstvertrauen und das Selbstwertgefühl der SpielerInnen verstärkt. Im Theaterspiel ist jede/r wichtig auch in ihrer/seiner Nebenrolle ("ohne Dich können wir nicht auftreten"). Das große Ergebnis des Auftritts hält die Gruppe zusammen, verpflichtet auf das gemeinsame Ziel, erzieht zur Verantwortung und beeinflußt das Sozialverhalten positiv.

Eine erfolgreiche Aufführung erhöht die Motivation für eine weitere Theaterarbeit. Das große Gefühl einer gemeinsamen Handlungs- und Ereigniserfahrung wirkt weiter gruppenfestigend.

Die Bereitschaft zur Auseinandersetzung mit weiteren gesellschaftspolitischen Themen wächst, wenn dem Publikum vermittelbare Botschaften durch die Theaterproduktion transparent werden.

Der ästhetische Ansatz

Auf der **ästhetischen Ebene** hat Theaterpädagogik das Ziel ästhetische und künstlerische Fähigkeiten und schöpferische Gestaltungskräfte auszubilden.

Hier hat das improvisatorische Spiel seinen besonderen Stellenwert. Im Gegensatz zum reinen Sprechtheater, zum Rollenspiel, zu tradierten Formen des herkömmlichen Theaters wird im Improvisationstheater Wert auf den Prozeß im Hier und Jetzt gelegt. Die Jugendlichen sollen ihre allgemeinen Ausdrucks-, Wahrnehmungs- und Kommunikationsfähigkeiten auf der Bühne frei entwickeln - ohne detaillierte Textvorgaben ohne die lästige Vorübung des Auswendiglernens von Texten. Die improvisatorische Entfaltung geschieht in der Aktion und Reaktion der Spieler. Vielfältigste Kommunikationsmittel werden flexibel eingesetzt; Gestik, Mimik, Körperbewegungen, Laute/Nonsensworte, Ton- und Geräuschkollagen etc. Durch Festhalten und Wiederholen von improvisierten Szenen wird das Spielmaterial über das Hier und Jetzt verfügbar und dadurch ebenfalls "Entprivatisiert".

Eine Schauspielergruppe kann sich bewegen in Choreographien, Maskenbildnern und im "freeze" (=eingefroren) verharren. Einraumtheater findet gleiche Repräsentanz wie die mehrdimensionale Bühne. Die Körpersprache ist ebenso ausdrucksstark wie die verbale Sprache. Die Jugendlichen, die über einen restringierten Sprachcode verfügen, können sich endlich genauso eindrucksvoll mit ihren Mitteln ausdrücken wie **ihre verbal** überlegenden MitspielerInnen.

Die hierzu notwendigen Improvisationstechniken werden in Übungen, Spielen, Selbsterfahrungserlebnissen erarbeitet. Hierbei durften Techniken keine Mechaniken werden. Die Arbeit mit den Jugendlichen zeigt, daß sie reines Techniktraining weder mögen noch nötig haben.

Eine genaue Beobachtungsgabe läßt erkennen, daß die Jugendlichen in ihrem all-täglichen Verhalten fast das gesamte Material selbst mitbringen.

Im Überlebenstraining in ihrem bisherigen sozialen Umfeld sind sie offenbar zu Meistern der Verwandlung geworden. Ihre Institution zum Einfühlen in die Rollen anderer (selbst die von Jugendlichen definierten Feindrollen wie Polizeit, Täter usw.) ist erstaunlich hoch.

Es gilt, die geeigneten Rollen für jedes Individuum zu finden und die Lernschritte den jeweiligen Fähikeiten anzupassen.

"Wenn der Schauspieler in seinen Knochen spürt, daß es viele Wege gibt, etwas zu sagen oder zu tun, werden Techniken aus seinem Selbst entspringen".(2)

Konsequenzen und Ergebnisse

Der pädagogische Erfahrungsraum des Theaterspiels ist umfassend. Daher ist die Frage spannend, ob dieses kompensatorisch angelegte pädagogische Handeln problembelastete Jugendliche längerfristig stabilisieren und andauernde Verhaltensänderungen bewirken kann. 10 Jahre Theaterarbeit läßt auf Erfahrungen blicken. Sicherlich wird Theaterpädagogik alleine normabweichendes Verhalten z.B. Arbeitsverweigerung, kriminelle Handlungen nicht grundlegend beeinflussen können. Jedoch lassen sich wie oben dargelegt bemerkenswerte Entwicklungen feststellen:

1. Der Selbstwertzuwachs ermutigt manchen Jugendlichen auch in der Schule/Heimgruppe selbstbewußter aufzutreten.

2. Die erlebte Wichtigkeit auf der Bühne - einmal im Mittelpunkt gestanden zu sein - bleibt für alle Jugendliche eine nicht auslöschbare positive Erinnerung, die ihnen niemand nehmen kann.

3. In der Theatergruppe wirken einige ehemalige Jugendliche mit. In Pha-

sen der Arbeitslosigkeit war die regelmäßige Theaterarbeit oft einziges, den ansonsten momotonen, strukturlosen Lebensalltag aufhellendes Element. An die Stelle des permanenten Zukiffens trat bei einigen Jugendlichen zumindest zeitweise die Theaterarbeit, für die sie einen klaren Kopf brauchten. Die Ehemaligen wirkten bedingt durch ihren Erfahrungsvorsprung häufig stabilisierend im Gruppenprozeß, wirkten ausgleichend bei Konflikten und stützen damit die Gruppe. Diese positive Erfahrung half ihnen ihre persönliche Lebenskrise zu überwinden. Die meisten dieser jungen Menschen gliederten sich später wieder in den Arbeitsprozeß ein.

Dieser Ansatz der Theaterpädagogik kann trotz dieses positiven Prozesses nur komplementäres häufig aber auch initierendes Element sein. Er sollte Mut machen, die Mühe der Motivationsarbeit auch bei Heimjugendlichen nicht zu scheuen.(3)

(1) vgl. B. KLOSTERKÖTTER "Spielendes Lernen und Rollenspiel zwischen Sinnlichkeit und Vernuft".
(2) v. SPOLIN "Improvisationstechniken, Seiten 28, Jungfermann 1987
(3) siehe weitere Lernschritte in Handbuch der Spielpädagogik Band 3 Artikel: H. HOPPE "Theater als pädagogischer Erfahrungsraum" Seite 326-331 Pädagogischer Verlag Schwann-Bagel 1984

Arbeitsfeld 5:

Grundschule

Ursula Ries

*Von wilden Löwen
und zahmen Hasen*

**Spielversuch zur Veränderung von
geschlechtsspezifischen Verhalten**

Das folgende Praxisbeispiel stammt
aus meiner Arbeit mit einer vierten
Grundschulklasse. Was das Ge-
schlechterverhältnis betrifft, fand ich
das typische Bild.

Die Mädchen sind insgesamt ruhiger,
zurückhaltender und favorisierten soziale, friedliche Konfliktlösungen. Die
Jungen geben sich betont aggressiv
und tendieren zur Eskalation des Kon-
fliktes. Sie unterstreichen diesen
Trend durch permanente verbale und
körperliche Selbstdarstellung.

Ziel für mich als feministisch engagierte Pädagogin ist es, den Kindern
beiden Geschlechts zu helfen, "männliche" wie "weibliche" Anteile gleichermaßen leben zu können. Die
Mädchen brauchen Unterstützung, um
ihre Interessen durchzusetzen. Mit ih-

nen muß an einer Stabilisierung des
Selbstwertgefühls gearbeitet werden
in der sie erkennen, daß sie stark, lei-
stungsfähig und wichtig sind.

Der Einsatz für die Mädchen hat, zumindest in gemischten Gruppen, nur
dann Aussicht auf Erfolg, wenn auch
den Jungen Perspektiven für eine Veränderung angeboten werden. Die Do-
minanz der Jungen bei gleichzeitiger
Selbstbeschränkung der Mädchen ist
ein System, das nur geändert werden
kann, wenn es von beiden Seiten verändert wird.
Die Jungen müssen lernen, daß auch
Schwäche und Angst zum Mannsein
gehören darf. Sie brauchen Unterstützung darin, ihr "Zwangsverordnetes
Heldentum" aufzugeben.
Im folgenden will ich skizzieren, wie
ich versucht habe, starre Geschlechter-
rollen in einer Spielaktion über "wilde
und zahme Tiere im Urwald" aufzu-
weichen.

Ich entwarf eine Phantasiegeschichte,
in der sich das Verhältnis der Jungen
und Mädchen wiederspiegelt:
Die wilden Tiere leben allein. Sie sind
stark und selbständig, aber sie haben

keine ausgeprägten sozialen Kontakte. Wenn sich zwei wilde Tiere begegnen, dann bekämpfen sie sich.

Die zahmen Tiere dagegen haben sich vor Jahren zusammengeschlossen. Sie bekämpfen sich nicht mehr, sondern wohnen zusammen in Hütten. Sie haben Zeit füreinander, zum Spielen und schmusen, aber weil sie nicht mehr kämpfen müssen, sind sie langsamer, schwächer und ängstlicher geworden. Zwischen beiden Gruppen gibt es einen Austausch. Die wilden Tiere nähern sich manchmal dem Dorf, wenn es ihnen im Wald zu einsam ist. Die zahmen Tiere brauchen die wilden, weil sie von ihnen wieder das Klettern u.a. lernen können und Abwechslung in ihr sonst zu ruhiges Leben zu bringen.

Wichtiger war mir dabei, daß beide Rollen mit positiven und negativen Aspekten beschrieben waren und einen hophen Grad an Verfremdung in Bezug auf den eigenen Alltag hatten. Jedes Kind wurde aufgefordert sich eine Tierrolle zu wählen. Obwohl ich damit gerechnet hatte, daß die Auswahl der Tiere die Geschlechterpolarität widerspiegelt, war ich überrascht über das Ausmaß. Bis auf eine Ausnahme hatten sich alle Jungen als wilde Tiere im Wald eingeordnet.

Bei den Mädchen war das Bild gemischter. Die meisten hatten sich für das Dorfleben entschieden. Sie waren Hasen, Katzen, Affen.

Interessanterweise waren die "wilden Tiere" unter den Mädchen alle Außenseiterinnen der Gruppe. Ein Mädchen, das auch Spielkontakte zu den Jungen hat und sich sehr gut durchsetzen kann, bezeichnete sich selber als "Horroalligator". Die anderen zeichnen sich durch ihre extreme Zurückhaltung aus. Sie sind so ruhig und durch ihre zurückgenommene enge Körpersprache (un)auffällig, daß sogar die anderen Mädchen Schwierigkeiten mit ihnen haben. Diese Mädchen ordneten sich auch im Wald ein, jedoch als "wilder Hase" oder "harmlose Katze".

Die Angaben der Kinder habe ich in der Vorbereitung der nächsten Stunde zu Rollenkarten weiterverarbeitet und dabei die besondere Situation der einzelnen zu berücksichtigen versucht. Im Rahmen dieses Beitrages kann ich mich nur auf zwei Beispiele beschränken.

Sascha, ein besonders unruhiges und aggressives Kind, hat eine extreme Außenseiterrolle innerhalb der Klasse. Körperkontakt nimmt er fast nur über Raufereien auf. Er läßt sich nicht sanft oder zärtlich berühren. Er überzieht das männliche Imponiergehaben soweit, daß es selbst von den anderen Jungen als störend erlebt wird.

Sascha wählte sich als Tier eine "Monsterkrake": Diese Beschreibung fand ich sehr passend, da er sogar innerhalb der Jungengruppe durch sein aggressives Verhalten einen Sonderstatus hat. Er ist anders als die "anderen Wilden". Durch diese Andersartigkeit, so meine Interpretation, hält er sich die Mitschüler auf Distanz und schützt sich: Ich vermute, daß dieser Schutz einen Sinn für ihn hat, etwa um Einsamkeit zu ertragen oder Ängste abzuwehren. Ich wollte ihm einen Ausweg zeigen, sich innerhalb der Tierrolle von einer anderen Seite zu zeigen und schrieb für ihn folgende Rollenkarte.

Die Monsterkrake
Du wohnst im Wald. Alle Tiere haben Angst vor dir, weil du so laut brüllen kannst und so fürchterlich aussiehst. Du brauchst nur aufzutauchen und alle rennen weg.

In Wirklichkeit bist du ein anderes Tier. Es weiß aber niemand, daß du dich als Monsterkrake verkleidet hast. Die Verkleidung hast du, seit du im Wald wohnst. Sie war immer sehr praktisch, weil sich niemand an dich herantraut. Aber es redet auch niemand mit dir. In der letzten Zeit möchtest du manchmal nicht allein sein. Du hättest gerne jemanden, der dir mal zuhört, jemanden, der nicht gleich wegrennt, wenn er dich sieht. Du traust dich aber nicht, dein Monsterkrakenkostüm auszuziehen, weil du Angst hast, daß alle Tiere gleichzeitig über dich herfallen. Du hast dir deshalb überlegt zum Dorf zu schleichen, dich dort fangen zu lassen und mal zu gucken wie es da ´so ist. Vielleicht sagst du das jemandem, welches Tier du in Wirklichkeit bist?

Die stillen Mädchen bilden den krassen Gegenpol zu den aggressiven, dominanten Jungen.
Sabine spricht sehr leise und meldet sich kaum zu Wort. Ihre Bewegungen sind zurückgenommen. Sie macht sich durch ihre Körperhaltung kleiner als sie ist. Sabine ist so unauffällig, daß man sie leicht übersehen kann. In der Mädchengruppe ist sie wenig akzeptiert und hat keine richtige Freundin. Sie wählte sich als Tier einen "wilden Hasen" im Wald. Meine Assoziation war, daß sie dort ist, um sich zu verstecken und nicht, um zu kämpfen. In ihrer Rolle legte ich Wert darauf, sie auf ihre Stärken hinzuweisen.

Wilder Hase
Du bist zwar klein, aber unheimlich schnell. Mit deinen großen Ohren kannst du alle anderen Tiere ganz genau hören. Du weißt wo sie herkommen und wie weit sie von dir entfernt sind. Meistens versteckst du dich früh genug, weil es dir zu anstrengend ist, dich zu prügeln. Aber manchmal kämpfst du auch. Du hast starke Hinterbeine, mit denen du deine Angreifer vor den Kopf triffst. So hast du sogar schon mal einen jungen Löwen so getroffen, daß er umgefallen ist.

Zur Weiterarbeit wurde die Klasse zunächst in drei Gruppen aufgeteilt, die "zahmen Tiere, die wilden Mädchen und die wilden Jungen.
Die "wilden Tiere" sollten sich über Kampfspiele in ihre Rollen einfühlen und in ihren Haltungen positiv bestärkt werden. Die Trennung nach Geschlechtern nahm ich hier vor, weil die Jungen deutlich mehr Kampferfahrungen und weniger Skrupel beim Raufen hatten als Mädchen, die sich in eine für sie sehr ungewohnte Situation begaben.

Die Jungen bekamen die Möglichkeit, sich aggressiv zu verhalten. Den Spaß, den sie in körperlichen Auseinandersetzungen und im Kräfte messen finden, sollten sie ausleben können.
Für die wilden Mädchen galt es, neue Verhaltensweisen zu erproben. Über Körperübungen und Kampfspiele soll-

ten sie sich selber als stark und durchsetzungsfähig erleben, um langfristig ein größeres Vertrauen in die eignen Kräfte und Fähigkeiten zu entwickeln.

Bei der Arbeit mit den Jungen konnte, im Sinne der Planung, nicht von Kampfspielen gesprochen werden. Was ich an Übungen anleiten wollte, ging völlig unter, da die Jungen bei meinem ersten Satz: "Ich möchte, daß ihr euch jetzt vorstellt die wilden Tiere zu sein, die im Wald kämpfen," sofort aufeinander losstürzten. Jeder weitere Kommentar erübrigte sich. Ich ließ sie einfach toben und machte dabei eine für mich interessante Erfahrung. Obwohl der Raum indem die neuen Jungen sich raubten klein war, und am Rand Tische und Stühle standen, eckte niemand an. Von außen betrachtet, herrschte ein ziemlich "brutales" Chaos und ich war oft versucht einzugreifen, weil ich befürchtete, aus dem Spaß würde Ernst. Es passierte jedoch nichts dergleichen. Die Jungen kämpften zwar verbissen, aber umsichtig. Sogar Sascha, die "Monsterkrake" verhielt sich fair.

Ich mußte feststellen, daß ich hier wirkliche Erfahrungslücken habe. Daß Aggression Spaß machen kann, ist sicherlich eine Tatsache, die Frauen oft nicht wahrnehmen, da ihnen der Spaß an körperlicher Auseinandersetzung fremd ist.
Die Mädchengruppe verhielt sich dementsprechend sehr zurückhaltend. ich begann die Sitzung mit dem gleichen Satz und die Mädchen reagierten darauf mit Fragen: "Und wie geht das?". Ich leitete daher verschiedene Übungen an.

Jeweils zwei Mädchen standen einander gegenüber und versuchten, sich gegenseitig wegzudrücken, über eine gedachte Linie zu ziehen oder sich anzuschreien und dabei immer lauter zu werden. Auffällig war, daß die Mädchen immer wieder aufs Neue aufgefordert werden mußten, sich zu bewegen. Kaum hatten sie eine Sache ausprobiert, setzten sie sich wieder auf ihre Plätze. Deutlich war außerdem, daß fast alle die Kraft, die sie haben nicht einsetzen. Ich mußte sie permanent anfeuern und bestärken, immer wieder auffordern und loben. Nach der halben Stunde waren einige Mädchen froh, nicht mehr raufen zu müssen. Andere hingegen hatten Spaß daran bekommen und wollten gar nicht wieder aufhören.

In der darauffolgenden Spielphase im gemischten Klassenverband ging es nun darum rollentypisches Verhalten aufzugeben.
Alle Kinder versammelten sich dort, wo die "zahmen Tiere" das Dorf aufgebaut hatten. Die "wilden Tiere" erhielten nun die Aufgabe, sich zu überlegen, ob sie zum Dorf gehen, um sich fangen zu lassen. Die Dorfbewohner sollten, sobald die Tiere in die Fallen gelaufen sind, diese versuchen mit "Futterkeksen" zu zähmen. Auf dem Dorfplatz am Feuer wird immer wieder diskutiert, welches Tier schon so zahm ist, daß es keine Gefahr mehr darstellt, also freigelassen werden kann.

Mädchen und Jungen sollten sich selbst und gegenseitig in für sie untypischen Rollen erfahren. Durch das Spielsetting hatten die Mädchen mit ihrer Entscheidungsgewalt Macht über die Jungen. Die Jungen konnten im Schutz der Rolle und durch die Spielregeln ihre Angriffshaltung aufgeben und sich von ihrer sanften Seite zeigen.

Das Zähmen der wilden Tiere verlief erstaunlich problemlos. Unter den ersten sieben der insgesamt vierzehn "wilden Tiere" befand sich sogar die "Monsterkrake". Sascha hatte zwar meine Ankündigung bis zum Schluß mit:"Ich lasse mich nie zähmen" kommentiert, ging aber dann erstaunlich bereitwillig in den Käfig. Er ließ sich füttern und sogar streicheln. Die Gruppe entschied sehr schnell, daß er wohl freigelassen werden könnte. Auf mein "besorgtes" Nachfragen, ob sie denn da ganz sicher wären, denn eine Monsterkrake sei doch sehr unberechenbar, erwiderten sie einheitlich "nein", die ist ganz zahm. die läßt sich sogar anfassen." Sascha verhielt sich auch in seiner Rolle als "gezähmte Krake" erstaunlich friedlich. Im Gegenzug wurde er von der Gruppe, die ihn bei aggressiven Verhalten zwar mit Respekt, aber nie liebevoll behandelt, in einer anderen Weise angenommen. Seine MitschülerInnen und die Kinder der Grundschule hatten so die Gelegenheit, eine andere Seite von Sascha zu sehen. Ihn so als jemanden kennenzulernen, der nicht nur prügelt, sondern auch "normal", ihnen ähnlich reagieren kann. Diese Gefühle von Ähnlichkeit und Gleichheit sind eine Voraussetzung für Verstehen und Akzeptanz.
Besonders wichtig war das Zähmen der zweiten Gruppe. Die ersten jetzt zahmen Jungen waren bereits in das Dorf eingezogen und zähmten nun ihrerseits die noch wilden Jungen. Innerhalb dieser Spielsequenz habe ich das erste Mal beobachtet, wie die Jungen untereinander Zärtlichkeiten austauschten, sich streichelten oder den Nacken kraulten.
Fast alle Jungen verwandelten sich innerhalb weniger Minuten in zahme "Hauskatzen", ließen sich kraulen und zogen mehrheitlich gleich bei den Dorfbewohnern ein. Es entstand der Eindruck, als hätten sie nur auf eine Gelegenheit gewartet, ihre harte Haltung endlich aufzugeben.

Natürlich kann eine langfristige Veränderung der Geschlechtsrollen nur mit kontinuierlicher Arbeit erreicht werden, die alle gesellschaftlichen Bereiche betreffen. Mit Phantasiespielen, eine hohe Verfremdung hilft den Kindern offensichtlich sich über Rollenerwartungen hinwegzusetzen, kann jedoch ein Anfang gemacht werden.

Arbeitsgruppen:

Intermedialer
Theorie - Praxis - Bereich

Antje Diedrich, Carsten Hentrich

Chorische Übungen

Seit 1979 besteht an der Universität Hildesheim der Diplomstudiengang Kulturpägagogik. Er gibt Studierenden die Möglichkeit, gleichermaßen wissenschaftlich und künstlerisch-praktisch zu arbeiten. Ziel der Ausbildung ist es, in außerschulischen Institutionen der ästhetischen Erziehung und musisch-kulturellen Bildung vermittelnd tätig zu werden.

Die Verbindung von Wissenschaft und Praxis bedeutet für das Studium im Bereich Theater, sich nicht nur im wissenschaftlichen Seminar mit dem Werk eines Dramatikers zu befassen, sondern auch im eigenen Spiel, im szenischen Ausprobieren und in der Reflexion darüber, neue Erkenntnisse über das Werk und das Medium Theater an sich zu gewinnen.

Dem Studiengang konnte es nie um die Ausbildung von Schauspielerinnen und Schauspielern gehen. Dennoch entstehen Aufführungen, versuchen die Studierenden zu ästhetischen hochwertigen Ergebnissen zu gelangen. Um dieses Ziel mit nicht-professionellen Schauspielern zu erreichen, werden in der Arbeit an sogenannten Aufführungsprojekten andere Akzente gesetzt. Im Mittelpunkt steht das Bestreben, alle Teilnehmer sowohl an der Erarbeitung als auch am Spiel in gleicher Weise zu beteiligen. Jeder übernimmt neben der eigentlichen Spielaufgabe eine oder mehrere andere Arbeitsaufgaben in den Bereichen Dramtaturgie, Bühnenbild, Kostüm, Öffentlichkeitsarbeit etc. Es ist der Versuch, die Verantwortlichkeit des einzelnen für das Ganze zu schulen. Die Gemeinsamkeit der Aufgabe findet ihren Ausdruck darin, daß die Projektleitung nicht mit einem fertigen Regiekonzept vor die Gruppe tritt, sondern daß gemeinsam szenische Lösungen und Variationen ausprobiert und diskutiert werden.

Der Verantwortlichkeit des einzelnen für das Ganze und der Gleichberechtigung aller bei der Erarbeitung einer Aufführung entspricht auf der Ebene des Theaterspielens ein Verständnis von Theater als sozialer Kunstform, das von Hajo Kurzenberger folgendermaßen charakterisiert wird:

....*"die Wahrnehmung, Erfahrung und Aktivierung im 'zwischenmenschlichen' Bezug. Dieser zwischenmensch-*

liche Bezug ist ja nicht nur dramen-theoretisch, wie Peter Szondi dies in seiner Definition getan hat, als Kern des Dramatischen festzuhalten, sondern er ist auch theaterpraktisch Zentrum des realisierten Spiels. Jedes zur rechten Zeit gegebene Stichwort, jede gemeinsam getroffene und von den Spielern eingehaltenen Verabredung belegt dies auf einer ganz pragmatischen Ebene und verweist darauf, daß soziale Übereinkünfte, die der Spieler mit seinen Mitspielern eingegangen ist, erst die Plattform schaffen, auf der die Freiheit des Spiels und die Freiheit des einzelnen im Spiel möglich wird." (1)

Ein Verständnis von Theater, das den zwischenmenschlichen Bezug, das Gemeinsame und die Gleichberechtigung betont, muß auch nach angemessenen Ausdrucksformen suchen.
Ein erster Schritt wäre es, das Ensemblespiel zu stärken, jede Form von Protagistentum zu vermeiden. Führt man diesen Gedanken weiter, so erscheint das chorische Spiel als die ideale Ausdrucksform eines Verständnisses von Theater als sozialer Kunstform. *"Von einem Chor sprechen wir dann, wenn das gemeinsame Tun mehrerer Personen für alle Beteiligten (Schauspieler und Zuschauer) als Form der Darstellung erkennbar wird"*, lautet die Definition von Sebastian Nübling. (2)

Heutzutage können wir nicht mehr dasselbe unter Chor verstehen, wie es die Griechen taten. In den antiken Dramen wuchs die bedeutende Stellung des Chores aus dem selbstverständlichen Gemeinschaftsgefühl der griechischen Polis. In einem Zeitalter, in dem Eigenverantwortlichkeit und Individualismus im Bewußtsein der Menschen fest verankert sind, muß ein Chor notgedrungen ganz anders aussehen und agieren. Wie entsteht nun ein zeitgenössischer, moderner Chor?

Die Erfahrungen zeigten: erstes Ziel ist es, durch Übungen, die auf das chorische Spiel vorbereiten, Gruppendynamik und kollektive Energie erfahrbar zu machen. Die Regel "Achte auf alle, außer auf dich selbst" meint die Ausbildung von Aufmerksamkeit auf die Gruppe, die Ausbildung eines kollektiven Geistes. Hier treten Probleme auf. Entweder ist der Spieler zu sehr auf sich fixiert und will seine Art den anderen aufzwingen oder er gerät in einen Zustand des Selbstvergessens, läßt sich einfach unkontrolliert von der Gruppe mitreißen. Weder das eine noch das andere Extrem ist hier gemeint, sondern ein dialektischer Zustand des "bewußten Außersichseins", der versucht, eine Fixierung des einzelnen auf sich selbst bzw. ein Untergehen in der Masse zu vermeiden (3).

Moderner Chor meint also mehr als die reine Addition mehrerer Personen zu einem Ganzen. Ziel muß es bleiben, auch die individuellen Ausformungen innerhalb einer gemeinsamen Aktion transparent zu machen. Jedes Mitglied eines Chores bringt ja seine eigenen Voraussetzungen und seine eigene Persönlichkeit mit. Bleibt diese in der chorischen Aktion erhalten, so entsteht mehr als leere Gleichmacherei. Die Formel lautet hier: *"Einheit in der Vielfalt oder Vielheit in der Einheit." (4)*

Das chorische Spiel erfordert also zweierlei vom Spieler:

1. sich einer Gruppe unterzuordnen, etwas von der eigenen Freiheit abzugeben, gemeinschaftsbildend tätig zu werden

2. innerhalb dieses gesteckten Rahmens trotzdem Freiheit zu bewahren und zu lernen, zwischen Gemeinsamkeit und leerer Gleichmacherei zu unterscheiden.

Nun trifft man in der Praxis selten auf eine homogene Gruppe, der es keine Schwierigkeiten bereitet, gemeinsam zu agieren. Vielmehr bedarf es eines langen Übungsprozeses, aus vielen einzelnen Individuen einen Chor zu entwickeln. Es gilt, diesen Prozeß durch chorische Übungen in Gang zu setzen und die oben genannten Fähigkeiten durch diese Übungen zu entwickeln.Dabei lassen sich zwei Phasen unterscheiden. Durch **gemeinschaftsstiftende Übungen** soll der Sinn des einzelnen für das Verbindende geöffnet werden. **Individualitätsstiftende Übungen** *"wollen den einzelnen lehren, sich in der Gruppe zu behaupten, nicht zum bloßen Mitläufer zu werden, sondern selbstbewußt Aktionen mitzubestimmen und voranzutreiben, ohne Gemeinsamkeit zu zerstören."* (5)

Erst auf der Grundlage dieser Übungen kann chorisches Spiel äthetisch fruchtbar gemacht werden. Im Zusammenspiel geübter Partner eröffnet sich ein Horizont von Möglichkeiten jenseits eines auf Protagonisten fixierten Theaters.

Die chorischen Übungen sollen in der Arbeitsgruppe vorgestellt werden. Freilich kann es in dem zeitlich begrenzten Rahmen nur um die Vermittlung eines ersten Eindrucks gehen. Innerhalb des gesteckten Rahmens "Theater-Theaterpädagogik-Therapie" ist diese Arbeitsweise dem Bereich "Theater" zuzuordnen. Sie ist und bleibt produktorientiert, findet ihren Ausdruck im Endergebnis Aufführung. Chorische Übungen wollen also in erster Linie das zielgerichtete Tun einer Gemeinschaft befördern, die um das bestmögliche Ergebnis bemüht ist. Das dabei die Erfahrung von Gemeinschaft und die Erfahrung der eigenen Individualität innerhalb dieser Gemeinschaft gewinnbringend für den einzelnen sein kann, ist eine wertvolle und gute Erkenntnis, die in den vergangenen Jahren immer wieder im Studiengang gewonnen wurde.

Anmerkungen

(1) Hajo KURZENBERGER: Theater als Chor. In: Dieter LÜTTGE: Kunst-Praxis-Wissenschaft - Bezugspunkte kulturpädagogischer Arbeit. Hildesheim 1989. S. 45
(2) Sebastian NÜBLING: Zeitgenössische Formen chorischen Theaters, dargestellt am Beispiel "Die Zeit zwischen Hund und Wolf. Ein Stück für Peter Handke. Diplomarbeit im Studiengang Kulturpädagogik. Hildesheim 1990. S. 20
(3) Vgl. NÜBLING. a.a.O.S.5
(4) Ebenda S. 6
(5) Ebenda S. 35

Birgit Klosterkötter-Prisor

Intermediales Theater als Spiel- und Selbsterfahrung

Intermediales Theater basiert auf Verfahren komplexer Sinneserfahrungen, die auf dem Wege über vielfältige spielerische Improvisation in symbolische Form gebracht und zur szenischen Gestaltung und Inszenierung genutzt werden. Dies schließt Prozesse spielerischer Körpersprachlicher Selbsterfahrung ein, deren Übergänge zu Therapievorgängen fließend sind. (Vgl. Klosterkötter, Moreno, Iljime, Petzold, Stanislawsky)

Die Wahrnehmungen der Übung "Raumerfahrung mit allen Sinnen" z.B. können über die Sinnesdarstellung in körpersprachlichen symbolischen Gesten oder auch zur Raumgestaltung mit vielfältigen Materialien führen und in der Kommunikation der Gruppenmitglieder zur gemeinsamen Gestaltung von Multi-Media-Spielen. Intermediales Theater stellt sich so dar als Integrationsfeld mit vielseitigen Wechselbeziehungen von Laut-Bild-Wort-Bewegung-Tanz-Musik-Licht und deren Interaktion im Spiel.

Zum Arbeitsprozeß der Gruppe "Intermediales Theater als Spiel und Selbsterfahrung":

- Seelenbild malen

- Sprachassoziationen zum Bild von den TeilnehmerInnen der Gruppe

- Kombination und Gestaltung der erhaltenen Assoziationen zu je einem Gedicht passend zum jeweiligen Bild

- Bewegung-Körperausdruck-Stimme passend zum Gedicht

- Stilisierung der körpersprachlichen Improvisation zu einem ´Typen

- Interaktion der stilisierten Typen, in der Gruppe

- Entwicklung kleiner Szenen

Literaturangaben:

KLOSTERKÖTTER-PRISOR, B.: Das individuelle Rollenspektrum als Spiel- u. Selbsterfahrung, in: Akademie Remscheid (Hrsg.): Konzept Kreativität in der Kulturpädagogik, Remscheider Arbeitshilfen und Texte ROSCHER, Wolfgang (Hrsg.): Polyästhetische Erziehung, Köln 1980 PETZOLD, Hilarion: "Dramatische Therapie", Stuttgart 1982

Rita Rosen

Theaterpädagogik in soziokulturellen Arbeitsfeldern

Theaterpädagogik - Standortbestimmung

Theaterpädagogik hat zwei wichtige Wurzeln:

- Die Pädagogik

- Die Theaterwissenschaft
  (Dietmar Ehlert: Theaterpädagogik, München 1986)

Jedoch werden nur auf die Zielsetzung bezogene Aspekte hieraus ausgewählt. Theaterpädagogik setzt sich zum Ziel, bei SpielerInnen und ZuschauerInnen Prozesse der Emanzipation zu initiieren. Sie setzt sich auch zum Ziel, Prozesse der Veränderung von Verhaltensweisen in Gang zu setzen (Sozialpädagogik).

Begründung und Notwendigkeit dieser Zielsetzung liefern kritisch-emanzipatorische Pädagogen wie z.B. Paulo Freire oder Nando Belardi (Sozialpädagogik) Freire betont, daß **Pädagogik** nicht unkritische Anpassung an die gesellschaftlichen Verhältnisse bedeuten kann, sondern die Heranbildung eines individuellen kritischen Bewußtseins, da nur hierdurch Veränderung möglich ist. Hierfür ist es notwendig, Herrschaftsverhältnisse sichtbar zu machen, Unterdrückung bewußt werden zu lassen. Über die Bewußtmachung von Unterdrückung ist die Veränderung des Handelns möglich, hierüber die Veränderung der sozialen Umgebung.

Belardi sieht die Aufgaben der **Sozialpädagogik** darin, handlungsorientiert oder bildungsorientiert zu arbeiten. Auch Sozialpädagogik steht in dem Spannungsfeld, ausgehend von den Problemen und Bedürfnissen der Klienten, stets zwischen Anpassung (an und in die Gesellschaft) und Kritik an den gesellschaftlichen Verhältnissen, die einen Mangelzustand hervorgebracht haben, zu vermitteln. (Belardi: Sozialpädagogische Arbeitsfelder, Frankf./Berlin/München 1980)

Innerhalb der Sozialpädagogik sind Kenntnisse und Arbeitsweisen entwikkelt worden, die Aufschluß geben über individuelles - oftmals gestörtes, Verhalten und das von Individuen und Gruppen. Auch über die Funktion und die Wirkungsweise von Gruppen wurden wesentliche Erkenntnisse gewonnen. Diese Kenntnisse können in der Theaterarbeit angewandt werden.

Dem Geist der kritischen Bewußtmachung sind auch bestimmte **Theaterformen/Theaterreformen** verpflichtet. Nur diese können sinnvoll die Basis der Arbeit bilden. Zu nennen sind hier: Augusto Boal (Theater der Unterdrückten) und K. S. Stanislawski, der die Erfahrungen der SpielerInnen als Ausgangspunkt der Arbeit nimmt.

Prozesse der kritischen Reflexion sollen aber auch beim Publikum ausgelöst werden. Dies kann geschehen durch **Vorführtheater** aber am intensivsten durch **Mitspieltheater**. Will Vorführtheater diese pädagogische Wirkung erzielen, müßten die Stücke entsprechend ihres kritischen Gehaltes und ihres Bezuges zur Lebenswelt der ZuschauerInnen ausgesucht werden. Selbsterarbeitete Stücke oder Sketche sollten Themen der widersprüchlichen Lebenssituation der SpielerInnen und ZuschauerInnen darstellen. Eine gute Aufführung kann auch als Dialog mit dem Publikum definiert werden.

Mitspieltheater bietet in hervorragender Form die Möglichkeit der Bewußtmachung ambivalenter Lebenssituationen, da die ZuschauerInnen direkt ins Spiel eingreifen und es ihrer Vorstellung nach verändern können.

Theaterpädagogik ist jedoch mehr als Pädagogik und Spiel. Sie setzt bewußt auch Formen der **Ästhetik** ein; zum einen, um Freude und Spaß zu wecken, zum anderen, um Kreativität zur Entfaltung zu bringen. Das Kreative, das Schöpferische ist der originäre Beitrag der Theaterpädagogik zu Prozessen der Selbstentfaltung. Eine Er-

kenntnis, die auch die Arbeit von Stanislawski leitete, wenn er sagt, daß die Kunst des Schauspiels auf dem Schöpferischen, und das Schöpferische seinerseits auf dem Erleben beruhe." (zit. n. Ehlert, a.a.O. S. 16)

Theaterpädagogik an der Fachhochschule Wiesbaden

In der Ausbildung der SozialarbeiterInnen/SozialpädagogInnen wird auch Theaterpädagogik angeboten. Theoretisch und praktisch. Dies mit dem Ziel, StudentInnen eine Form der Selbsterfahrung/Selbstentfaltung sowohl bezogen auf ihr individuelles Handeln als auch auf ihr berufliches (allgemein) zu bieten. Darüberhinaus sollen sie jedoch die Methode kennenlernen als möglicher Arbeitsansatz in den diversen soziokulturellen Arbeitsfeldern.

Das **theoretische Konzept** beinhaltet Aspekte wie:

- Kenntnisse über Gruppenarbeit/die Natur der Gruppe/Gruppenphasen/Gruppenleiterverhalten

- Kenntnisse über Gruppendynamik/Prozeßabläufe, Konflikte und Krisen/Ihre Bewußtmachung und Verarbeitung

- Methode des Rollenspiels/Einübung der Fremd- und Selbstwahrnehmung

- verschiedene Formen der Körperarbeit

166

Spezifische Ansätze der Theaterarbeit von Augusto Boal und K. S. Stanislawski. Hier besonders: Körperarbeit des Mitspieltheaters / Improvisation von Schlüsselszenen / Rollenbiographie / Dynamik der Psycho- und Physiotechnik

Aspekte der Ästhetik: Ausdrucksformen der SpielerInnen / Bühnenausstattung / Kostüme / Maske / Schminke / Licht

Es wird versucht, eine Abgrenzung der Theaterpädagogik zur Therapie zu leisten: Theaterpädagogik leistet einen Beitrag zur normalen Entwicklung des Menschen- oder im Falle der Sozialpädagogik - zur Verhaltensänderung. Sie arbeitet nicht mit tiefgehenden psycho-sozialen Störungen. Oft wird auch dieser Bereich betreten, dies wird erkannt und respektiert, jedoch erfolgt keine bewußte Aufarbeitung der auftretenden Störungen.

Die **praktische Arbeit** umfaßt die Vorbereitung und Erarbeitung zweier unterschiedlicher Produktionen:

- Selbsterarbeitetes Theater (Körperperformance / Sketche / Nonsense Theater / Musikrevue)

- Theaterspiel nach Textvorlage

Bewußt wird mit dem Ansatz gearbeitet, die Produktionen dem Publikum vorzuführen. Die Vorführung hat positive pädagogische Auswirkungen auf das Spiel wie: Erprobung von Kontinuität / Zuverlässigkeit; Erfahrung des Dialogs mit dem Publikum / Verarbeitung der pos. (oder auch neg.) Reak-

tion; Steigerung der Ausdrucksformen; Erfahrung des Erlebnisses, Prozesse beim Publikum in Gang gesetzt zu haben (Freude, Begeisterung, Nachdenken).

Als Beispiel hier Konzeption und Vorbereitung eines Mitspieltheaterabends nach Boal (er wurde auch durchgeführt) und die Besprechung einer Theateraufführung (siehe Anlage).

Die Verbindung der Vermittlung von theoretischen Kenntnissen und der Erprobung des eigenen Tuns ist eine Forderung, die allgemein in der Theaterpädagogik erhoben wird. Denn: "Nur wer am eigenen Leibe und in bezug auf die eigene Erlebnis- und Vorstellungswelt die Wirksamkeit theaterpädagogischer Methoden erfahren hat, wird in der Lage sein, die jeweils angemessenen Methoden zu finden bzw. zu entwickeln." (Steinweg / Heidefuß / Petsch: Theaterpädagogik in: Eyfarth u.a.: Handbuch Sozialarbeit / Sozialpädagogik, Neuwied/Darmstadt 1984)

Umsetzung der Theaterpädagogik in soziokulturellen Arbeitsfeldern

StudentInnen sollen befähigt werden, **Theater mit Zielgruppen** zu spielen. Es bieten sich an: Jugendgruppen in Jugendzentren; Erwachsenengruppen in Gemeinwesenzentren; Seniorengruppen in Altenzentren.

So konnten bisher Theaterprojekte unter Leitung der Studentinnen in Jugendzentren verwirklicht werden. Überwiegend wurden hier selbsterarbeitete Sketche aus der Lebenswelt der Jugendlichen produziert. Auch wurden Theaterstücke für Jugendliche genommen aber in der Form modifiziert, daß sie der Ausdrucksform der Jugendlichen entsprachen. Sie kamen jeweils zur Aufführung im Rahmen offizieller Feste der Jugendzentren.

Eine Beratung wurde während der Projektzeit angeboten. So mußte diese insbesondere unterstützend und motivierend ansetzen in Krisenphasen der Produktion. Folgende Konflikte traten auf: Spieler verlassen die Gruppe, Unzuverlässigkeit beim Proben, Gruppe zweifelt am Produkt, Zweifel an der Aussagekraft, Absage an Aufführung. Geraten wurde hier zu: Intensiven Einzelgesprächen, Gruppendynamischen Übungen, Videoaufnahmen (Vorsichtige Besprechung von Ausschnitten!) Improvisationen beim Ausbleiben von Spielern (sowohl während der Probe, als auch bei der Aufführung).

In anderen Arbeitsfeldern konnten hospitierend Eindrücke gesammelt werden; so während der Erprobung von Stücken oder bei der Aufführung (z.B. Seniorentheater) und anschließender Diskussion.

Kritische Fragen

Aus der Erörterung theoretischer Aspekte, der Erfahrung praktischer Arbeit ergeben sich Fragen, die einer weiteren Diskussion bedürfen.

- Wieweit sind die kritisch-politischen Stücke geeignet, die Lebenswelt der ZuschauerInnen zu erfassen oder sind sie ungeeignet, weil sie sie zu stark einengen. Lothar Trolle hierzu: "Wenn der - Autor Lösungen vorgibt, was soll man da noch nachdenken? Dann brauche ich kein Theater."

- Wieweit geben die Textvorlagen den SpielerInnen noch die Möglichkeit der Entdeckung der eigenen Ausdruckskraft? Wie kann abgekupfertes Stadttheater vermieden werden?

- Wie geht man mit der Begrenztheit der ästhetischen Mittel um? Mangelnde Bühnenausstattung, Technik, Beleuchtung?

Es sind dies Fragen und Begrenzungen, mit denen sich Theaterpädagogik wohl immer beschäftigen muß. Doch trotz der Begrenzungen beinhaltet Theaterpädagogik eine spezifische Kraft und Ausdrucksform, die Reinhardt insgesamt dem Theater zuschreibt:
"Ich glaube an die Unsterblichkeit des Theaters. Es ist der seligste Schlupfwinkel für diejenigen, die ihre Kindheit heimlich in die Tasche gesteckt und sich damit auf und davon gemacht haben, um bis an ihr Lebensende weiterzuspielen." (Max Reinhardt 1929)

Hanswerner Kruse

Stanislawski und Moreno im Vergleich

Zum Schluß des Symposions stellen die Arbeitsgruppen ihre Ergebnisse vor. Ein Teilnehmer der Gruppe "Stanislawski und Moreno im Vergleich" tritt hinter das Rednerpult. Er setzt eine Handwerkerbrille auf, die es ermöglicht zwei winzige, daran befestigte Glühbirnen zum Leuchten zu bringen und in verschiedenen Richtungen zu drehen. Zunächst richtet er diese Beleuchtungsquelle auf seine eigenen Augen und erläutert: "Nach Stanislawski die Tischlampemphase, in der der Schein, die Aufmerksamkeit ausschließlich auf sich selbst gerichtet ist." Dann stellt er die Birnchen in Richtung Publikum und erklärt: "Nach Stanislawski die Stehlampenphase, d.h. der Schein, die Aufmerksamkeit richtet sich auf das Gegenüber in der engeren Umgebung. Schließlich die Demonstration der Deckenleuchte, d.h. die leuchtende Brille in der hochgehobenen Hand bescheint das ganze Auditorium und symbolisiert die volle Wahrnehmung des ganzen Ensembles.

Zwei weitere AG-Teilnehmer treten hinzu und berichten über den Verlauf der Arbeit in der Gruppe. Da der bebrillte AG-Teinehmer stört, wird er
gebeten, vor das Rednerpult zu gehen. Dort bietet er schweigend die "Tischlampenphase"dar. Die beiden Redner stellen nun während ihres Vortrages körpersprachlich eine Morenosche Soziometrie, "Atomanziehung" zueinander bzw. die "Atomabneigung" zum Brillenperformer dar und gestalten damit ebenfalls, man könnte mit Langer sagen: in "präsentativen Symbolisierungen" inhaltliche und dynamische Aspekte der vorausgegangenen Gruppenarbeit.*

Diese beiden kleinen Begebenheiten werden an den Anfang des Berichts gestellt, da sie ein Licht (!) auf den Arbeitsprozeß und die Ergebnisse der Gruppenarbeit werfen können. Der Arbeitsprozeß selbst verdient Beachtung, weil die Leiterin Gitta Martens es schaffte, in seinem Verlauf Aspekte der behandelten Theorien auch in unseren Aktivitäten lebendig werden zu lassen. Die Erwartungen der 19 Teilnehmer und Teilnehmerinnen waren durchaus widersprüchlich. Jeweils die Hälfte war theatralischer/theaterpädagogischer oder therapeutischer Provenienz verpflichtet.

Viele wußten möglicherweise deshalb nichts über Moreno als den Erfinder des Psychodramas oder kannten Stanislawski nur oberflächlich als Reformer der europäischen Schauspielkunst. Ebenfalls hielten sich die Wünsche nach eher theoretischer Auseinandersetzung oder eigenerfahrungsorientiertem Vorgehen die Waage. Wie alle Gruppen arbeiteten auch wir in drei Zeit-Phasen, die jeweils durch vorausgegangene Plenumsvorträge und Diskussionen mitbestimmt wurden - Erschöpfung, Leidenschaften, Empörung usw. flossen deshalb natürlich in die Gruppensituation mit ein und machten jeweils eine Neubestimmung der Ansprüche und Arbeitsvorhaben notwendig.

Freitag nachmittag

In der ersten Phase erschnupperten wir über Eigenerfahrungen Splitter der Arbeitsweisen von Stanislawski und Moreno. In praktischen Übungen wurden Gangarten und deren Tempo variiert und dabei aufsteigende innere Bilder bewußt gemacht. Wir erkundeten zu Anfang und zwischendurch immer wieder als 'Tischlampen' die eigenen Befindlichkeiten, richteten den kleinen Kreis der Aufmerksamkeit auf uns selbst. Dann setzen wir uns als 'Stehlampen' bzw. 'Deckenleuchten'als mittlere bzw. ferne Weise der Aufmerksamkeit mit dem Raum und den anderen Gruppenmitgliedern auseinander. Für die zwischendurch im Gruppenkreis geäußerten Gefühle suchten wir schließlich nach Darstellungen. In diesen Körper-Bildern spürten wir den dafür gebrauchten Spannungen nach, fahndeten nach überflüssigen Spannungen und spielten mit ihnen bzw. variierten sie.

Wie sich hinterher im gemeinsamen Gespräch herausstellte, hatten wir all' diesen Versuchen erste wesentliche Merkmale der Methode Stanislawskis (1) kurz aufblitzend, gleichsam sternschnuppenartig an uns selbst erfahren: Der Schauspieler weint und lacht zwar auf der Bühne, aber weinend und lachend beobachtet er sein Lachen und Weinen(2).

Die weitern "Atomtests", wie es spöttisch die Berichterstatter im Plenum nannten, wurden aus den oben skizzierten Übungen heraus entwickelt und entsprachen soziometrischen Übungen von Moreno. Gruppenmitglieder sollten wahrnehmen wen sie wollten, schließlich "als Atome" Kontakt aufnehmen, ohne Absprachen Nähe/Distanz variieren, zusammen Bewegungen entwickeln und, wie könnte es in der Theaterpädagogik auch anders sein, einen gemeinsamen Schluß finden.

Samstag früh - die zweite Phase

Da zunächst alle Teilnehmer und Teilnehmerinnen vom vorausgegangenen Vortrag über die magische Dimension des Theaters etwas überfordert, "abgefüllt" oder sonstwas waren, möglicherweise aber auch nur schlicht übermüdet, klärten wir zunächst die Befindlichkeit der Gruppe: Richteten also die 'Tischlampen'auf die Gruppe selbst. Daraus entwickelte sich ein langes Gespräch über die beiden zur Debatte stehenden Gestalten. Gitta Martens machte deutlich, was sie an anderer Stelle (3) schriftlich formuliert hatte: "Als Menschen derselben Epoche verfolgen der Philosoph Moreno und der Theaterreformer Stanislawski die Idee des ´schöpferischen Menschen´. Obwohl sich ihre Arbeitsweise und Zielsetzung sehr unterschieden, können doch frappierende inhaltliche Gemeinsamkeiten gefunden werden".

In der knappen dann noch zur Verfügung stehenden Zeit versuchten wir beim Umherlaufen unser "emotionales Gedächtnis" zu stimulieren, innere Bilder über Erinnerungen an Rummelplätze, Herbstwälder, Weihrauch u.a. aber auch durch körperliche Aktionen wie Stampfen, Tanzen usw. zu erzeugen. "Stanislawski ging davon aus, daß Erleben erst erinnerbar wird, wenn man die Begleitumstände erinnert, deshalb suchte er nach vielen schöpferischen Erregern (das magische Wenn, Phantasiereise, Sinneseindrücke, Tempo und Rhythmus, Ausführungen der im Text vorgegebenen Handlungen)" (4).

Samstag nachmittag
Die dritte und letzte Phase der Gruppenarbeit begannen wir mit Tempo-Übungen beim Gehen, wiederum im ´Licht-Wechsel´ der unterschiedlichen Aufmerksamkeitskreise. Nach Erkundungen verschiedener Tempi wurde von jedem eine Gangart gewählt und längere Zeit durchgehalten. Schließlich versuchten wir uns vorzustellen, in welcher Situation, in welchem Bild wir uns befänden und suchten mit diesen "schöpferischen Erregern" passende Sätze, die wir laut vor uns hinsprachen. Im Anschluß an diese Übung entwickelten wir noch eine Gangart konträr zur bisher erkundeten, gleich-

sam im Gegentempo. Auch hier erneut die Erregung des emotionalen Gedächtnisses, das Auffinden innerer Bilder, die den "lebendigen Drang zum Handeln" hervorrufen sollten.

Nach der Pause wieder ein soziometrischer "Atomtest" nach Moreno: Einzelne oder mehrere Gruppenmitglieder ("Atome") fanden sich nonverbal, nahmen Kontakt auf, spielten mit dieser Begegnung und ihren Bewegungen. Schließlich die Aufforderung eine Figur zu erfinden und in dieser Rolle weiterzuspielen. Die so geborenen Affen, Kröten, kleinen Mädchen, Bäume, Grabfiguren oder Blumenvasen spielten miteinander bis zu einem break, in dem alle kurz verbal ihre Figuren und Situationen vorstellten, um in neuen Kombinationen weiterzuspielen.

Bei der abschließenden Auswertung wurden die Gemeinsamkeiten von Stanislawski und Moreno in diesen kleinen Übungen deutlich. Bei beiden "spielen die Beteiligten, um die je eigenen Erfahrungen und Gefühle zu Bewußtsein kommen zu lassen mit dem Ziel der Heilung (Moreno), mit dem Ziel der glaubwürdigen Verkörperung (Stanislawski)" (5).

Die **Gesamtauswertung** der Gruppenarbeit verlief im großen und ganzen recht positiv. Methodisch waren die meisten zufrieden, inhaltlich machten wir uns keineswegs Illusionen über unsere Erlebnisse. Wir waren uns bewußt, daß das, was etwa Stanislawski meinte, uns unmöglich innerhalb einer Stunde oder eines Tages angeeignet werden kann, sondern systematisch und praktisch jahrelang, ein Leben lang ständig geübt und vertraut gemacht werden muß" (6). Aber wir hatten eine erste Erfahrung mit der Stanislawschen Methode gemacht und ihrer Ähnlichkeit mit Morenoschen Übungen selbst nachgespürt.

Nachsatz

Der gelungene Arbeitsprozeß in dieser Gruppe mit seinem Wechsel von Eigenerfahrungen und Reflexion bzw. theoretischer Diskussion war sicher exemplarisch für den erfreulichen Verlauf des gesamten Symposions: Es konnte sich weder abgehobene Über- fliegerei noch antiintellektuelle Theo- riefeindlichkeit durchsetzen, wie sie gelegentlich an den Rändern des Symposions zu erleben war - vor dem "Durchfall der Gefühle" (Selle) wur- den wir bewahrt.

Anmerkungen

(1) Vergl. Stanislawski "Die Arbeit des Schauspielers an sich selbst", Bd.1, Berlin 1988
(Zitate bzw. Formulierungen ohne weitere Angaben im folgenden Text sind aus diesem Buch)
(2) Zitiert nach Gitta Martens "Spiel- mächtigkeit und Spielfähigkeit" in Psychodrama 1/1991
(3) Ebenda S. 21
(4) Ebenda S. 26f
(5) Ebenda S 25
(6) Staníslawski: Mein Leben in der Kunst, Berlin 1987, S. 422

Gabriele Wening

Dramatische Therapie

Überlegungen zur Arbeitsgruppe von H. Petzold

Eine große Gruppe versammelt sich in einem Raum ohne Bühne, der die Sitzrunde eben fassen kann. Geht das für eine Arbeitsgruppe mit dem Titel "Dramatische Therapie?". Die Frage beschäftigt alle, die gekommen sind und nun ihren Platz halten wollen - Hilarion Petzold winkt ab und beruhigt: "Es geht". Daraus entwickelt sich ein Stück in drei Akten:

1. Akt: Einführung, Motivation, Kompetenz, Fragen
2. Akt: Einstimmung: Resonanz, Leibarbeit, Improvisation
3. Akt: Umsetzung: dramatherapeutische Evokationen und Inszenierungen

1. Akt: Einführung: Motivation, Kompetenz, Fragen

Wir sitzen in einer Runde und warten ungemütlich schweigend auf das, was auf uns zukommen wird - dies schmeckt nach Therapie. Aber schließlich sind wir die einzige Arbeitsgruppe, die "Therapie" im Titel führt, da hat man ohnehin nicht erwartet, pädagogisch geführt zu werden. Eine klassisch therapeutische Eingangsrunde, deren Fragen beim Ein-

zelnen und somit auch bei der Gruppe ansetzen: Wer ist hier aus welcher Motivation und mit welchen Fragen?

H. Petzold erzählt zunächst von sich - die Runde entspannt in der Zuhörerposition. Ein Thema, eine Bühne, eine Athmosphäre entstehen. Er umreißt seinen Weg zur Dramatischen Therapie, zu der alten und immer wieder spannenden und spannungsreichen Verbindung von Theater und Therapie. Als Kind habe er schon viel gespielt, auch Rollenspiele, auch Theater, dann als Student in Paris auf Experimentierbühnen, bei Barrault die Pantomime erlebt. Soviel zum Theater. Als Schüler von Moreno (Psychodrama), Iljine (Therapeutisches Theater) und Perls (Gestalttherapie) habe er sozusagen an den Quellen der Dramatherapie getrunken.

Heute arbeite er als Psychotherapeut, sei in der Leitung eines psychotherapeutischen und kreativitätsfördernden Weiterbildungsinstitutes (FPI, EAG), an dem demnächst ein Dramatherapiezweig beginnen wird, und lehre als Professor an einer medizinischen Fakultät. Für aufmerksame Zuhörer ist damit der Prototyp des Dramatherapeuten entworfen: Freude am (Theater)Spiel, Kenntnis von experimentierfreudiger und körperbezogener Theaterarbeit, profundes psychotherapeutisches Wissen und eine klinisch medizinische Ordnung. Auch bleibt Medium, ein hoch wirksames und sehr vielseitiges, aber eben doch ein Mittel zum Zweck. Zentralen Stellenwert hat in Theorie, Methode und Praxis die Psychotherapie. Über die Aussage hinaus, daß Spiel allein schon therapeutisch ist, muß der Dramatherapeut wissen, wann, warum, für wen und mit welchem Ziel er theatralische Mittel einsetzt.

Diese noch unausgesprochenen Überlegungen bilden den Hintergrund in der Runde, vor dem nun die Einzelnen wie Akteure auf der Bühne sich in ihrer Professionalität vorstellen und ihre Fragen und Erfahrungen zu dem Stück "Dramatherapie" beitragen.

Die meisten TeilnehmerInnen haben pädagogische Grundausbildungen, einige sind Psychologen oder Psychotherapeuten, wenige kommen aus einem künstlerischen (Theater)Beruf. Sie arbeiten in theaterpädagogischen Bereichen. (Erwachsenenbildung, Schülertheater und alternative Theaterszene) sowie in heilpädagogischen Bereichen (Arbeit mit geistig und körperlich Behinderten oder mit dissozialen Jugendlichen). Therapeutisch arbeite niemand mit theatralischen Mitteln.

Mit den Überschneidungen der Bereiche, nämlich den Unterschieden und Gemeinsamkeiten von Theater, Pädagogik und Therapie, sei jedoch jeder schon einmal in Kontakt bekommen und habe die Unsicherheit an dieser Grenze gespürt.

Die Neugier ist daher groß: Was ist dramatische Therapie?

Die Verbindung von Theater und Therapie hat eine lange Tradition, die bis in die Antike zurückreicht. In diesem Jahrhundert wurden verschiedene Formen der Dramatherapie entwickelt, die, allen voran das Psychodrama, die Psychotherapie stark beeinflußt und ihr kreative Zugänge zu inneren Szenen und Prozessen sowie Ausdrucks- und Umsetzungsformen ermöglicht haben. Da diese Verfahren in ihrer abgegrenzten Methodik zu eingeschränkt sind, braucht eine dramatische Therapie eine methodenübergreifende Integration und eine Erweiterung durch Einflüsse des modernen Theaters durch die Methoden der Schauspielerbildung wie sie z.B. Stanislawski, Grotowski, Meyerhold, Strasberg, entwickelt haben. All diese theatralischen und theaterpädagogischen Ansätze haben ein hohes veränderungswirksames Potential. Sie beeinflussen die Wahrnehmung, das Erleben, das Bewußtsein und die Ausdrucksmöglichkeiten eines Menschen. Sie fördern seine Kreativität, Spontanietät, sein Kommunikationsverhalten und das Spiel seiner Rollen in der sozialen Wirklichkeit. Bühne, Szene, Rolle, Skript sind grundlegende Element sowohl von Theater wie von Therapie. Sie bieten Verständnisfolien, Projektionsflächen, Schutzräume und Texte, die das benennbar, sichtbar und bewußt machen können, was vorher unbewußt war. Körperarbeit mit den Focus auf Wahrnehmung, auf funktionalen Übungen für Haltung, Atmung, Bewegung, auf Improvisation, auf Dialog, auf Bewegungsausdruck und auf Zentrierung ist aus dem Schauspielertraining bekannt und bietet einen reichen Fundus für therapeutische und pädagogische Arbeit. Voraussetzung ist, daß der Dramatherapeut die Interventionen und Spielvorgänge der Zielgruppe und dem Ziel entsprechend genau auswählt, daß er weiß, was zu welcher Zeit für wen sinnvoll ist.

Damit ist in der Arbeitsgruppe eine weitere Frage gestellt - die nach der Rolle des Leiters. Erste Voraussetzung ist die angemessene Qualifikation des Therapeuten. Er muß als Basis die Theorie, Methodik und Praxis der Psychotherapie beherrschen. Am Beginn jeder (drama)therapeutischen Arbeit steht eine differenzierte Diagnostik, die als "prozessuale Diagnostik" den Prozeß begleitet. Die Arbeit ist somit prozeßorientiert und nicht produktorientiert.

Die therapeutische, persönliche Beziehung bildet in der Dramatherapie das Kernstück. Schließlich gilt das Primat der Ziele vor den Mitteln - die dramatherapeutischen Interventionen oder Umsetzungen werden den therapeutischen Zielen zu- und untergeordnet, sie sind nicht selber Ziel. Der Dramatherapeut sorgt für die Ausgewogenheit von Aktion und Gespräch. Das Aktionale darf nicht überwiegen, weil sonst das Diskursive, in dem der Teilnehmer, Klient oder Patient das Erlebte verarbeiten und integrieren kann, verlorengeht. In Abgrenzung zum Pädagogen, der er-zieht, ist die Rolle

des (Drama)Therapeuten, daß er erträgt oder bereitstellt und sichtbar macht. Dazu kann er die theatralischen Mittel ziel-, prozeß- und zielgruppenorientiert einsetzen.

Eine weitere Frage gilt den Gemeinsamkeiten und Grenzen von Theater und Therapie. Die gemeinsame Basis ist, "daß der Mensch auf der Bühne dieser Welt so manche Rollen spielt" (Shakespeare), daß er von Kind an ein Rollenspieler und ein Geschichtenerzähler ist, ein Akteur und Kreateur, der in einer dialogischen Bezogenheit ko-kreativ lebt. Neben dieser anthropologischen Definition sind Therapie und Theater gemeinsam:

1. die Elemente (Bühne, Szene, Script)

2. die Mittel (Bühne, Maske, Kostüm, Text u.a.)

3. die Inhalte (Arbeit mit Empfindungen, Gefühlen, Stimmungen, Atmosphären, Konflikten).

In beiden Bereichen ist genaue Wahrnehmung vom Außen und Innen erforderlich, um zu sehen oder sehen zu lassen und zu diagnostizieren. In beiden spielt der Leib eine zentrale Rolle.

Die Wege, die beschritten werden und Ziele, die verfolgt werden, sind unterschiedlich. Die Differenzierung von Theater und Pädagogik und Therapie liegt zu allererst in ihren originär unterschiedlichen Definitionen, dann in der Unterscheidung von Gesundheit und Krankheit. Es ist ausschlaggebend, mit welchen Intentionen die

Menschen in die Bereiche kommen, bzw. in ihnen arbeiten. Das professionelle Engagement, das persönliche Kompetenz und Begabung für die Kunstproduktion und -reproduktion einsetzt, unterscheidet sich vom Freizeitbereich, in dem Selbsterfahrung, Ausdrucksschulung und Spielfreude für nahezu jedermann ermöglicht werden und weiterhin von der klinischen und therapeutischen Arbeit, wo Krankheit begrenzt oder geheilt werden soll.

Natürlich gibt es Überschneidungen, Vermischungen und gegenseitige Beeinflussungen. Kann z.B. der Schauspieler Rollen übernehmen, ohne die eigene Seele zu involvieren? Ist überzeugende Theaterarbeit ohne Selbsterfahrung möglich? Sind Texte ohne Wissen und Erkenntnis von Psychodynamik zu verstehen? Und wieviel Ästhetik, Kunst, Kultur entsteht, wenn ein Mensch sich selbst darstellt? Drängt nicht auch in Pädagogik und Therapie - nicht nur im Theaer - das individuelle Erleben in die Transformation zu kollektiven Aussagen oder sieht sich bezogen auf das gesellschaftspolitische Umfeld? Heilt die Kunst und schafft Heilung Kunst?

Eine weitere Frage gilt noch den berufspolitischen Entwicklungen. Die Antwort gibt die zwar freie, doch ungesicherte und wenig anerkannte Position des Dramatherapeuten wieder: die aktionalen Therapieformen siedeln als Formen der Kreativtherapie im Überschneidungsbereich an und haben damit Freiräume. Andererseits ist der Gesetzgeber in der Definition von Psychotherapie, und damit in der Ausübung der Heilkunde, rigoros.

II. Akt: Einstimmung: Resonanz, Leibarbeit, Improvisation

Die zweite Runde wird eingeläutet mit der Frage nach der Resonanz der Gruppe und des Einzelnen, d.h. nach den Schwingungen, die aus der ersten Runde nach-klingen, auf das Thema zurück-klingen (re-sonare). Resonanz kann mit Aktion von außen zum Schweigen gebracht werden. Darüber kann der Blick auf den Prozeß verlorengehen. Für therapeutisches Vorgehen ist es aber wichtig, die Resonanz aufzunehmen und zum Ausdruck kommen zu lassen. Der Leiter darf sich von der Faszination der Aktion nicht ver-leiten lassen. Man würde leicht in Aktionismus verfallen und damit die Wirksamkeit der theatralischen Mittel verspielen und die Beziehung zum Menschen und zum Prozeß "aufs Spiel setzen".

Die Resonanz der TeilnehmerInnen ist zunächst Schweigen. H. Petzold knüpft im nonverbalen Bereich an. Er schlägt vor, die Resenanz als leibliche Schwingung auf das Thema auszudrücken.

Die Gruppe kommt in ein ruhiges Schwingen im Kreis in gemeinsamer Richtung, dann im Hin und Her jeder für sich. Das Wiegen des Rumpfes wird übertragen ins abwägende Hin und Her der Hände - es ist wie ein Abwägen: Theater und Therapie. Dann öffnet sich jeder durch die Bewegung der Arme und grenzt sich wieder ab.

176

Somit werden (Stand)Punkte aus der Eingangsrunde ver-körpert: das Gemeinsame, das Persönliche, das Abwägen der Bereiche, das sich anderem Öffnen und gegen anderes Abgrenzen.

Vom eigenen Standpunkt aus kommt dann jede Teilnehmerin in Aktion, öffnet und verläßt den Kreis und geht ihren Weg durch den Raum. Dabei nimmt sie jetzt im Gehen ihre Stimmung auf. Jede sucht sich ihren persönlichen Ort, an dem sie für eine Weile stehen möchte und geht mit der Aufmerksamkeit nach innen, nimmt wahr, daß sie zwei Seiten hat, eine linke und eine rechte. Sie beginnt, eine Seite teil-weise auszudrücken, d.h. erst die rechte Hand, dann den rechten Mundwinkel, das rechte Auge usw. Entsprechend die linke Seite. Immer wieder kann sie den Ausdruck lösen, da er ihr durch die Verkörperung in Fleisch und Blut übergegangen ist und dadurch jeder Zeit re-inkarniert (wieder verkörpert) werden kann. Sie setzt dann beide Seiten zusammen und hält sie in einer Skulptur fest.

H. Petzold fordert nun auf, in dieser Haltung eine Szene zu erinnern, die durch den Körperausdruck hervorgerufen, e-voziert wird oder in die dieser Ausdruck paßt. Man schaut sich imaginativ mit dem "inneren Auge" in der evozierten Szene um: wo bin ich, wann, mit wem, wie und warum, was tue ich?

Nach dieser Einzelarbeit finden sich 4er-Gruppen zusammen, in denen man sich gegenseitig die gerade entwickelte Skulptur zeigt. Der Autor der Skulptur stellt dar, die anderen sind Zuschauer. Anschließend wechseln die Rollen. Die Skulptur wird von einer anderen Person wiedergegeben, nachgeahmt, der Autor kann korrigieren. Eine dritte Person führt die Skulptur durch eine Bewegung weiter. Dann übernehmen alle als Akteure die Skulptur und die aus ihr weitergeführte Geste, während der Autor zuschaut, als blicke er in einen Spiegel, der gleich auch eine Entwicklungsmöglichkeit zeigt, oder auf eine Bühne, auf der seine Rolle mit fremden Lösungsideen gespielt wird. In diesem Sehen und Gesehenwerden begegnen sich Eigenes und Fremdes. Man fragt sich: Was habe ich vom anderen begriffen? Wie ist er dahin gekommen? Was meint er damit? Was sehe ich, was empathiere ich oder was pojiziere ich? Dies alles geschieht bis jetzt nonverbal. Anschließend wird in den Kleingruppen das Erlebte diskutiert.

Die vorangegangenen Übungen zeigen das Zusammenspiel von Theater und Therapie: Szenen wurden lebendig durch leibliches Erleben. Der Zusammenhang von Identität und Role wurde erspielt. Mit theatralischen Mitteln aus dem Improvisationstraining konnte erlebt werden, daß sich persönlich Identität aus Identifikation und Identifizierung (Sehen und Gesehenwerden) bildet, bei welchem Vorgang sich Fremdes und Eigenes mischen. Identität wird entwickelt durch Lernen als Verkörpern von Rollen, die mir zugeschrieben werden und die ich übernehmen, mir einverleibe, also mit Eigenem verbinde, und durch Schaffen von eigenen Rollen, die von der Umwelt akzeptiert oder verstärkt werden müssen, damit ich sie ins Repertoire integrieren kann. Wie sich auf der Theater-Bühne eine Rolle nur aus der anderen, aus dem Kontext versteht, so ist das Individuum auf sein Umfeld angewiesen und mit ihm verschränkt. Gesund ist, wer über einen gut sortierten Rollenfundus verfügt, den er flexibel handhaben kann. Krank wird ein Mensch, der in ein starres Rollenverhalten gerät, d.h. auf eine Rolle fixiert ist, oder der Rollen spielen muß, die ihm von außen aufgedrückt sind, so wie es im Woyzeck heißt:

Ich hab ein Hemdlein an, das ist nicht mein;
Meine Seele stinkt nach Branndewein-

III. Akt: Umsetzung: dramatherapeutische Evokationen und Inszenierungen

Nach der Standortbestimmung der Einzelnen und der Gruppen (I. Akt) und der leiblichen Resonanz und Improvisation zum Thema (II. Akt) steht nun die Frage nach der Evokation der konkreten Szene (Gegenwärtigsetzung) und ihrer Inszenierung (Umsetzung) im Vordergrund.

H. Petzold öffnet den "dramatherapeutischen Bauchladen" und zeigt die Vielzahl der Interventions- und Inszenierungsmöglichkeiten. Die einzelnen Ansätze können aber nur in sogenannten Vignetten angespielt werden, da die Zeit für eine dramatherapeutische Sitzung nicht ausreicht.

Zunächst ein Zitat von Petzold aus seinem Artikel Integrative Dramatherapie und Szenentheorie - Überlegungen

und Konzepte zur Verwendung dramatherapeutischer Methoden in der integrativen Therapie (in: Petzold/ Orth, Hrsg., Die neuen Kreativitätstherapien, Bd. II):

Eine Szene ist eine Ganzheit. Ein Stück ist ein Ganzes. Jedes Detail steht in Verbindung zu allen anderen Elementen: Die Handlung zeigt in jeder Sequenz den Gesamtkontext. Szene und Stück sind "holographisch". In jedem Teil ruht das Ganze. Das heißt aber auch, daß wie ein Hologramm das Ganze aus jedem Detail evoziert werden kann, in all seiner Komplexität, in allen Dimensionen. Wird der "Laserstrahl der Awareness" auf ein Bruchstück oder Fragment gerichtet, so entsteht die gesamte Szene. Awareness und Consciousness, wache Bewußtheit und klares Bewußtsein, das mehrperspektivische Wahrnehmen aller Phänomene, die sich hier und jetzt in mir und mich herum vorfinden und mit "conscious" werden, für das reflexive Ich-Bewußtsein zugänglich., sind das Instrument holographischer Evokation. Die atmosphärischen Schwingungen, die im Konzert der Sinneseindrücke in der gegebenen Szene hier und heute wahrgenommen werden, finden Resonanz und lassen alte, fortwirkende Szenen aus dem 'Hintergrund, der Biographie in ihrer ganzen Plastizität deutlich werden. So gelangen wir von der Obefläche zur Tiefendimension, von den Phänomenen zu den Strukturen, vom aktualen Lebensspiel zum (determinierenden) Skript, von den lebendigen Erzählungen (Narrationen) zu den (fixierenden) Narrativen. Je komplexer die Stimulierung ist, je größer die Zahl der Frag-

mente und Details ist, auf die das "Licht der Awareness" und der erhellende "Strahl der Consciousness" fällt, desto schärfer wird das Bild, das sich der wachen Bewußtheit bzw. dem Ich-Bewußtsein darbietet. Die erlebnisaktivierenden Methoden Integrativer Therapie: Doppel, Rollentausch, Gestalt-Awareness-Training, Imaginations- und Visualisierungstechniken, kreative Medien vermögen derartige Details ins Erleben zu heben, die aus dem Hintergrund der persönlichen Geschichte in die Gegenwart ragen.

Die Fokussierung auf ein solches Detail evoziert die vergangene Szene oder Szenengeschichte und ihre Strukturen (Narrative), läßt den Hintergrund in den Vordergrund, in das Hier- und Jetzt treten: Gegenwärtigsetzung.

Ist die Szene evoziert, wird sie inszeniert. Sie bestimmt die theatralischen Mittel: je nach Befindlichkeit des Protagonisten, nach Schwerpunkt des Themas oder nach der gegebenen Situation werden Bühne, Texte, Kostüme, Musik, Mitspieler, Masken o.a. eingesetzt. Eine konkrete Szene z.B. wird psychodramatisch von den verschiedenen Positionen aus durchleuchtet und kann zu tiefer liegenden biographisches Szenen führen. Ein Thema wird, wie im therapeutischen Theater, in einer Rahmenhandlung erfaßt und kommt durch die Gruppe zur Aufführung. Texte oder literarische Rollen können Ausdrucks- und Vertiefungshilfen darstellen und Schutz bieten. Ist die Szene adäquat aufgebaut, werden die Atmosphären von den Akteueren rational, emotional und leiblich-konkret wahrgenommen, erfaßt und verstanden. In diesem Vorgang der vitalen Evidenz können ein fixiertes Rollenverhalten und der "Zwang alter Szenenfolgen" durchbrochen und kreative Handlungsspielräume geschaffen werden. "Jedes wahre zweite Mal ist die Befreiung vom ersten" (Moreno). Im voranschreitenden Prozeß entwickelt sich Szene um Szene in einem ständigen Fluß der Verwandlung und Veränderung, im Wechsel von Integration und Kreation.

Von diesen Möglichkeiten der Dramatischen Therapie bekommt die Arbeitsgruppe einige Kostproben. Es wird deutlich, daß diese Therapieform zwar für Gruppen prädestiniert ist, aber auch in der Einzeltherapie, nämlich dort, wo es um Szenen, Rollen und Skripts geht, ihren Platz hat.

Felix Zulechner

Clownspiele als neugefundene Kindheit

Ein Stuhl - staunend als hätte er ihn zum ersten Mal gesehen, steht der Clown davor, riecht vorsichtig daran, betastet ihn, schaut ihn von allen Seiten an, leckt daran - kurz - er untersucht mit allen seinen Sinnen dieses "Wunder" und zeigt dem Publikum ungeniert sein Erstaunen, seine Neugier, möglicherweise seine Angst, seinen Abscheu angesichts dieses Gegenstandes. Doch allmählich fängt der Clown an, mit diesem Stuhl zu spielen. Dabei bleibt der Stuhl nicht einfach ein Sitzmöbel sondern verwandelt sich in z.B. eine Lokomotive oder einen Schutzschild. So wie die Improvisationsgabe und die Phantasie es dem Clown eingeben, erwacht das ´magische´ Innenleben des Gegenstandes.

Die in der obigen kleinen Skizze angesprochenen Eigenarten und Fähigkeiten, die im Clownsspiel wirksam werden, sind beim erwachsenen Menschen zum Teil überhaupt nicht mehr oder nur noch sehr verkümmert vorhanden. Die *staunende Wahrnehmung der Welt durch alle Sinne* und das *unverstellte Ausdrücken von Gefühlen werden kaum zugelassen*, sondern sind der Vernunft, der Erziehung, den *gesellschaftlichen Normen usw. unterworfen*. Die *Kontrolle der Sinne und Gefühle* - in vielen Fällen für das zwischenmenschliche Zusammenleben sicher unerläßlich - stellt eine *Verarmung* dar. Die Beschneidung der Lebendigkeit und deren Ausdrucksreichtum kann sogar krank machend wirken.

In Clownsspielen besteht die Chance, sich der Kindheit zu nähern, indem im Spiel die Möglichkeit geöffnet wird, alle Sinne wieder zu entfalten und alle Gefühle wahrzunehmen und zuzulassen.

Ebenfalls ausgetrieben ist dem erwachsenen Menschen *das ungebremste Spielen*. Der "Ernst des Lebens" erfordert - auch hier zunächst einmal mit großem Recht - nüchtern, rational, logisch, pflichtbewußt, tüchtig, arbeitsam usw. zu sein. Das ungebundene, phantasievolle Spielen ist stark zurückgedrängt, eher den Kindern vorbehalten oder funktional im Dienste der Erholung eingesetzt. Das nicht zweckgebundene Spielen führt beim Erwachsenen ein Kümmerdasein.

Im Clownspielen ist es möglich, Elemente aus der Kindheit wiederzuentdecken: Übungen zur Phantasietätigkeit, Kreativität und Improvisation können schrittweise die erworbenen Spielhemmungen abbauen und zum ´selbstvergessenen´ Spiel mit Gegenständen führen, deren ´magisches´ Innenleben entdeckt wird.

Über die Wiedergewinnung kindlicher Fähigkeiten hinaus kann das Clownspielen noch weiteres leisten: Es kann zur *Kreirung indivudueller Clownsfiguren* führen. Man kann die Eigenart des Clowns darin sehen, daß er nicht die Welt beherrscht, sondern daß die Welt ihn beherrscht, er das Objekt der unterschiedlichsten Kräfte ist, mit denen er sich herumschlagen muß. In diese Schlacht geht er mit der ganzen Energie und Intensität hinein. Aus dieser Schlacht kommt er auch immer wieder lebendig heraus, in dem er in seiner kindlichen Naivität und seiner Bereitschaft, alle emotionalen Möglichkeiten zuzulassen, unkonventionelle Lösungen findet und mit seinem ganzen Herzen verfolgt, aber sich in die gefundenen Lösungen wieder heillos verstrickt: Mehr Objekt als Subjekt, mehr Spielball als Akteur, *spiegelt* er den ZuschauerInnen die Fairnisse des Lebens, ihre *eigenen Schwächen*, ihr Scheitern, ihr eigenes Objektsein. Bei der Entwicklung einer indivuduellen Clownfigur, einer Figur, die der spielenden Person eigen ist, wird *eine psychische Qualität,* die sich im Körper und in den Eigenarten der betreffenden Person manifestiert, bewußtgemacht und *in ein Bild gesetzt.* Möglicherweise werden dabei auch Anteile, die ungeliebt oder verleugnet

werden, herausgestelllt und für eine Clownfigur produktiv verwendet.

Liegt z.B. bei einer spielenden Person die Einstellung vor, die Last der Welt tragen zu müssen, nicht "nein" sagen zu können, sich alles aufbürden zu lassen, so kann man daraus die Figur des "Belastungsclowns" formen.

Den Belastungsclown könnte man z.B. so inszenieren, daß ihm unzählige Gegenstände z.B. aus der Küche, der Kleiderkammer usw. aufgebürdet werden. Als Clown nimmt er alles an und auf sich, bis er zusammenbricht.

Die Clown spielende Person spielt ihr lebensgeschichtlich Erworbenes, alltägliches Objektsein und treibt es als Clown auf die Spitze: Gerade der Clown ermöglicht es, das Objektsein bis zum Äußersten ohne Kontrolle, ohne Zensur, ohne Widerstand durchzuspielen.

In dieser *clownesken Ausformung* liegt für die spielende Person die Chance, selbst zu der lebensgeschichtlich erworbenen und relevanten *Eigenart Distanz* zu gewinnen. In dem Prozeß der Auseinandersetzung mit dem Objektsein und in der ästhetischen Ausgestaltung der Clownsrolle findet eine Distanzierung und Befreiung statt. Die Inszenierung und die ästhetische Ausgestaltung des Spiels macht es zu einem Wiederholbaren. Das Objektsein wiederholt spielen zu können, heißt genügend Distanz gewonnen zu haben, heißt - im bescheidenen Maße - ein Teil seines Selbst angeeignet zu haben, ein Stück mehr Subjekt geworden zu sein.

Darüber hinaus kann die sinnlich gewordene psychische Qualität, *die Clownsfigur und ihre Inszenierung zu einem anschaulichen Bild werden, das der betreffenden Person hilft, sich selbst zu verstehen.* Die sinnliche Qualität des Theaters kann zum Schlüssel, zum Verständnis des eigenen Lebens werden. Auch kann die weitere Inszenierung des Belastungsclowns eine Lösung andeuten: Nach dem Zusammenbruch unter den Lasten/Gegenständen gibt es eine "Auferstehung": Das Balastabwerfen, Umorganisieren und Ordnen - vom Clown nun gespielt - können *symbolisch vorwegnehmen,* wie die Auseinandersetzung mit der oben skizzierten Befindlichkeit aussehen könnte.

Andere Beispiele von Clownfiguren, die eine psychische Qualität der jeweiligen spielenden Person zum Thema haben, können der "Ordnungsfanatikerclown", der "Bruder-Leichtfuß-Clown", der "Sauberkeitstickclown" usw. sein.

Zur Arbeitgruppe:
Wegen der Kürze der Zeit wird es nicht möglich sein, individuelle Clownfiguren zu kreiiren. In praktischen Übungen zum Körper - und Gefühlsausdruck, zur Phantasietätigkeit und Kreativität, zur freien Improvisation und zur Improvisation mit Gegenständen können jedoch Ansätze des Clownspielens als Hinwendung zur Kindheit erfahren werden.

Resümee

Birgit Klosterkötter-Prisor

Versuch eines Resümees mit 'offenen Antworten'

"Theater - so wie hier gemeint, manchmal ein einsamer Drahtseilakt...wirkt sich tendenziell auf Systeme wie den Strafvollzug aus...", "die Suche nach der inneren Wahrheit...", "das Gespielte nicht moralisch beurteilen, sondern wichtig ist, den Zuschauer emotional zu ergreifen", "dem hohen dramatischen Bedürfnis einen positiven Raum geben, wo das Ausleben nicht nur möglich, sondern gewollt ist...", "daß auch Menschen, die sonst gesellschaftlich ausgegrenzt und institutionell verwahrt werden, hier eine Form der Kommunikation, des Austausches finden..."

All diese Zitate aus dem hier vorliegenden Buch sind gekennzeichnet durch die Kraft zu menschenfreundlicher, kreativer Arbeit unter Extrembedingungen, durch den Glauben an die befreiende Macht des schöpferischen Ausdrucks. Die Fülle unterschiedlicher Ansätze aus Arbeitsfeldern wie Klinik, Psychiatrie, Haft- oder Heimanstalten, Schule oder offener Theater- oder Dramatherapiearbeit wirkt beeindruckend und ermutigend. Es tut gut, auf "Gleichgesinnte" zu stoßen, besonders dann, wenn man

seine Laufbahn eher als Grenzgänger und Einzelkämpfer, manchmal auch als "einsamen Drahtseilakt" erlebt.

Klar geworden ist auch, daß nach einer Zeit eines expansiven Kreativitäts- und Psychobooms die Grenzen zwischen den Disziplinen wie Theater - Theaterpädagogik und Therapie immer diffuser geworden sind.

• Innerhalb der Psychotherapie wurden dramatische Therapieformen in den letzten Jahren zunehmend akzeptiert und vielfältig erweitert.

• Aus medizinisch-therapeutischer Sicht läßt sich der überwiegende Teil dieser Verfahren nicht als spezifisch klinisch bezeichnen. Sie liegen vielmehr im Zwischenbereich von Pädagogik, Theater und Therapie, im "paratherapeutischen" Bereich.

• **Theaterpädagogik** läßt sich als ein Integrationsfeld auszeichnen, in dem eine Fülle von fachübergreifenden, intermedialen Methoden entwickelt, angewandt und erfahrbar gemacht werden.

- Neben der allgemeinen Förderung persönlichkeitsbildender Faktoren im Kontext der Gruppe wie Flexibilität, Rollendistanz und Emphatie steht die Ermutigung zu schöpferischem Ausdruck und befreiender Spielfreude als Gruppenerlebnis im Mittelpunkt sowie die didaktische-methodische Vermittlung und Transparenz ihrer Vorfahren.

Die **moderne Dramatherapie** (Petzold u.a.) sowie die Rollenspielbewegung innerhalb der letzten 20 Jahre (Krappmann, Nickel, Klosterkötter) decken sich in ihrem theoretischen Bezug auf den **interaktionistischen Ansatz der Sozialisationstheorie**, die kritische Rollentheorie (Habermas, Krappmann):
Während die konventionelle Rollentheorie vor dem Hintergrund einer konventionellen Gesellschaftsstruktur auf eine Anpassung der Menschen an gesellschaftliche Rollenerwartungen und -muster ausgerichtet war (Dahrendorf), geht die kritische Rollentheorie auf die moderne arbeitsteilige Gesellschaft ein und stellt das Denkmodell eines "ICH-starken Individuums" auf, das "interaktive Kompetenz" besitzt.

Die **pädagogische Praxis**, die aus dem revidierten Rollenmodell abgeleitet wurde, mündet ein in die Rollenspielbewegung der 70er Jahre, deren Ziel es war, Grundqualifikationen sozialen Handelns in kompensatorischen und emanzipatorischen Rollenspielen zu erlernen (Klosterkötter, Nickel).
Psychodramatische Methoden wie Rollenwechsel, -umkehr, Doppelgängermethode, wurden dabei benutzt,

nicht im therapeutischen, als vielmehr im erkenntnissteigernden Spielinteresse.

Die theatertherapeutische Praxis (Moreno, Iljine) sah über die kognitiv-sprachlich-kommunikative Funktion des Rollenspiels hinaus stärker auf die non-verbale Verkörperung von Rollen:
Die vielen Formen pathologischen Rollenverhaltens werden unter dem "rollenanalytischen Blick" des Dramatherapeuten in der Art und Weise ihrer "Verleiblichung" an den symbolischen Zeichen wie Gesten, Mienen, Blicke, Sprachklang, erkannt (Body-Reading) z.B. zwanghafte, uniformierte, starre, orientierungslose Rollenverkörperungen.

Aus **klinisch-therapeutischer Sicht** stellt sich die Frage, wie Menschen geholfen werden kann, sie aus ihren krankmachenden Rollenzwängen zu befreien. Durch die szenische Rekonstruktion der Situation ihres Leidens lassen sich die verborgenen, tabuisierten Gefühle zur Oberfläche bringen und die Symptome verstehen.

Für die weitere Arbeit des Dramatherapeuten ist es vor allem wichtig, in der therapeutischen Situation eine "sichere Szene" zu gewährleisten, in der sich die Mitspieler angstfrei zeigen können.

Dramatherapie fragt also nach den Voraussetzungen und Bedingungen für heilendes Spielen.

Theaterpädagogik hat in diesem Zusammenhang **prophylaktische, stabi-**

lisierende **Funktion**: sie kann in unserer Konsum- und leistungsorientierten Gesellschaft dazu beitragen, Spielräume zu eröffnen und freizuhalten durch vielfältige Möglichkeiten schöpferischen Ausdrucks.

Theaterpädagogik sollte ihre Position im Spannungsfeld von Prozeß und Produkt, von Theater und Therapie als Chance nutzen, von den Möglichkeiten spielerischer Selbsterfahrung ausgehend über vielfältige Improvisation zur symbolischen Geste, über die Vermittlung des schauspielerischen Handwerkszeugs zur gemeinsamen Arbeit am ästhetischen Produkt zu gelangen.

Die **"heilende Wirkung des Theaters"** liegt im existentiellen Ringen um Fragen der Gestaltung, in der schöpferischen Tätigkeit und nicht so sehr in der verbalen Aufarbeitung dieser Prozesse.
Die ureigenste Funktion von Theater ist es, gemeinschaftsspendende Rituale zu entwickeln, die magische Kunst des Theaters. Der Schamane, Theatermacher hatte eine ursprünglich ganzheitliche Funktion.

Im pathologischen Bereich der Psychiatrie und klinischen Therapie sind die Grenzen künstlerisch-dramatischer Arbeit zu sehen.

Gemeinsamkeiten - Überschneidungen - Grenzen

Vor dem Hintergrund eines "veränderten Gesundheits- und Krankheitsbegriffs" wird die theoretische Unterscheidung, daß Theater und Thea-

terpädagogik kollektive Heilungsprozesse in Gang setzen, im Gegensatz zur individuellen Heilung in der Therapie fragwürdig.

Allen drei Disziplinen geht es vor dem Hintergrund einer "entfremdeten Welt" vor allem um die bewußte Wahrnehmung von Gefühlen sowohl individuell als auch kollektiv und um deren Befreiung und Entäußerung über rationales Erkennen hinaus - in der schöpferischen Arbeit, in kreativer Therapie und im Spiel.

Entscheidendes Unterscheidungskriterium, welche Verfahren, Interventionen oder Arbeitsformen angemessen und verantwortbar sind, ergeben sich aus der Individualität bzw. der individuellen Pathologie des Menschen.

Hier sind Therapeuten, Theatermacher und -pädagogen gleichermaßen aufgefordert, verantwortungsbewußt und sensibel die Botschaften von Menschen wahrzunehmen und sich der Grenzen und Möglichkeiten ihres Handelns bewußt zu sein.

Dazu ist allerdings eine **fachübergreifende Arbeitshaltung**, die Überschneidungen der Disziplinen im Sinne einer "Arbeit am ganzen Menschen" für fruchtbar und notwendig hält, ebenso vonnöten, wie das ehrliche Zugeständnis eigener Grenzen und die respektvolle, kooperative Anerkennung anderer Kompetenzen.

Anhang

Aus dem Einladungsschreiben an die SyposiumsteilnehmerInnen:

..Zur Erleichterung der Vorbereitung sowie zu Ihrer eigenen Einstimmung bitten wir Sie, für die Spielaktion am Samstag abend Kostüme und Requisiten selber mitzubringen. Das Motto des Abends wird hiermit bekanntgegeben. Es lautet: "Auf der 'PRINCESS OF DRAMA' mit Kurs auf Indien". Stellen Sie sich also bitte vor: Sie befinden sich am Samstag abend im Schiffssalon eines Ozeandampfers. Ihre kulturelle, berufliche, psychsoziale, geschlechtliche, animalische...oder sonstige Herkunft, Ihr Aussehen oder Ihr Alter bestimmen Sie selbst!
Viel Spaß beim Vorbereiten.....

Mitspielaktion

Mit der PRINCESS OF DRAMA mit Kurs auf Indien

20.00 Uhr: Schminken, verkleiden im unteren Foyer

20.20 Uhr: Kapitän und Mannschaft begrüßen die Gäste, die von der oberen Saaltüre in den "Schiffssalon" hinuntersteigen (Schiffsgeräusche, Seemannslieder, Musik, jedem Gast wird ein Glas Sekt gereicht) Ansprache des Kapitäns, Vorstellen der Crew, Beschreibung der Schiffsroute

21.15 Uhr: Salonmusik. Der Kapitän eröffnet den Tanz, anschließend Schneeballwalzer, Polonaise

21.45 Uhr: Platz nehmen an Tischen, Unterhaltung, kaltes Büffet

22.15 Uhr: Musik, Bordunterhaltung, SOS-Übung wird angesagt.

23.00 Uhr: SOS-Übung. Schiffsofffizier macht die Übung pantomimisch vor. Gäste ziehen ihre "Schwimmwesten" an (Schwimmwesten = das, was jeden Einzelnen über Wasser hält" wie z.B. Kunst-Talent-Macht-Liebe-Sex-Genuß-Ekstase-Glaube-Wohlstand) Gäste stellen sich mit ihren "Schwimmwesten" in SOS-Form im Raum auf. Die Kräfte *"Petzifit gegen Maxifit"* - Das Meer tobt. Die Passagiere werden hin- und hergerissen, treiben dahin. *Maxifit*: Maßgeschneiderte kurz- und langfristige Aufbau- und Kontaktstudiengänge, Normensysteme, Managementtheorien. *Pezzifit*: Intermediale Quergänge, integrative Kunstpsychotherapien, die Verführung durch die erlebnisaktivierenden Kunsttherapien, das Durchhalten im Durchgestalten. Die beiden Mächte werden durch gegensätzliche musikalische Improvisationen aus den diagonalen Seiten des Schiffssalons zunächst abwechselnd, dann heftig miteinander und gegeneinander spielend dargestellt. Die Passagiere bewegen sich hin- und hergerissen dazwischen. Zum Schluß das rettende Boot. Ein gelbes Schwungtuch löst sich vom "Himmel" und schwebt auf die "Ertrinkenden" nieder. Musik dazu "Yellow Submarine". Unter dem Tuch Stimmung.

24.00 Uhr: Weiter Kurs auf Indien. Bis zum frühen Morgen. (Einige Passagiere sollen erst gegen Mittag von Bord gegangen sein!)

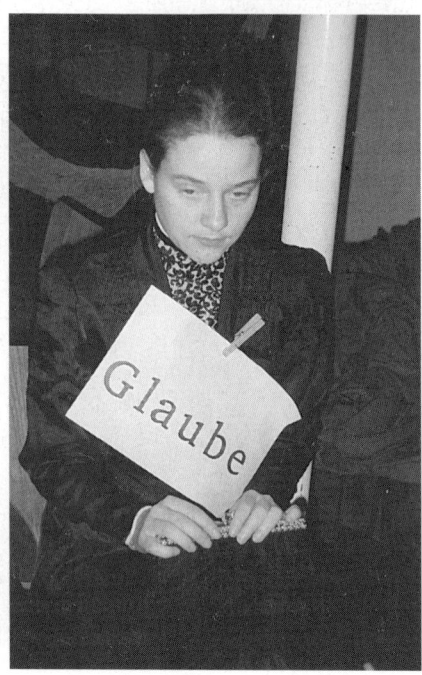

194

195

Kontaktadressen

Bernward Weiß

Masken und szenisches Spiel
**Maskenbau - Maskenspiel-
Selbsterfahrung**

Zur Einführung

Masken waren von Urzeit an Objekte der (Ver)wandlung. Masken sind nicht nur das, was sie zeigen, sondern auch das, was sie verbergen! Sie schützen und trennen ebenso, wie sie Grenzen aufheben und damit das Verborgene zum Vorschein treten lassen, transformieren und befreien. Masken sind bildhafte und symbolische Sprache, wie wir sie aus Märchen, Mythen, Träumen und Phantasien kennen. Maskenspieler und Masken formen sich gegenseitig und lassen den persönlichen und den kollektiven Mythos lebendig werden.

Masken und szenisches Spiel, greifen Urformen des menschlichen Handelns auf: Spiel, Tanz, Stimme, Bewegungsrituale, etc. und ermöglichen eine Rückbindung der persönlichen Geschichte an archetypische Grundmotive menschlichen Lebens. Masken als kreatives Medium verhelfen u.a. eine wichtige Dimension greifbar zu machen: die des Symbols. Masken und Szenen haben immer einen Realwert- sind aktuelles, tatsächliches Geschehen. Sie sind aber auch Ausdruck des Imaginären, des Irrealen, des tatsächlich nicht Greifbaren, des Übergreifenden und Archaischen, das sie durch In-Szenierungen erfahrbar machen.

Selbstbegegnung

Ich verstehe meine Maskenseminare als Begleitung auf dem Weg der Individuation (einem seelischen Reifungs- und Wandlungsprozeß). Maskenspiel ist Selbst-Begegnung: Im Gestaltungsprozeß kann man sich als ganzer Mensch erfahren, weil der Gestalter sich nicht nur seinen inneren Bewegungen gewahr wird, sondern weil diese Bewegungen und Bilder in seinen Masken und Szenen anschaulich und sinnlich erfahrbar werden.
Die Basis der Arbeit entsteht im wesentlichen durch die unmittelbaren und kreativen Begegnungen, durch Einfühlung und Austausch. Ziel ist

u.a. ein Spiel in dem die "heilende Kraft der reinen Gebärde" (Dürckheim) erfahren werden kann.

Spielend und im Gespräch

Der "Leere Raum", die Bühne ist Freiraum und Rahmen zugleich; er ist die Projektionsfläche meiner inneren Räume, meiner Welt mit ihren Wünschen und Wirklichkeiten - in ihm finden wir Vergangenheit, Zukunft und Gegenwart.

Wir gestalten ein "Schau-Spiel", das ausgeht von spontanen Szenen, Gedanken, Träumen oder Konflikten der Teilnehmerinnen, die im Spiel lebendig werden. Dabei kann jeder immer neu wählen, ob er Akteuer, Mitspieler oder Beobachter sein will.

Ein heiteres Spiel löst ein ernstes ab, das laute ein stilles, oder dem scheinbar rätselhaften folgt ein tiefer mythischer Augenblick. Das Spiel ist nur ein Teil der "Initiation ins Leben" (Sheleen). Es folgt die Phase des Gesprächs, der Analyse der Gesten und Szenen, die kognitive Integration des Geschehens im Zusammenhang mit Gruppenprozeß und der eigenen Lebenssituation. Die Grundlagen dafür sind die integrative Gestalttherapie und die Analytische Psychologie.

Leibarbeit

Die scheinbar bewegungslose Maske, der Verzicht auf die gewohnte Mimik und Sprache, fordert heraus, uns mit Gesten und Gebärden auszudrücken. So gehört zu jedem Seminar (je nach dem Setting und der zur Verfügung stehenden Zeit) die Schulung der leiblichen Wahrnehmungs- und Aus-

drucksfähigkeiten (Haltung, Stimme, Atem), Übungen zur Strukturierung von Raum und Zeit sowie Bewegungsimprovisation.

Maskenbau:

Wir gestalten Masken aus allen möglichen Materialien. Ebenso wie für das Spiel gilt: besondere Voraussetzungen sind nicht nötig - jede/r kann mitmachen. In der Regel beginnen wir ganz einfach mit weißem Papier, dem folgt das Formen von Masken in Ton und das Kaschieren mit Papier und später im Gruppenprozeß nehmen wir Masken vom eigenen Gesicht ab. Wir arbeiten mit Papier, Gips, Stoff, Holz, Metall, etc.

Das Ringen um die gewünschte Form, das Kneten, Reißen, Schneiden, Kleben, Malen sind wichtige und heilsame Erfahrungen in der Auseinandersetzung mit den Gesetzmäßigkeiten der jeweiligen Materialien und dem eigenen Ausdrucksvermögen. Nicht immer gelingt es, die eigenen Vorstellungen umzusetzen und es kommt zu überraschenden neuen Formen, die uns immer wieder in Erstaunen versetzen!

Zur Person

Psychotherapeut , Dipl.-Soz.Päd. Heilpraktiker.

Praxis seit 1980 in Berlin, langjährige Berufstätigkeit an einer Drogenberatungsstelle und im Gesundheitspark München (VHS) Zusatzausbildung in Integrativer Bewegungs- und Gestalttherapie (Fritz Perls Institut); psychoanalytische Selbsterfahrung; Weiterbildungen in verschiedenen leiborientierten Therapieverfahren sowie der therapeutischen Arbeit mit Masken. Lehrtherapeut am FPI, Lehraufträge an Sozialen Fachhochschulen und der Hochschule der Künste, Berlin. Ich leite pädagogische und therapeutische Maskenseminare seit 1976.

Die Seminare biete ich in unterschiedlichen Formen an: Fortlaufende Maskengruppen (mit Themen wie z.B. "Die vier Elemente", "Licht und Schatten", "Der Andere", "Anima, Animus etc)

3-8tägige Blockseminare als Selbsterfahrungsgruppen sowie Programme zur Weiterbildung in der therapeutischen Arbeit mit Masken.

Die aktuellen Informationen (MitarbeiterInnen, Termine, Veranstaltungsorte, Kosten) bitte bei mir anfordern.

Literaturhinweise:

SHELEEN, L.: "Maske und Individuation"

WEISS, B.: "Maske und Therapie im integrativen Ansatz der Arbeit mit kreativen Medien und in der Kunsttherapie - ein Überblick" in "Die neuen Kreativitätstherapien" Petzold/Orth; beide Junfermann Verlag Paderborn

RIEMER, C.: "Maskenbau und Maskenspiel", Moby-Dick Verlag

Masken und szenisches Spiel

WEITERBILDUNG:
Masken als kreatives Medium
in der Kunst- und Psychotherapie

2jährig: 1993 /1994

Das Maskenspiel ist kein eigenes therapeutisches Verfahren, sondern es ist eine kreative Form, die in verschiedene therapeutische Schulen Eingang gefunden hat, vor allem natürlich in jene, die u.a. auf Methoden der "dramatischen Therapie" gründen, wie z.B. die Integrative Therapie, das Psychodrama, die Gestalttherapie.

Da Masken ein hohes Aktivierungspotential haben, erfordert das Verwenden von Masken viel Selbst- und Spielerfahrung, theoretische und praktische Kenntnisse; von der Materialwahl, dem Gestalten, dem Inszenieren bis zur Aufarbeitung. Es handelt sich um eine ganzheitliche Arbeit im Wechselspiel zwischen den inneren Bildern, Gefühlen, etc., dem konkreten Formen und Gestalten sowie der sprachlichen Verarbeitung des Spielgeschehens.

Auf vorhandenen Erfahrungen aufbauend, haben wir zum Ziel die persönlichen und professionellen Kompetenzen der TeilnehmerInnen in der Arbeit mit Bewegung, Masken und Elementen des Theaters zu erweitern. Unsere Maskenarbeit gründet im Maskenspiel von Laura Sheleen (Lit.: "Maske und Individuation") und beinhaltet deren Vertiefung und Ergänzung.

Inhalte:
- Gestaltung von Masken, verschiedene Techniken des Maskenbaus (Materialien, Arbeitsgänge, Größe, Einsatzmöglichkeiten, etc.);
- Finden der Maskengestalten - Maske, Körper und Bewegung; Leibarbeit, Bewegungsübungen, Stimm- und Improvisationsübungen.
- Die Maskengestalt im leeren Raum der Bühne; übungen zur Strukturierung von Zeit und Raum;
- Maske und andere Medien; Malen, Texte, Musikinstrumente, etc.;
- Methoden des Maskenspiels; die eigene Maske, die fremde Maske; die eigene Maske am anderen; Improvisation, Planung und Wiederholung eines Spiels, etc.
- Anwendung in verschiedenen päd. bzw. therapeutischen Feldern bzw. Therapieverfahren;
- Indikation und Kontraindikation des Maskenspiels in der psychotherapeutischen Praxis;
- theoretische Aufarbeitung; Reflexion und Bearbeitung methodischer und didaktischer Fragen;

Zeitplan und Gebühren:
Einschreibegebühr: 60,-- DM; Gebühr eines Weiterbildungstages (AE) 80,-- DM (incl. Mwst.)
1. Seminar: 2. bis 6. Januar 1993 (4 WE) in Berlin 320,--
2. Seminar: 25. Juli bis 7. August 1993 (12 WE) in Kirchheim /Ostalb: 960,-- DM
3. Seminar: 3. bis 8. Januar 1994 (5 WE) in Berlin 400,--
4. Seminar: Sommer '94 (12 WE) voraussichtlich in Kirchheim: 960,-- DM
Ermäßigung auf Anfrage möglich -
zuzügl. Unterkunft und Verpflegung; in Kirchheim ca. 600,-- DM; in Berlin müssen sich die TeilnehmerInnen um Ihre Unterbringung selbst kümmern.

Leitung:
Barbara Feser, Psychotherapeutin (Biodynamik, Integrative Körperpsychotherapie), Pädagogin, Heilpraktikerin; seit 1978 Mitarbeit im Frauentherapiezentrum München (Beratung, Einzel- und Gruppentherapie, Bewegungsarbeit, therapeutische Arbeit mit Masken)
Bernward Weiß, Psychotherapeut (DGGK, DGIB), `Dipl. Soz. päd, Heilpraktiker; seit 1976 arbeite ich u. a. in der Prävention, in der Therapie, in verschiedensten Weiterbildungsangeboten für Kunst-, Bewegungs- und Psychotherapie mit Schwerpunkt 'Masken und szenisches Spiel'.

Weitere Informationen bitte anfordern: *Praxis für Integrative Leib- und Psychotherapie*
Bernward Weiß
Wartenburgstr. 17, 1000 Berlin 61
Telefon: 030-215 80 97

Weiterbildung
Schauspiel - Ausdruck - Kommunikation

Themenschwerpunkt: Fremde - zwischen Faszination und Feindschaft

Die KULTURGUT - Akademie für lebendige Kunst bietet in den Monaten September bis Dezember 92 diese Weiterbildungsveranstaltung an, die vom Land NRW unterstützt und als Bildungsurlaub anerkannt ist.
Das Angebot richtet sich an AusländerInnen, UmsiedlerInnen und Deutsche aller Altersstufen, die privat oder beruflich von dem Thema betroffen sind.

Was ist mir vertraut und was ist mir fremd? Was reizt mich am Fremden - was macht mir Angst? Wie entstehen feindliche Gefühle gegenüber Fremden?

Voraussetzungen:
Engagierte und regelmäßige Teilnahme, Neugierde auf den gemeinsamen Prozeß.
Die Teilnehmerzahl ist auf 14 Personen begrenzt. Bei größerer Nachfrage findet ein Auswahlverfahren statt.

Ziel der Weiterbildung
ist es nicht, die TeilnehmerInnen zu Schauspielern zu erziehen.
Vielmehr werden Methoden der modernen Theaterarbeit eingesetzt, so daß sie lernen

- festgefahrene Verhaltensmuster bewußt wahrzunehmen

- ihre alltägliches Repertoire an Ausdrucksmitteln zu erweitern, d. h. freier und spielerischer mit Körpersprache, Stimme und Emotionen umzugehen

- den Wert der persönlichen Lebensgeschichte entdecken

- mit Selbstbewußtsein und Freude kommunizieren, eigene Wünsche und Ideen darzustellen, sich Konflikten zu stellen.

bitte wenden

KuLTuRGuT - AKADEMIE FÜR LEBENDIGE KUNST

Stammsitz Bochum. Büro: Leithestraße 37-39, D-4650 Gelsenkirchen
Tel: 0209 - 148 222, Fax: 0209 - 148 241

Verschiedene Methoden werden in 6 Blockseminaren gelehrt, welche an Samstagen und Wochenenden stattfinden. Eine intensive Arbeitswoche rundet die Weiterbildung ab.

Für alle Seminare gilt, daß sie mit Selbsterfahrung und Experimentieren beginnen und schließlich zu einer Form der Präsentation leiten. Im 7. Seminar - "thematische Szenenentwicklung" - bringen die TeilnehmerInnen persönliche Themen ein, kombinieren verschiedene Darstellungsmethoden und schließen so die Weiterbildung mit einem eigenen Theaterstück ab.

Körpererfahrung, Körpersprache, Bewegungstheater	19./20. 9., 11-18 h
Atem, Stimme, Sprechen, Erzählkunst	3. + 10. 10., 11-18 h
Emotionen - unterdrücken und ausdrücken	17./18.10., 11-18 h
Persönliche Lebensgeschichte und persönliche Qualitäten	31.10. + 7.11., 11-18 h
Kreatives Schreiben - Lyrik, Prosa, Szenen	14./15. 11., 11-18 h
Visualisieren - Raumgestaltung, Objekttheater, Kostüme	28.11. + 5.12., 11-18 h
Thematische Szenenentwicklung und Präsentation	14. - 18.12., 11-18 h

<u>Leitung:</u> Felicitas Schlette, Dipl. Dramadozentin
Ausbildung am Figurentheaterkolleg Bochum und an der
Akademie der Künste, Fakultät Theater und Drama, Utrecht - NL
2 - jährige Mitarbeit am Freien Werkstatt Theater Köln
Theaterarbeit mit Kindern, Senioren, Frauen, multikulturellen Gruppen u.a.

Harald Kleinecke, Schauspieler, Regisseur und Theaterpädagoge, studierte in Berlin, Utrecht und Amsterdam Bewegungstheater und Schauspiel. Mitarbeit bei verschiedenen Theaterproduktionen, seit Herbst 91 in der KULTURGUT - Akademie tätig.

N.N.

<u>Preis : 450,- / 350,- DM</u>
(Für Leute ohne Einkommen kann der Preis nach Absprache heruntergesetzt werden.)

Alle Interessierten sind herzlich eingeladen zum

Infoabend am 3. Juli, 20 Uhr

KuLTuRGuT - A K A D E M I E   F Ü R   L E B E N D I G E   K U N S T

Leithestraße 37 - 39,   D-4650 Gelsenkirchen
Tel: 0209-148222,   Fax: 0209-148241

6. - 9. November 92, Gelsenkirchen
" Erlebte Geschichte "

Unter diesem Titel veranstaltet die **KULTURGUT** - Akademie für lebendige Kunst **Theatertage**, die persönliche Geschichten in den Mittelpunkt schauspielerischen Schaffens stellen.
Es werden Theaterproduktionen aus Deutschland und den Niederlanden von Professionellen und Nichtprofessionellen gezeigt, in denen autobiographisches "Material" dramatisiert wurde.

Ziel ist außerdem, den Hintergrund und Entstehungsprozeß des jeweiligen Stückes zu dokumentieren und diskutieren. Dies geschieht zum Teil durch anschließende Nachbesprechungen, wodurch ein intensiver Austausch zwischen SpielerInnen und Publikum angeregt wird.

Im Rahmen der Theatertage ist außerdem folgendes Programm vorgesehen:
- ein Seminar über die "Dramatisierung der persönlichen Geschichte"
- ein intergenerativer Theaterworkshop zum Thema "Kindheit und Jugend in Deutschland"
- eine begleitende Ausstellung

Einzelpersonen und Theatergruppen, die sich ebenfalls mit der Umsetzung "erlebter Geschichte" auseinandersetzen oder mit anderen Vorschlägen und Ideen zu dem Programm beitragen möchten, sind herzlich eingeladen.
Auch die Anmeldung für das Seminar und den Workshop ist schon möglich.
Das endgültige Programm erscheint im Spätsommer 92.

Weitere Information bei: KULTURGUT - Akademie für lebendige Kunst, Leithestr. 37-39, 4650 Gelsenkirchen - Tel.: 0209 / 148222, Fax.: 0209 / 148241

KULTURGUT - Akademie für lebendige Kunst - staatlich anerkannter, gemeinnütziger Träger der freien Jugendhilfe und Einrichtung der Weiterbildung; Mitglied der LKD (LAG Kunstschulen NW), des DPWV u. des Deutschen Kinderschutzbundes Kooperationspartner des Kultusministeriums NW, der Universitäten Essen und Bochum u.v.a.
KULTURGUT e.V., Stammsitz Bochum, Bankverbindung: Bank für Sozialwirtschaft, Essen, BLZ 370 205 00, Kto.Nr. 720 520 0

DIE UNGLÜCKLICHE... PRINZESSIN

~über die Möglichkeit, das Schicksal zu beeinflussen~

O. DOST-NOLDEN

Frauen

Meine drei Schwestern sitzen
Auf Felsen aus schwarzem Vulkanstein
Zum ersten Mal in diesem Licht
Kann ich sehen wer sie sind

Meine erste Schwester näht ihr Kleid
Für den Festzug
Sie geht als durchsichtige Dame
Alle ihre Nerven werden sichtbar sein

Meine zweite Schwester näht auch
An dem Riss durch ihr Herz
Der nie gut geheilt ist
Endlich hofft sie
Wird der Druck auf ihrer Brust abnehmen

Meine dritte Schwester starrt
Zur dunkelroten Küste
Die sich weit ins Meer erstreckt
Zum Westen hin
Ihre Strümpfe sind zerrissen
Aber sie ist schön

Adrienne Rich

Die unglückliche Prinzessin

Über die Möglichkeit, das Schicksal zu beeinflussen

Moiren	Ensemble
Erzählerinnen, Mägde und Urahnen	Ensemble
Prinzessin	Marion Fabian
1. Königin	Dorothee Oxenius
2. Königin	Monika Seebohm
Ältere Schwester	Mahema Baur
Mittlere Schwester	Dorothea Müller
Bettlerin	Annette Schramm
Stoffhändler	Dagmar Nolden
Schatten	Stefanie Schmid
Glashändler	Meike Utke
Schatten	Johanna Hechler
Magd am Weg	Marianne Miller
1. Moira	Regina Schmidt
2. Moira	Annerose Melle
Zerlumpte	Claudia Schmidt
Zwei Freier	Anne Keimes
Spielleitung	Felicitas Schlette
	Angelika Wehr-Kolta
Bühnenbild, Kostüme, Dramaturgie, Requisite	Ensemble
Programmheft	Alexandra Müller

Premiere:
12.7. 20.00 Uhr
13.7. 20.00 Uhr
14.7. 11.00 Uhr

Eine Produktion des
FREIEN WERKSTATT THEATERS, Köln
Zugweg 10, 0221 32 78 17

weitere Vorstellungen:
1. 9. 20.00 Uhr
5. 9. 20.00 Uhr

203

FWT-Projekt Mütter-Töchter

Seit etwa einem halben Jahr treffen sich 15 Frauen im Alter zwischen 20 und 60, um miteinander Theater zu spielen. Ebenso unterschiedlich wie die Frauen, sind ihre Motive und Erfahrungen mit dem Theater, einige haben bereits Vorerfahrung, andere haben noch nie auf der Bühne gestanden.

Die unglückliche Prinzessin ist eine freie Bearbeitung eines gleichnamigen griechischen Volksmärchens, in dem eine Königstochter sich nicht mit ihrem Schicksal abfindet und sich auf den Weg macht, um es gegen ein besseres einzutauschen.

Die Beschäftigung mit dem eigenen Schicksal, die Auseinandersetzung mit dem Lebensweg jeder einzelnen stand im Vordergrund des Projekts. Während der Arbeit mit dem Märchen flossen die eigenen Erfahrungen der Frauen in die Produktion ein, ihre eigene Lebensgeschichte spielt eine genauso wichtige Rolle wie die Vorlage. Dies wird besonders am - geänderten - Schluß deutlich, in dem die Figur der Prinzessin vielfach gebrochen wird.

Nach der Produktion *der unglücklichen Prinzessin* hat die Gruppe ein weiteres Stück geplant. Im Sommer wird die Arbeit an einem Projekt über die Mütter-Töchter-Thematik aufgenommen, das aus den Erfahrungen der Frauen frei erarbeitet wird.

Moiren und Nornen

Allen alten Religionen Europas ist die Vorstellung von Schicksalsfrauen gemeinsam, so sitzen etwa - nach dem germanischen Mythos - drei Nornen am Wurzelwerk des Weltenbaums und spinnen die Schicksalsfäden, sie bestimmen die Schicksale von Menschen und Göttern. Auch in den europäischen Märchen tauchen Schicksalsfrauen auf, so etwa die Moiren der Griechen.

Man findet die Schicksalsfrauen meistens in der Dreizahl, der Zahl der Vollkommenheit und der Vollendung, der göttlichen Zahl. Sie symbolisiert, nach J.J.Bachofen, das Dauernde im Wechsel, der Mittelpunkt, um den sich die polaren Entscheidungen drehen", Geburt und Tod. Erhaltung und Vernichtung. Im Märchen wie in der Religion sind Geburt, Hochzeit und Tod die wichtigsten Entwicklungsphasen.

In der ungeteilten Einheit der Großen Mutter spiegelt sich das Bild der drei Schicksalsfrauen. Sie erscheint zwar als einzelne Gestalt, trägt aber drei Gesichter. das eines jungen, schönen Mädchens, das einer reifen Frau und das einer Greisin. Moiren und Nornen können sowohl gut und schön sein, als auch häßlich, verkommen und schlecht, sie können die anvertrauten Schicksale allein lassen oder ihnen hilfreich beistehen.

204

Pressestimmen

Briefe

Gabriele Wening

Sehen was da ist

Symposion zur Standortbestimmung von Theater, Theaterpädagogik und Therapie
Akademie Remscheid 1.-3.11.1991

"Sehen, was da ist" lautet die abschließende Forderung einer Teilnehmerin des Symposions, das von der Akademie Remscheid und der EAG/FPI (Europäische Akademe für psychosoziale Gesundheit / Fritz Perls Institut, Düsseldorf) veranstaltet wurde.

Also sehen, was da ist:
Viele waren da: ca. 100 Leute vom Fach, vom Theater ebenso wie aus Pädagogik und Therapie. Vieles war da: eine dichte Atmosphäre von Kreativität und Diskussionsfreude, von Sehnsucht nach Ausdruck und Austausch gleichermaßen von Vorsicht auch und teilweise Vorurteil anderer Arbeitsweisen gegenüber, von Informations- und Orientierungsbedürfnis.
Viel Hunger - viel Futter: man/frau ging satt nach Hause.

Reflektieren, diskutieren, experimentieren, spielen, begegnen, sich selbst und wie auf einem Markt andere und anderes erfahren, das alles machte theoretisch und praktisch aus dem Sym-posion über das traditionelle Trinkgelage der Griechen hinaus eine komplexe, lebendige Zusammenstellung der verschiedenen Bereiche, nämlich Theater, Theaterpädagogik und Therapie mit den Schwerpunkten Kunst, Kreativität und Heilung in den Arbeitsfeldern Kultur- und Bildungsarbeit sowie in Klinik und therapeutischer Praxis.

Von Suchbewegungen über Ausprobieren zum Ausdruck bis zur Schärfung des Blickes vollzogen die Teilnehmer die Standortbestimmung, die laut Programm das Ziel des Symposions war. Zu einer Standortbestimmung wie dieser aber gehört nicht nur die Entwicklung von Selbst-Bewußtsein sondern auch die Grenzfrage: wie überschneiden oder unterschneiden sich eigene und nachbarliche Disziplinen? Deutlich wurde, daß das Integrationsmaß und die Trennungsschärfe von Einzelpersonen abhängig sind und von den Bühnen, auf denen sie agieren. Abgrenzungsforderungen scheint es eher in der Theorie zu geben, Annäherungs- und Überschneidungstendenzen finden ganz bei-läufig in der Praxis statt, was als aufregend, anregend und beunruhigend empfunden wird - plötzlich ist Theaterpädagogik Therapie oder es entsteht in der Therapie dieser Moment des Schönen, der Ver-dichtung, den wir Kunst nennen.

Während der Tagung erwies es sich immer wieder als wichtig, eine Gratwanderung zu erreichen zwischen einer Grenzziehung, die sich aus gegenseitiger Wertschätzung ergibt, und einer Grenzöffnung, die um Gemeinsames und Einsames weiß und nicht im grauen Allerlei oder Einerlei verkocht. Gefährdet wurde dieses Ziel dann, wenn die immer wieder spürbare Sehnsucht nach den Brettern, die die Welt bedeuten, den Blick auf Realitäten verklärte oder die Skepsis allem Gegenüber, was mit "Psycho" beginnt, in Abwehr oder sogar Abwertung überging.

Wenn Theater als Tempel des Wahren, Schönen und des Künstler(da)seins gleichgesetzt wurde mit einem positiven Ansatz und wenn Therapie als Beschäftigung mit Leid, Schwere und "nur" individueller Problematik mit einem negativen Ansatz, dann verharmloste dieses Schwarzweißdenken die Kunst, verteufelte die Therapie und führte in Sackgassen. Dies geschah aber nur selten, insgesamt wurde der Satz "Ich bin wie du und anders als du" sorgfältig buchstabiert und auf dem Hintergrund der Fragen um Individuum und Gesellschaft, um Gesundheit und Krankheit, um Produkt und Prozeß reflektiert. Welches ist die anthropologische, ethische Basis, von der aus wir handeln, welches sind unsere Methoden und Arbeitsbereiche und welche Ziele und Zielgruppen steuern bzw. sprechen wir an? Es waren die W-Fragen aus der Schauspielerarbeit, die anklagen: Wer tut was, wo, wann, warum, wie und mit wem?

Um sich in den Disziplinen mit diesen Fragen zurechtzufinden, wurden theatergerecht Methaphern gewählt: ein Haus, das drei Grundmauern und dazugehörige Eingänge hat (Theater, Theaterpädagogik, Therapie) und ein Schiff, das verschiedene Ufer erreicht. Drei Äußerungen, aufgesammelt bei verschiedenen Anlässen, können eine zusammenfassende Tendenz deutlich machen: "Schuster, bleib bei deinen Leisten" hieß es ebenso wie der "Blick über den eigenen Tellerrand" sei nötig und gefährlich sei es, in eine "Gartenzwergisierung mit Schrebergartenkultur" zu verfallen, weder dürfe man sich als Zwerg definieren noch den Blick über den eigenen Gartenzaun vernachlässigen - dafür wurde der Veranstalterin und Organisatorin Dr. Birgit Klosterkötter-Prisor am Schluß ein Gartenzwerg als Mahnmal und Dank überreicht.

Das Symposion war gegliedert in Vorträge, Arbeitsgruppen, Plenen, Präsentationen und eine Spielaktion mit allen Teilnehmern.
Die vier Vorträge bildeten das Gerüst und setzten Akzente aus den verschiedenen Bereichen. Prof. Günther Holzapfel von der Universität Bremen hielt

den übergreifenden Eröffnungsvortrag, Gandalf Trötschel, Hannover, sprach über Schauspielkunst, Prof. Hilarion Petzold, FPI Düsseldorf und Universität Amsterstam, wies klinische Dimensionen dramatischer Therepie auf, und Dr. Birgit Klosterkötter-Prisor von der Akademie Remscheid stellte Theaterpädagogik dar.

Im Eröffnungsvortrag "Berührungspunkte zwischen Therapie und Kulturarbeit" stellte Prof. G. Holzapfel, der als seinen eigenen Zugang die Theaterpädagogik in Kultur- und Bildungsarbeit definierte, folgende Thesen auf:

1. Therapie und soziokulturelle Bildung können gemeinsame Themen haben. Sie betreffen menschliche Existenz- und Alltagsfragen; entscheidend und unterscheidend sei, wie und mit welchem Ziel diese Themen bearbeitet würden.

2. Bildungs- und Kulturarbeit zielt auf kollektive Therapie auf individuelle Heilungsprozesse.
Obwohl Theaterarbeit und dramatische Therapie gleiche Phasenverläufe haben könnten und ein gemeinsames Medium - nämlich das Agieren im Spiel - einsetzten, sei doch die Frage, ob die Gesellschaft oder das Individuum in der jeweiligen Krankheit oder Gesundheit Ziel der Arbeit sei. In Bezug auf die Krankheit der Gesellschaft und das Krankmachende in der Gesellschaft nannte Holzapfel mehrere Autoren, speziell setzte er sich mit Günther Anders und Ulrich Beck auseinander.
Anders spräche von einer Verflachung der Gefühle, insbesondere der Angst von einem "Analphabetentum der

Angst" und einer "kollektiven Apokalypse-Blindheit", die ihre Wurzeln haben im Auseinanderklaffen der menschlichen Vermögen: Machen, Denken, Vorstellen, Fühlen, Verantworten - dem sogenannten "prometheischen Gefälle". Einen Ausweg sähe Anders in der "Ausbildung der moralischen Phantasie" und im Üben der "Plastizität der Gefühle", um "also das Vorstellende und Fühlende mit uns als Machenden gleichzuschalten."

Beck analysiere gesellschaftliche Probleme und Konflikte u.a. als Resultat eines Umschmelzungsprozesses sozialer Binnengefüge. Individualisierung hieße Herauslösung des Individuums aus historisch gewachsenen Verbänden, Verlust von traditionellen Sicherheiten, aber auch Schaffung von neuen sozialen Einbindungen. Auf einer psychischen Ebene bedeutet dies für das Individuum Angst, Unsicherheit und Schuldgefühl. Es entstände darüber hinaus der Zwang zur Individualisierung: Emanzipation sei gesellschaftliche Zumutung. Mit diesen kollektiven Gefühlen und Tendenzen müßten sich pädagogische Institutionen zentral beschäftigen, wobei in der Praxis eine wesentliche Bedeutung der sinnlichen Erfahrung zukäme: Entfremdete Sinne brauchten Arbeit auf der sinnlichen Ebene.

Holzapfel merkte kritisch an, daß die Korrektur kollektiver Gefühlslagen und die Prophylaxe historisch vorbelastet seien ("Volksgesundheit" etc), sie hätten trotzdem ihren Stellenwert in kulturpädagogischen Projekten

3. Das Moment von Schönheit als Gestaltungsprinzip kann kollektive Heilungsprozesse auslösen.

Obwohl die Ästhetik in der Laien- wie auch in der Professionellen-Kunst eine fragwürdige Kategorie geworden sei, bleibe die Schönheit ein entscheidendes Gestaltungsprinzip, das im Schaffen und Darstellen eines künstlerischen Produktes stärker im Zentrum stehe als bei einem therapeutischen Prozeß, obwohl es in der kreativen Therapie durchaus Überschneidungen geben könnte.

4. Sowohl in der Therapie als auch in der kulturellen Bildung spielen kathartische Prozesse eine bedeutende Rolle. Katharsis als Läuterung, Reinigung fände sowohl bei Kulturprojekten als auch in der Therapie statt. In der Kulturarbeit wäre es aber Folge von ästhetischer Gestaltung, setze also Distanzierung voraus, und intendiere keine Lösung von Konflikten. In der Therapie dagegen entstände Katharsis aus der Identifikation, also Nähe, und beabsichtige eine Lösung von Konflikten.

Holzapfel schloß mit den Worten: "Die Verschiebungen, Veränderungen unserer Arbeitsbereiche lösen neben Neugierde auch Unsicherheiten aus. Wir können diese Unsicherheiten nicht lösen durch puristische Revierabgrenzungen. Wir sind eher aufgefordert, ohne Berührungsängste die möglichen Überschneidungen der Arbeitsbereiche abzuklären." , und beschrieb so den Weg des Symposions.

Den zweiten Vortrag hielt Gandalf Trötschel über "Schauspielkunst", er näherte sich dem Symposionthema durch den Eingang "Theater". Das Theater als Ort sinnlicher, ästhetischer Erfahrung befände sich in einer Scherenbewegung, einerseits sei es tot, andererseits treibe es Blüten. Keiner ginge mehr ins Theater, aber das Interesse am Medium Theater sei ungebrochen und vital, was die hohen Anmeldezahlen an Schauspielschulen und viele Theaterprojekte bewiesen. Diese Bedürfnisse erklärte er aus der magischen Tradition des Theaters, das eine alte Verbindung sei von Theater, Religion und Therapie. Hinzu käme der pädagogische Effekt des Theaters für polititsche Aufklärung und Bewußtseinsbildung.

Um die Verbindung von Theater mit Therapie, politischer Bewußtseinsbildung und kollektivem Ausdruck zu unterstreichen, brachte Trötschel einige Beispiele aus seiner Berufspraxis und ging dann zu den Wurzeln dieser Verbindung, die er in dem Jagdzauber der Höhlenbewohner festmachte und beschwor, wo der Schamanen-Priester Künstler, Heiler und Politiker zugleich gewesen sei. "Nur wenn er weiß, was und wie er es tut, gelingt der Zauber". Angst hätte überwunden werden können durch den Einbau des Einzelnen in einen größeren Energiekreislauf, in den Gruppenprozeß. Dasselbe vollzöge der Theatermacher, wenn er gemeinschaftsspendende Aktionen und Räume herstellen würde, die die Vereinzelung überwinden. Wie der Magier habe er die Technik und Kraft, geistige Bilder zu materialisieren, und würde so den Menschen zum schöpferischen Mitarbeiter machen und einen intelligenten Willen aufbauen, der nicht mehr so leicht manipulierbar sei. Die künstlerische Grundhaltung zur Welt sei die "verzückte Haltung"

(Nietzsche) des Künstlers, der ein "trunken Liebender" und radikal un-emotionaler Wahrheitssucher sei. Bei aller Nähe käme er nicht in den Sog persönlicher Dinge, das innere Gestaltungsprinzip ziele auf Transformation und Veränderung. Künstlerische Werte seien Werte des Schaffens, des existentiellen Ringens um Gestaltung, in der ein Verhältnis entwickelt werden müsse zwischen Form und Inhalt, Nähe und Distanz. Die tatsächliche Heilwirkung des Theaters beruhe auf dem Kunstaspekt, nämlich der schöpferischen Tätigkeit des gesamten Menschen. Im Rollenspiel oder Psychodrama werde das Theater "vernutzt", auch Theaterpädagogik sei nicht Fisch noch Fleisch. Die eigentliche Gestalt des Theaters sei Kunst, und wirkliche Kunst sei Heilungsvorgang, weil sie den Menschen nicht nur als psychisches sondern auch als tätiges, schöpferisches, politisches Wesen sähe.

Für die Theorieentwicklung müsse man die Bereiche trennen, in der Praxis sei dies sinnlos, es sei vielmehr wichtig, sich auf die schamanischen Wurzeln zu besinnen, die ein Zusammenrücken notwendig machten, da jeder Bereich für sich allein Gefahr laufe, Surrogat zu werden.
Im Plenum gab es besonders viel Beifall und Resonanz auf Trötschels Definition des Künstlers und seine Rückbesinnung auf Magie -.eine Reaktion, die Ausdruck einer großen inneren Sehnsucht zu sein schien.

Im dritten Vortrag beschäftigte sich Prof. Hilarion Petzold mit den "Klinischen Dimensionen dramatischer Therapie". Er sprach über dramatische Therapieformen, deren historische Tradition, den Gesundheits- und Krankheitsbegriff, den Zusammenhang von Gesellschaft, Krankheitsbild und Therapieform, über Rollentheorie und therapeutische Ziele.

Als älteste heute bestehende Formen dramatischer Therapie nannte er das Therapeutische Theater Iljines und das Psychodrama Morenos. Eine Vielzahl weiterer Formen (Theatrotherapie, Jeux dranatiques, Expression Scenique, Maskenarbeit, Puppenspiel u.a.) seien seit den 60er Jahren entstanden, die Bewegung würde in den paratherapeutischen Bereichen immer breiter.
Die historische Tradition von therapeutischer Bühnenarbeit begänne im Schamanismus der Jungsteinzeit, in den antiken Tempelkrankenhäusern des Asklepius, wo mit dem gesamten Sinnesvermögen kreative Wege zur Gesundheit beschritten worden seien, der Arzt Galenus (Leibarzt des römischen Kaisers Marc Aurel) habe das Zuschauen von Theaterspielen "verschrieben", Hildegard von Bingen mit "Mysterienspielen" geheilt, im 19. Jahrhundert hätten Theateraties für psychisch Kranke durch das Spielen der Halluzinationen für Distanz zum Wahn gesorgt, schließlich sei die Theaterarbeit de Sades zu nennen.

Bei allen Ansätzen sei der Zusammenhang von Gesundheit und Krankheit wesentlich, protektive wie pathogene Faktoren müßten berücksichtigt werden. Krankheit sei nicht pathologisch, sondern gehöre zur menschlichen Existenz, wie auch das Drama Komödie und Tragödie umfasse. Ziel von Heilung könne folglich nicht nur die Wiederherstellung von Gesundheit (restitution in sano) bedeuten, oft sei es wichtig oder auch nur möglich, die Integrität des Menschen wiederherzustellen (restitution in integro). Der Mensch könne Integrität finden gerade in der Krankheit. Der Prozeß des Dramas entspräche dem Prozeß der Krankheit mit der Lösung, die Seele zu reinigen.

Der Rückgriff auf die Arbeit mit Magie und Katharsis reiche aber heute nicht mehr aus, da eine Zusammenschau vollzogen werden müsse von Gesellschaft, Krankheit und Therapieformen, Krankheiten seien geboren aus der jeweiligen Zeit, Therapieformen reagierten auf die jeweiligen Krankheiten und Bedürfnisse der Zeit. So habe es in der Antike erwiesenermaßen keine Schizophrenien gegeben, Ende des 19. Jahrhunderts sei die Hysterie eine wichtige Ausdrucksmöglichkeit der Frau gewesen, die "gay twenties" hätten vermehrt Manien hervorgerufen, und heute würden die frühen Störungen wie das Borderline-Syndrom (Verwirrung in den Grenzen) und der Narzißmus (Drehen um sich selbst) im Vordergrund stehen. Freud antwortete auf seine Zeit, indem er die Rede in Tabu-Gebiete brachte, die heutigen Körpertherapien reagierten auf die Erfahrung des kollektiven Todes im 2. Weltkrieg.

Eine Krankheit dürfe folglich nicht nur individuell, sondern müsse auch kulturtheoretisch bezogen werden. In der Entfremdungstheorie: Entfremdung von Leib, Mitmensch, Welt und Zeit. Dieses seien genau die Konsistenten des dramatischen Raumes, weshalb der Vormarsch dramatischer Therapie Ausdruck dieses Zusammenhangs sei.

Mit dem kollektiven Aspekt sei der individuelle verschränkt. Der Mensch sei gemacht, Rollen zu verkörpern. Rollen würden auf den Leib geschrieben, die Freiheit des Individuums bestehe darin, wie er die Rolle verkörpere oder welche Distanz zur Rolle er einnehmen könne. Krankheit entstände, wenn keine Rollendistanz, keine Rollenflexibilität oder ein (totes) Rollenklischee entstünden.

Da Rolle Zuschreibung sei und im Milieu anderer Rollen erwüchse, befände sich der Mensch immer im "Ensemble", einer Sozialität, also Gefährtenschaft, die ein Prozeß sei, in dem er sich selbst zum Gefährten wird (G.H. Mead): weil er verschiedene Rollen in sich aufgenommen habe, sei er fähig, innere Zwiesprache zu halten.

Die Dramatherapie bezöge sich auf innere und äußere Rollen, auf das innere Drama, das mit dem äußeren korrespondiere. Sie evoziere gute und ungute Szenen der Biographie, ginge an den Ort, wo Leid, Scham etc. herrschten. Die Gesundung läge im Ausdruck des Zurückgehaltenen.

Kritisch beschloß Petzold seinen Vortrag mit den Fragen, ob die expressive Befreiung z.B. im Psychodrama den Alltag nicht noch unerträglicher machen könne und ob die agierenden Therapieformen nicht auch Symptom sein könnten für Konsum, den Konsum der Aktionen. Sinnvoll seien Therapieformen für geriatrische, psychosomatische und psychiatrische (Langzeit)patienten sowie Asylanten.

Mit ihrem das Symposion abschließenden Vortrag "Theaterpädagogik im Spannungsfeld zwischen Theater und Therapie" legte Dr. Birgit Klosterkötter-Prior den Akzent auf eine Standortbestimmung und -besinnung, d.h. auf eine Definition der Theaterpädagogik.

Die Bezeichnung "Theaterpädagogik" sei nicht geschützt, die Identität brüchig und krisig. Theaterpädagogen als "bedürfnisorientierte Gaukler der Postmoderne" befänden sich in einer kontinuierlichen Gratwanderung. Als Qualifikation würden Wissen von Atem, Körper und Ausdruck, generell von Schauspielarbeit und psychologische Kenntnisse benötigt. Daher beschritten diesen beruflichen Weg Sozialpädagogen, Schauspieler und Lehrer mit den jeweiligen Einschränkungen, die ihre Grundberufe mit sich brächten. Das Berufsbild sei relativ neu, bis 1970 sei "Theaterpädagoge" die Bezeichnung gewesen für Lehrer an Schauspielschulen, danach seien im sozialen Bereich Spielfelder eröffnet und im Theater theaterpädagogische Aufgaben zur Einbindung der Stücke eingeführt worden. In diesem Spannungsbogen, nämlich im Schielen nach Theater-Kunst oder Therapie-Vermögen, laufe die Theaterpädagogik Gefahr, die Lust am Spiel zu verlieren oder aufzugeben.

Das Ziel von Theaterpädagogik sei es aber, innere und äußere Spielräume zu eröffnen, Impulse zu setzen und neue Erfahrungen zu ermöglichen, wobei immer wieder die kreative Basis bereitgestellt und auch die Gruppe sensi-

bel wahrgenommen werden müsse. Im Zusammenhang mit diesen Anforderungen stelle sich die Frage, ob Theaterpädagogik prozeß- oder produktorientiert arbeiten solle, das bedeute auch, wieviel Spielraum gegeben werden könne, um einerseits dem Kunstanspruch andererseits dem Diktum der Individualitätsentfaltung zu genügen. Zum Schluß legte die Referentin die Diskrepanz offen zwischen Qualifikation und Arbeit einerseits und der schlechten Bewertung, also Bezahlung andererseits. Sie forderte klarere Definitionen von Tätigkeit, Berufsfeld und Ausbildung und ein größeres Selbstbewußtsein.

Das anschließende Plenum nahm diese Forderung auf in der Diskussion um die Fragen, ob klare Definitionen nicht auch Festlegung und Ausgrenzung bedeuten könnten, also in Schubladendenken führen, und ob die Konkurrenz und Vereinzelung unter den TheaterpädagogInnen durch viele Verbände, einen Verband oder ein Netzwerk gemindert werden könne oder ob gerade diese Bestrebungen durch Vereins-meierei die Freiheit begrenzten. Eine breite, offene, spielerische Basis sei hinsichtlich der Arbeitsfelder, Inhalte und Zielgruppen möglich und nötig. Man solle über die nationalen Grenzen nach Holland, England und Skandinavien gucken, da dort entsprechende Ausbildungen und Arbeitsweisen praktiziert würden.

Die Vorträge schufen das theoretische Gerüst, "Fleisch an die Knochen" bekam das Symposion durch die praktische Arbeit in den dreimal 2 Stunden dauernden Arbeitsgruppen.

Chorische Übungen mit Carsten Hentrich und Antje Diederich, Kulturpädagogen aus Hildesheim, sollten den Blick des Einzelnen für die Gruppe schärfen und über Körper, Stimme und Rhythmus in gemeinsames Spielen führen. Für die Teilnehmer waren die Gruppenübungen wichtig, in denen sie den Körper sprechen lassen Positionen (tutti/solo und Ensemble/Leitung) ausprobieren und musikalische Qualitäten (laut/leise, schnell/langsam, crescendo/decrescendo u.a.) entwickeln konnten.

Intermediales Theater - Theater als Spiel- und Selbsterfahrung mit Dr. Birgit Klosterkötter-Prisor bot in einer gleitenden Arbeitsweise Quergänge durch verschiedene Medien an. Ein gemaltes Bild als individuelle Bestandsaufnahme schuf den Ausgangspunkt für das Schreiben eines Gedichtes, bei dem Assoziationen, die die anderen Teilnehmer dem Bild zuschrieben, als Stichworte benutzt werden mußten. Eine Bewegungsimprovisation nahm in einer weiteren Sitzung die Stimmung auf, schloß Erinnerungen an das gemalte Bild ein und integrierte dann Wörter, Satzfetzen oder Sätze aus dem Gedicht, wobei in verschiedenen Lautstärken, Gefühlsausdrücken und Kontakten aus der Einzel-Improvisation ein gemeinsames Ganzes entstand. Viel Praxis wurde von theoretischen Überlegungen, wie in den einzelnen Medien weitergearbeitet werden könne, begleitet.

Theaterpädagogik in soziokulturellen Arbeitsfeldern, geleitet von Prof. Rita Rosen von der Fachhochschule für Sozialpädagogik in Wiesbaden, wurde auf mehrheitlichen Wunsch im verbalen, theoretischen Austausch beleuchtet. Es herrschte eine dichte, hitzige Diskussionsathmosphäre, in der folgende Themen bearbeitet wurden. Therapie-Ängste beim Leiten von Theatergruppen, Erfahrungen mit dem Boal'schen Theater der Unterdrückten, Motivationsprobleme bei der Arbeit in Jugendfreizeitheimen und die Identität und Rollenbestimmung von Sozialpädagogen. Das Ergebnis dieser rein theoretischen Arbeit stellte die Gruppe in der Abschlußpräsentation als nonverbale Skulptur dar - ein Beweis dafür, daß aus Theorie spontan kreativer Ausdruck entstehen kann, wenn die Gruppe kohärent geworden ist.

Stanislawski und Moreno im Vergleich bot Gitta Martens von der Akademie Remscheid an. Stanislawskis "System" in der Arbeit mit Schauspielern und Morenos Psychodrama wurden theoretisch und praktisch in den Überschneidungen und Abgrenzungen erfahrbar gemacht. "Bei Moreno und Stanislawski spielen die Beteiligten, um die je eigenen Erfahrungen und Gefühle zu Bewußtsein kommen zu lassen, mit dem Ziel der Heilung (Moreno), mit dem Ziel der glaubwürdigen Verkörperung (Stanislawski)" (zit. Gitta Martens). So begann z.B. eine Übung mit einem Theater-warmup des Körpers, mit Variationen zum Thema "Zeit" (Tempo finden, variieren und halten), nahm Stanislawskis Foci der Wahrnehmung (Tischlampe=ich, Stehlampe=du, Deckenlampe=Gruppe) auf und verband diese Übung mit persönlichen Szenen der Biographie und der Darstellung des "sozialen Atoms" (Moreno) als Spiegelung der Gruppensituation. Hieraus wurden in verschiedenen Rollen und Identifikationen Improvisationen entwickelt, die zum Steigreiftheater führten.

Dramatische Therapie wurde von Prof. H. Petzold vorgestellt. Die Gruppe begann in guter therapeutischer Weise mit einer "Runde", in der Motivationen, Fragen und Kompetenzen ausgesprochen wurden. Die Neugier, etwas über die Übergänge und Grenzen von Theater und Therapie zu erfahren, stand im Vordergrund: Welche Themen wo ihren Platz hätten, und wie die Rolle des Leiters zu definieren sei (Was kann man? Was darf man?). Die Mittel seien die gleichen, Wege und Ziele unterschiedlich. Das wurde deutlich im Vorgehen der nächsten Stunden. Die Befindlichkeit und Resonanz der Gruppe oder einer Einzelperson waren der Ausgangspunkt für den Einsatz theatralischer Mittel, mit denen die inneren Zustände nach außen aus-gedrückt werden konnten und so für den therapeutischen Veränderungsprozeß greifbar wurden: Theater als Bühne innerer Seiten und Prozesse und als Stimulans und Katalysator psychischer Prozesse. Die Vielfalt der Wege in der Dramaturgie wurde berichtet und veranschaulicht.

Clownsspiele als neugefundene Kindheit fanden unter der Leitung von Felix Zulechner statt. In praktischen Übungen wurden Gegenstände wieder "magisch", bekamen ein Eigenleben wie in der frühen Kindheit, Gefühle wurden wahrgenommen und ausgedrückt und Clownstypen entwickelt.

Man ging die "Regressionsleiter" hinab, entwickelte Szenen, verstärkte bestimmte psychische Qualitäten (z.B. den Sauberkeitstick von Zwangscharakteren) und stellte dann aus der Distanz heraus dar.

Die Präsentationen der Arbeitsgruppen waren unterhaltsam, erklärend und reich an Einfällen. Ganz dem Satz von Boal entsprechend: "Sagen sie nicht, was Sie denken, zeigen Sie, was Sie meinen" schafften es die Teilnehmer, ihre Erlebnisse und Ergebnisse ausdrucksstark und deutlich auf die Bühne zu bringen.

Als Abendveranstaltungen standen an einem Abend Performances und Projekt-Darstellungen und am anderen Abend eine festliche Spielaktion auf dem Programm. Am ersten Abend wurden Theaterprojekte in der Psychiatrie, im Stravollzug, in der Behindertenarbeit und in der Erwachsenenbildung vorgestellt. In kleinen Diskussionsgruppen oder mit visuellen Medien wurde von der Arbeit mit literarischen Figuren, mit Texten und mit Masken oder Puppen berichtet und die Entwicklung eines Theaterstückes z.B. aus der persönlichen Geschichte nachvollzogen. In vielen Gruppen kamen persönlicher Werdegang, Engagement und Kompetenz der LeiterInnen in einen so lebendigen Austausch mit der Wißbegierde und Diskussionsfreude der TeilnehmerInnen, daß die Zeit- und Kraftbegrenzung von vielen bedauert wurde.Die festliche Spielaktionen des zweiten Abends entführte auf der "princess of drama" die in andere Rollen und Kostüme geschlüpften TeilnehmerInnen auf große Fahrt nach

Indien. Fremdartiges und Abenteuerliches erwarteten neben der Freude am Kontakt und Tanz alle "Passagiere". Immer wieder aber waren auch Grüppchen anzutreffen, die die Diskussion des Tages mit an Bord genommen hatten. Trotz einer langen Nacht wurde am nächsten Morgen mit den Präsentationen und dem Abschlußvortrag weitergearbeitet.

Das Abschlußplenum nahm Spannungsbögen als Verbindungen und Kontroversen auf. Dazu folgende Stichworte:

In der Polarität zwischen Produkt/Thema und Prozeß/ Gruppe wurde deutlich, daß die persönlichen Entscheidungen und Wege auseinanderlaufen, je nach dem, wo der Einzelne in seiner eigenen Entwicklung und Arbeit steht. Die Besinnung auf Magie und Spiritualität wurde als geistiges Prinzip vertreten und als Vermeidung der Realität bewertet. Für die musisch kulturelle Arbeit als Beschäftigung mit Individuum und Gesellschaft wurden Koexistenz und Divergenz beider Bereiche nochmals akzentuiert: Teilnehmer könnten ihre Welt verstehen lernen, einen Lebensweltbezug schaffen, und so könne eine Integration stattfinden; Workshops könnten die Gesellschaft auch zersetzen; Alltag und kreativer Schonraum könnten aber auch derartig auseinanderklaffen, daß die Erlebniswelten vom Individuum aufgespalten würden.

In der Veröffentlichung dieser Polaritäten und in der Solidaritätsschaffung für die verschiedenen Arbeitsbereiche sei der Sinn des Symposions voll erfüllt worden. Man soll nun in der Arbeit die Konkurrenz leben, auch kreative Nischen nutzen und dabei nicht der Versuchung erliegen, was nicht da ist, sondern sehen, was da ist.

Bergische Morgenpost, 4. November 1991

Theatermacher, Therapeuten und Pädagogen

Heilkraft des Theaters

REMSCHEID. Ein gelbes Sonnensegel überspannte den großen Saal der Remscheider Akademie wie ein heller Himmel — gefüllt mit bunten Luftballons. Darunter eine seltsame Gesellschaft bei Unterhaltung und Spiel. Abgerissene Eleganz spiegelnde Lebemänner, steife gouvernantenhafte Fräulein, kokett dekolletierte Schönheiten, ein livrierter Diener hinter weißer Maske, ein kleiner Elefant — verkleidete Theaterprofis und Pädagogen gaben sich auf einer „Schiffsreise" ein Stelldichein. Atempause im anstrengenden Dreitagesprogramm des Symposions zur Standortbestimmung der Theaterpädagogik.

Dr. Birgit Klosterkötter-Prisor von der Akademie und Professor Hilarion Petzold von der Europ. Akademie für psychosoziale Gesundheit in Hückeswagen hatten eingeladen und 80 Teilnehmer aus den Berufsfeldern der Theaterpädagogik kamen. Theaterfachleute, Schauspieler, Sozialarbeiter, Pädagogen, Therapeuten wollten durch Vorträge und Arbeitsgruppen klären, wo sich Therapie und Pädagogik im Theaterspiel begegnen. Denn Theaterpädagogik steht heute zwischen Therapie und Theater, vereinigt in ihren Methoden beide Ansätze, versteht sich als Spannungsfeld, in dem die Heilkräfte des Theaters für Individuum und Gesellschaft wirksam werden. Theaterpädagogische Ansätze und Modelle wurden vorgestellt und diskutiert, eigene Erfahrungen und Projekte vorgestellt, die soziokulturellen und klinischen Dimensionen der Theaterpädagogik erhellt. Denn die Grenzen zwischen professionellem Theater auf unseren Bühnen und dem Theaterspiel in Jugend- und Erwachsenenbildung und Psychotherapie scheinen zu verschwimmen, sich zu verschieben und fruchtbare Überschneidungen zuzulassen.

In sechs Arbeitsgruppen wurden neue Methoden des Theaters vorgestellt und ausprobiert. Chorische Übungen, Spiel und Selbsterfahrung, theaterpädagogischen Ansätze in soziokulturellen Feldern, Methoden von Stanislawski und Moreno im Vergleich, dramatische Therapie und die Suche nach dem Clown in jedem Menschen selbst führten zu theoretischen Reflektionen, aber auch zu viel Spaß.

GISELA SCHMOECKEl

215

Liebe Birgit!

Vielen Dank an Dich und Deine Helferinnen und Helfer für diese Tage in Remscheid. Ich möchte noch einmal betonen, wie sinnvoll und spannend ich dieses Symposion und seine Form fand. Meine Verleihung des "Großen Gartenzwerges" an Dich am Ende der Veranstaltung sollte ja nicht nur ein Mahnmal gegen die Parzellierung der verschiedenen theaterpädgogischen Berufsgruppen in die kleinen Schrebergärten der Therapeuten, Pädagogen und Schauspieler darstellen. Da es ein lesender Gartenzwerg war, symbolisierte er auch den Widerstand gegen die Gartenzwergisierung der Theaterpädagogik, gegen deren antiintellektuelle musische Idyllisierung. Zu diesem Widerstand hat das Symposion ja erheblich beigetragen. An seinen Rändern flackerte zwar immer wieder modisch-postmoderne Theoriefeindlichkeit auf, in den Arbeitsgruppen gelegentlich die Lust am intellektuellen Narzißmus. Aber die Mischung von Theoriebildung und Eigenerfahrung/Projektdarstellung fand ich letztlich sehr gelungen. Ich hoffe, daß die Dokumentation ebenso wird. Denn auch die Theaterpädagogik darf sich in den Feldern der sozialen Kulturarbeit - wie es Stelle (1) für die Kunstpädagogik deutlich gemacht hat - nicht als "neo-musischer Reparaturbetrieb" mißbrauchen lassen. " Mit seinen unzureichenden Mitteln kann er die Schäden nicht beheben, die unsere Gesellschaft sich und den einzelnen zufügt." Deren Verfahren und Methoden werden dabei eher "ausgesogen oder verschlissen, als daß ihnen dabei neue Erfahrungspotentiale zugeführt würden. Dafür ist es heute höchste Zeit".

Höchste Zeit ist es ebenfalls, daß sich Theaterpädagogik nicht länger jenseits einer rationalen Demarkationslinie bewegt sondern beispielsweise ihren Anspruch auf symbolische nichtsprachliche Verarbeitung von Erfahrungen, auf eigene "Vernünftigkeit" im Darstellerischen deutlich herausarbeitet und vermittelt. Ebenfalls sollte sie in diesem Sinne als ästhetische Bildung andere schulische und außerschulische Felder durchsetzen und gegen die "Verödung der Lernkultur" (Rumpf) anarbeiten. Damit kann sie vielleicht auch dazu beitragen, daß unsere Körper da, wo es um Lernen und Vernunft geht, nicht länger "als Prothesen für redende Münder, hörende Ohren, lesende Augen, schreibende Hände" (2) dienen müssen.

Viele Grüße,
Hanswerner Kruse

1) Stelle, Gerd: Gebrauch der Sinne, Reinbeck 1988 S.13
2) Rumpf, Horst: Die übergangene Sinnlichkeit, München 1981, S. 7

RAT - Remscheider Arbeitshilfen und Texte

Konzepte der Akademie Remscheid

Die Akademie Remscheid
Leitlinien und Arbeitskonzept
(Broschüre)

**Konzept Kreativität
in der Kulturpädagogik**
Methoden und Konzepte zu allen
kulturpädagogischen Fachgebieten

Kulturpädagogik 1990
Jahrbuch (Schwerpunkt: Berufsbilder
in der Kulturpädagogik)

Kulturpädagogik 1991
Jahrbuch (Schwerpunkt: Gruppenpädagogische Methoden i. d. Fortbildung)

Kulturpädagogik 1992
Jahrbuch (Schwerpunkt: Gesellschaftliche Verantwortung der Kulturpäd.)

Allgemeine Kulturpädagogik

Kulturelle Identität
Eine Bestandsaufnahme von Kultur-
wissenschaftlern und Jugendforschern

**Kulturmanagement
in Europa ist praktische Kulturpolitik**

**Kulturpädagogik
in der Offenen Jugendarbeit**
Möglichkeiten und Konzepte für kulturelle Bildung in der Offenen Arbeit

**Jugendkultur im Osten und Westen
Deutschlands**

**Kulturpädagogik
zwischen künstlerischer Förderung und
gesellschaftlichem Anspruch**

**Schulische und außerschulische Päd-
agogik**
Konzepte zur Kooperation zwischen
Jugendkulturarbeit und Schule

Zur Theorie des Kulturmanagements
Eine aktuelle Darstellung der Konzepte und Management-Modelle

**Kulturpädagogik und gesellschaftlicher
Anspruch**
Sinn, Individualität und Kultur

Jugend, Jugendkultur und Gesellschaft
Die Rahmenbnedingungen für Jugendkulturarbeit; Jugend im gesellschaftlichen Wandel

**Professionalisierung kulturpädagogi-
scher Praxis**

**Grenzüberschreitungen: Theater -
Theaterpädagogik - Therapie**

Sag beim Abschied..., Band 1 - 4
Methoden zu den Schlußphasen in
Gruppen:

Spielpädagogische Praxis

Kennenlernspiele - Einstiegsmethoden

wer sind wir
Neue Kennenlern- und Selbsterfahrungsspiele aus der Akademie

Remscheider Diskussionsspiele

Spielpraxis
Eine aktuelle Einführung in die Spielpädagogik

500 Spiele
für jede Gruppe und alle Situationen
lernziel: liebesfähigkeit (Bd. 1 u. 2)
Mappe mit Materialien und Spielen zu
Sexualität und Partnerschaft

Remscheider Spielkartei
200 kooperative Spiele zum sozialen
Lernen im Karteikasten

Ritterfest und Hexennacht
Spielketten für die Arbeit mit geistig
Behinderten und für die Integration

Reihe Feministische Kulturpädagogik

Feministische Kulturpädagogik
30 Projektberichte über die kulturpäd.
Arbeit mit Mädchen und Frauen

Feministische Theaterpädagogik
Praxisberichte und Konzeptionen

Feministische Tanz- und Musikpädagogik
Aktuelle Konzepte und Praxisberichte

Medienpädagogik

Hörspiel für den Lokalfunk
Hörspielwerkstatt und Anleitung für
die Arbeit mit Bürgergruppen

Hexen und Monster im Kinderzimmer
Praxishilfen zum kreativen Umgang
mit Kinderhörspielkassetten

Kreative Arbeit mit Computern
Praxiserfahrungen und Projektberichte
aus der Jugendcomputerarbeit

Computer-Video-Rolle
Exemplarische Videofilme aus Video-
und Computerkursen der Akademie

Informationsdienste und Software

gruppe & spiel
Zeitschrift für kreative Gruppenarbeit
In jedem Heft ein „Spiel zum Sofort-
spielen" - erscheint viermal im Jahr

dataSPIEL-Datenbank
Datenbank mit 666 Spielbeschreibun-
gen (DOS- und WINDOWS-Version)

dataKULTUR-Datenbank
Adreßbuch mit Referenten, Künstler-
gruppen und Institutionen

Public-Domain-Software für Amiga
Aktuelle Liste anfordern!

Barbie und Ken machen Liebe
Computer-Fotocomic mit Anleitung

Akademie - Präsentationsshow
Die Akademie Remscheid im PC

RAT - Remscheider Arbeitshilfen und Texte

Gitta Martens (Hrsg.)

Feministische Theaterpädagogik
Grundlagen und Projekte

RAT - Remscheider Arbeitshilfen und Texte; Verlag Alexander T. Rolland, Remscheid 1992; ISBN 3-923128-16-9   DM 24,80

Der Band dokumentiert eine Fachtagung, die Gitta Martens in der Akademie Remscheid, der bundeszentralen Fortbildungseinrichtung für kulturelle Jugendbildung, 1990 durchgeführt hat.

Die Referate und Projektberichte geben einen sehr plastischen Einblick in die feministische Forschung, die aktuelle künstlerische Diskussion und theaterpädagogische Praxis mit Frauen und Mädchen.

221 Seiten, zahlreiche Illustrationen, Paperback Format B5

Aus dem Inhalt:

- Die Schauspielerin - Zur Kulturgeschichte der weiblichen Bühnenkunst
- Zur Freisetzung weiblicher Kreativität im Theaterspiel
- Regie - der parteiliche Blick von außen
- Frauentheaterseminare
- Zwischen "Kulturhebamme" und "Gralshüterin"
- Frauen in allen Rollen auf der Suche nach ihren Potentialen
- Lesbisches Theater
- Mädchentheatergruppe 'Quadrophenia'
- Maskenbau und Maskenspiel

In der gleichen Reihe sind bereits erschienen und von Gitta Martens herausgegeben worden:

Feministische Kulturpädagogik
Über 30 Praxisberichte und Projektbeschreibungen aus der kulturpädagogischen Arbeit mit Mädchen und Frauen; Verlag Alexander T. Rolland, Remscheid 1989

Feministische Tanz- und Musikpädagogik
Konzepte, Praxisbeispiele, Standortbestimmungen und Projektberichte zur Tanz- und Musikpädagogik mit Mädchen und Frauen, Verlag A. T. Rolland, Remscheid 1993

Ulrich Baer, Hajo Bücken,
Edeltrud Freitag-Becker, Michael Thanhoffer

Sag beim Abschied...
Spiele, Materialen und Methoden
für Schlußphasen in der Gruppenarbeit

RAT - Remscheider Arbeitshilfen und Texte; Verlag Alexander T. Rolland, Remscheid 1993, 1994; Band 1: ISBN 3-923128-24-x DM 12,80; Band 2: ISBN 3-923128-25-8 DM 19,80; Band 3: ISBN 3-923128-29-0 ca. DM 24,80 und Band 4 ca. DM 19,80

Kennenlernspiele kennt jeder Gruppenleiter. Aber wie beendet man ein Projekt, eine Ferienfahrt, eine Gruppensituation?
4 Mappen mit kompletten Materialsätzen, die sofort in der Gruppenarbeit mit Kindern, Jugendlichen und Erwachsenen eingesetzt werden können.

Die Schlußphase in Gruppen: Rückblick auf die miteinander verbrachte Zeit, vielleicht eine Auswertung der gemeinsamen Arbeit, dann der Abschied. Die Gruppe teilt sich wieder auf in einzelne Personen, man hängt noch an den gemeinsamen Erlebnissen, etwas Wehmut schleicht sich ein und der oftmals öde Alltag droht hinter der Ausgangstür.

Diese vier Materialbände stellen Spiele und Methoden für eine gruppenpädagogisch sinnvolle Gestaltung der Schlußphase zur Verfügung.
Alle Materialien sind so gestaltet, daß sie sofort in der Gruppenarbeit eingesetzt werden können - in jeder Mappe gibt es z.B. 8 Abschlußspiele auf einzelnen Bögen, im Band 2 lädt ein Poster und ein Set mit 24 Bilder von Türen zum Meditieren und Spielen ein, Band 3 enthält speziell für die Arbeit in der Kindergruppe Zeichnungen und Fotos und im Band 4 finden Sie als besonderes Material eine CD mit Schlußmusiken und ein Eisenbahnposter zur Auswertung von Kursen, Tagungen und Gruppenarbeit.
Diese reichhaltige Materialsammlung wird ergänzt durch Reportagen, Berichte und Grundlagenbeiträge, in denen der didaktische Rahmen und der theoretische Hintergrund für dieses wichtige gruppenpädagogische Thema dargestellt werden.

Band 1: Grundlagen
Band 2: Gruppenabschluß gestalten
Band 3: Abschied zum Thema machen / Abschied mit Kindern
Band 4: Auswertungsmethoden

Qualifizierung in Dramatherapie

Berufsbegleitende Fortbildung (8 Kursabschnitte)

Leitung:
Gitta Martens, Psychodramaleiterin DAGG, Dozentin für Theater an der Akademie Remscheid.
Ulf Klein, Dipl.Psych., klinischer Psychologe BDP; Psychodramatherapeut, wissenschaftlicher Leiter des Moreno Instituts für Psycho-therapie und Sozialpädagogik Stuttgart; Lehrtherapeut für Familientherapie und Systemische Supervision IFS Köln.

Dramatherapie ist eine erlebnis-, erfahrungs- und therapieorientierte Arbeit mit Gruppen. Sie kombiniert in besonderer Weise Arbeitsmethoden und Ausdrucksformen des Theaterspiels mit Methoden der verschiedenen Gruppentherapien aus dem Kreis der humanistischen Psychotherapien, im besonderen des Psychodramas. Dramatherapie spielt mit der Wechselwirkung zwischen individuellem biografischem und kollektivem kulturellem Material wie klassischen Rollen und Dramentexten. In der Auseinandersetzung mit dem Kollektiven deckt sie das Individuelle auf und trägt damit zur Bildung von Identität und Persönlichkeit im Rahmen des kulturellen Kontextes bei.

Dramatherapie als qualifizierte Spezialisierung für Theaterpädagogen und Therapeuten eignet sich für den Einsatz im weiten Feld soziokultureller und zielgruppenorientierter Arbeit: kulturelle Bildung, Sozialarbeit/Jugendarbeit, Beratung, Prävention, Rehabilitation, Gruppentherapien. Die Arbeit ist gekennzeichnet von fließenden Übergängen des Erlebens, Selbsterfahrens und Heilens oder auch - formuliert für den künstlerischen Prozeß - des Spiels mit dem Material, des zielgerichteten Umgangs mit dem Material, der Gestaltung des Materials. Dramatherapie basiert auf dem Theaterspiel als Ensemblespiel und fördert im besonderen die soziale und kommunikative Kompetenz. Der Einsatz dramatherapeutischer Mittel und Methoden eignet sich deshalb in besonderer Weise für die Arbeit mit jungen Menschen in ihrem individuellen und kulturellen Selbstfindungsprozeß.

Diese Fortbildung soll Frauen und Männern aus Theaterpädagogik, Beratung und Therapie, die über Grundkenntnisse und Grundkompetenzen in ihrem Metier wie über Berufspraxis verfügen, die Möglichkeit zu einer qualifizierenden Spezialisierung in Dramatherapie bieten.

Zulassungsvoraussetzungen sind deshalb Grundkenntnisse in Theaterpädagogik, die in der Regel durch eine mehrwöchige Fortbildung an der Akademie Remscheid oder an einem von ihr anerkannten Institut erworben worden und durch ein Zertifikat bescheinigt sind, oder Grundkenntnisse und Grundkompetenzen in einer Form der humanistischen Psychotherapie. Diese Ausbildung sollte an anerkannten Ausbildungsinstituten erworben und durch ein Zertifikat belegt sein..
Ziel der Fortbildung ist die Befähigung der Teilnehmer/-innen zur Planung, Durchführung und Auswertung von dramatherapeutischen Prozessen bezüglich der Entwicklung einzelner und Gruppen; der Konzeptionierung von Dramatherapie im Rahmen ihrer Arbeitsaufträge und Zielgruppen, sowie der Erwerb der hierzu notwendigen personalen, methodischen, theatralen und theoretischen Kompetenzen.

Fortbildungsbestandteile:

- 8 einwöchige Kursphasen in der Akademie Remscheid

- Supervision durch die Fortbildungsdozenten, ggf. Selbsterfahrung oder Therapie auf Anraten der Leitung.

- Kollegiale Beratung: Zwischen den Kursphasen treffen sich die Teilnehmer/innen zu mindestens 6 Wochenenden kollegialer Beratung zur Unterstützung der Lernprozesse und der praktischen Anwendung, über das Protokolle geführt werden.

- Nach jeder Fortbildungswoche wird eine Praxisaufgabe gestellt, zu der ein schriftlicher Bericht angefertigt wird. Hinzu kommt ein Abschlußbericht mit einem theoretischen oder praxisfeldbezogenen Thema und einem Konzeptentwurf für die praktische Arbeit.

Organisation:

Die Fortbildung erstreckt sich über zweieinhalb Kalenderjahre. Sie beinhaltet acht Kurswochen inclusive Kolloquium, sechs mal ein Wochenende, kollegiale Beratung, Supervision durch die Kursdozenten, Durchführung von Lehrproben, praktische Umsetzung vor Ort, Protokolle, Referate.
Förderung: Der Antrag auf Förderung nach § 34 AFG ist gestellt.
Abschluß: Am Ende der Fortbildung wird jedem Teilnehmer und jeder Teilnehmerin ein Zertifikat ausgestellt, das eine differenzierte Beschreibung der Fortbildungsinhalte enthält und die qualifizierte Spezialisierung in Dramatherapie bescheinigt.

Diese Fortbildung findet in Kooperation mit dem Moreno Institut für Psychotherapie und Sozialpädagogik Stuttgart statt.

Termine und Anmeldung:

Über die aktuellen Termine, Kosten und Anmeldeformalitäten erkundigen Sie sich bitte bei der
Akademie Remscheid, Gitta Martens, Küppelstein 34, 42857 Remscheid, Tel.: 02191 / 794-0, Fax: 02191 / 794-205